Sophie Roggendorf
Indirekte Sterbehilfe

Neuere Medizin- und Wissenschaftsgeschichte.
Quellen und Studien

herausgegeben von Prof. Dr. Wolfgang U. Eckart

Band 27

Sophie Roggendorf

Indirekte Sterbehilfe

Medizinische, rechtliche und ethische
Perspektiven

Centaurus Verlag & Media UG

Bibliografische Informationen der Deutschen Nationalbibliothek
Die Deutsche Nationalbibliothek verzeichnet diese Publikation in der
Deutschen Nationalbibliografie; detaillierte bibliografische Daten sind
im Internet über http://dnb.d-nb.de abrufbar.

ISBN 978-3-86226-095-9   ISBN 978-3-86226-952-5 (eBook)
DOI 10.1007/978-3-86226-952-5

ISSN 0949-2739

© *CENTAURUS Verlag & Media KG, Freiburg 2011*
www.centaurus-verlag.de

Umschlaggestaltung: Jasmin Morgenthaler

Satz: Vorlage der Autorin

Denen, den ich soviel verdanke.

Inhaltsverzeichnis

1. Einleitung

Während sich an der Diskussion um aktive und passive Sterbehilfe gleichermaßen verschiedene Disziplinen rege beteiligen, wird das Thema der
indirekten Sterbehilfe vergleichsweise selten aufgegriffen. Es ist anzunehmen, dass die wissenschaftliche Auseinandersetzung um indirekte Sterbehilfe gerade vor dem Hintergrund, dass medizinische, juristische und ethische Sichtweisen auf diese Form der Sterbehilfe zu verschiedenen Beurtei-
lungen gelangen, ins Stocken gerät. Diese Arbeit möchte im Folgenden
diese jeweiligen Sichtweisen nachvollziehen und analysieren sowie An-
knüpfungspunkte für die weitere wissenschaftliche Auseinandersetzung
vorstellen.

Die vorliegende Arbeit wird indirekte Sterbehilfe von drei verschiedenen
Blickwinkeln aus beleuchten. Zunächst sollen die historische Entstehung
der Begriffe Euthanasie und Sterbehilfe und ihre Entwicklung bis zur Gegenwart sowie die Geschichte der Sterbehilfe aufgezeigt werden. Im Anschluss werden die Definitionen der verschiedenen Formen von Sterbehilfe
vorgestellt und voneinander abgegrenzt werden. Dann wird die medizinische Sicht indirekter Sterbehilfe erläutert werden. Im Fokus steht dabei die
Frage ob indirekte Sterbehilfe in der Praxis tatsächlich stattfindet, d.h. ob
eine Schmerztherapie am Lebensende, wie häufig angenommen, tatsächlich lebensverkürzend wirken kann. Zu klären ist, ob ein potentiell verfrühter
Todeseintritt multifaktorielle Ursachen hat, ob er krankheitsbedingt ist, oder
ob er durch die klassische Nebenwirkung einer Opioidtherapie, eine Atemdepression, herbeigeführt wird. Ebenfalls muss beleuchtet werden ob die
ärztliche Sorge vor einer möglichen Lebensverkürzung dazu führen könnte,
dass Patienten unzureichend therapiert werden und aufgrund dessen, eigentlich vermeidbare Schmerzen ertragen müssen. Schließlich soll noch
eine weitere Therapieform am Lebensende, die sogenannte terminale Sedierung, untersucht werden. Es ist zu klären, ob terminale Sedierung möglicherweise einen verfrühten Todeseintritt zur Folge haben und somit als
eine Unterform indirekter Sterbehilfe bezeichnet werden kann.

Falls eine Schmerztherapie am Lebensende tatsächlich zu einem früheren Todeseintritt führt, so muss geklärt werden, welche juristischen Konsequenzen und ethische Implikationen sich daraus ergeben. Die Straflosigkeit
des Leistens von indirekter Sterbehilfe ist durch höchstrichterliche Rechtsprechung mehrfach bestätigt worden, jedoch konnte noch kein Konsens
bzgl. der Begründung erzielt werden. Daher ist zu erörtern, welche mögli-

chen Lösungen denkbar sind, um zu einer Straflosigkeit indirekter Sterbehilfe zu gelangen, gesetzt den Fall, dass diese, gemäß der juristischen Definition, in der medizinischen Praxis auftritt. Ein zentraler Punkt in der
rechtswissenschaftlichen Debatte um indirekte Sterbehilfe ist die Frage
nach der Abwägbarkeit des Rechtsgutes Leben gegenüber anderen Rechtsgütern bzw. die Abwägbarkeit der Konkretisierung dieses Rechtsgutes gegen eine andere Form, bspw. ob ein eventuell kürzeres schmerzfreies Leben gegen ein längeres schmerzhaftes Leben abgewogen werden darf.
Des Weiteren ist zu diskutieren, ob es gesetzlichen Regelungsbedarf für
indirekte Sterbehilfe gibt und falls ja, wie dieser aussehen könnte. Falls indirekte Sterbehilfe nicht stattfindet, müssen die Gründe erläutert werden,
warum eine Regelung indirekter Sterbehilfe so oft verlangt wird, bzw. was in
letzter Konsequenz damit bezweckt werden soll.

In ethischer Hinsicht ist indirekte Sterbehilfe zunächst aus der Sicht des
Arztes, des Patienten sowie dessen Angehörigen darzustellen. Des Weiteren wird evaluiert werden ob aus allgemeinen ethischen Prinzipien eine
ärztliche Pflicht zum Leisten indirekter Sterbehilfe ableitbar ist. Im Anschluss gilt es zu erörtern, ob das bei Diskussionen über bioethische Fragestellungen häufig angeführte Prinzip des doppelten Effektes (PDE) auf
das Leisten indirekter Sterbehilfe angewendet werden kann und ob indirekte
Sterbehilfe die einzelnen Bedingungen dieses Prinzips erfüllt. Ebenfalls
muss geklärt werden ob durch das PDE die ethische Zulässigkeit indirekter
Sterbehilfe begründet werden kann. Darüber hinaus soll diskutiert werden,
inwiefern eine Gesetzesänderung bzgl. indirekter Sterbehilfe zu einem sogenannten Dammbruch führen könnte – zu einer Grenzverschiebung in
Richtung einer Zulässigkeit direkt aktiver Sterbehilfe sowie dazu, dass
Sterbehilfe ohne Einwilligung bzw. gegen den Willen des Patienten erfolgen
könnte.

Abschließend sollen die jeweils unterschiedlichen Blickwinkel (medizinisch, rechtswissenschaftlich und ethisch) miteinander verknüpft werden,
um so ein umfassendes Bild des aktuellen Diskurses um indirekte Sterbehilfe zu vermitteln. Wenn, was in dieser Arbeit gezeigt werden soll, eine
Lebensverkürzung durch eine Schmerztherapie am Lebensende nicht stattfindet, dann ist das Konzept der indirekten Sterbehilfe in seiner Gesamtheit
zu verwerfen, da es dann eine faktisch nicht existente Form der Sterbehilfe
beschreibt.

2. Begriffsgeschichte der Sterbehilfe

2.1. Allgemeine historische Entwicklung der Begriffe Euthanasie und Sterbehilfe

2.1.1 Antike

Der Begriff Euthanasie entstammt dem Griechischen und kann mit „guter Tod" bzw. „sanfter Tod" übersetzt werden.[1] Vermutlich wurde bei der Wortbildung bewusst der Ausdruck „thanatos" verwendet, da dieser nicht nur Tod bedeutet, sondern auch den Tod meint, der an der Zeit ist, der einen alten Menschen nach einem erfüllten Leben ereilt.[2]

Begriffsgeschichtlich ist der Terminus Euthanasie in der Antike kein primär medizinischer Begriff gewesen – der Arzt war nicht unbedingt an der Euthanasie beteiligt.[3] Verschiedene Formen des Todes wurden als Euthanasie gewertet und diese bezogen sich nicht immer auf Kranke. Euthanasie hatte in der Antike weitaus zahlreichere Konnotationen, als dies in der Gegenwart der Fall ist.

Benzenhöfer beschreibt fünf Arten von Handlungen, welche in der Antike als Euthanasie bezeichnet wurden:

> „1. Der leichte Tod ohne vorhergehende Krankheit [...], 2. Der schnelle Tod mit zwei unterscheidbaren Untergruppen: a) der leichte und schmerzlose schnelle Tod [...], b) der schnelle Tod durch Feindeshand [...], 3. Der rechtzeitige Tod im Sinne eines frühzeitigen Todes, eines Todes in der Jugend [...], 4. Der Tod im übervollen Lebensgenuss [...], 5. Der würdige Tod mit zwei unterscheidbaren Untergruppen: a) der Tod ‚nach tugendhafter Art' (so das stoische Idealkonzept des Todes eines Weisen); b) der ehrenvolle Tod im Kampf bzw. bewaffneten Aufstand [...]."[4]

In der Antike wurde Euthanasie auf verschiedene Art und Weise praktiziert. Es gab Fälle der Nichtbehandlung von unheilbar Kranken, was der heutigen passiven Sterbehilfe entspräche. Allerdings war der Hintergrund dieses Nichtbehandelns oftmals nicht der Abbruch der Behandlung auf Wunsch des Kranken, sondern eine Frage des ärztlichen Renommees, da ein wäh-

---

[1] Das Präfix „Eu" bedeutet gut, richtig, leicht, und schön. „Thanatos" heißt übersetzt Tod.
[2] Frewer A (2002), S.59.
[3] Benzenhöfer U (1999), S.22.
[4] Benzenhöfer U (1999), S.21ff.

rend der Behandlung sterbender Patient dem Ruf des Arztes schaden konnte. Eine andere Art der Euthanasie war die Selbsttötung – aufgrund von Leiden bei einer körperlichen Erkrankung. Schließlich gab es noch Fälle von Infantizid – kranke oder behinderte Kinder wurden ausgesetzt und zurückgelassen.[5]

In vielen namhaften Philosophieschulen wurde über Euthanasie diskutiert, und die Meinungen waren meist diametral entgegengesetzt. Für den 399 v. Chr. zum Tode verurteilten Sokrates (469-399 v. Chr.) bedeutete „Euthanasie die eng mit einer vernünftigen Lebensführung verknüpfte, rechtzeitige und richtige Vorbereitung auf den Tod."[6] An dieser Stelle wird noch einmal deutlich, wie eng Euthanasie mit dem Leben verknüpft war. Der Mensch hatte Zeit seines Lebens die Aufgabe, sich mit dem Konzept des guten Todes, der Euthanasie, auseinanderzusetzen und sich gebührend darauf vorzubereiten.

Sokrates' Schüler Platon (427-347 v. Chr.) beschäftige sich in der Niederschrift seiner Staatsidee *Politeia* (der Beschreibung eines idealen Staates) ebenfalls mit der Thematik der Euthanasie. Platon sah den Menschen primär als Person, die eine Funktion im Staat zu erfüllen habe. Als Konsequenz dieser Überzeugung hatte Krankheit keinen Platz in der Gesellschaft, da ein Kranker dem Staat nicht nutzen könne: „Ärzte und Richter sollen die Bürger, die an Leib und Seele wohlgeraten sind, betreuen, die anderen aber nicht. Wer siech am Körper ist, den sollen sie sterben lassen, wer an der Seel mißraten und unheilbar ist, den sollen sie sogar töten."[7] An dieser Stelle plädiert Platon sowohl für passive (das Unterlassen jeglicher weiterer Behandlung) als auch für aktive (unfreiwillige) Euthanasie, da ein Kranker seine Aufgaben in der Gesellschaft nicht wahrnehmen könne. Er sprach sich auch gegen eine Verlängerung des Lebens um jeden Preis aus. „Wer unheilbar krank war, erschien als freies Mitglied der Polis ungeeignet. Die körperliche oder seelische Natur des Leidens entschied darüber, ob eine passive oder aktive Euthanasie infrage kam."[8]

In seiner Schrift *Nomoi* thematisierte Platon den Suizid. Er unterschied hierbei zwei Arten: den gerechtfertigten und den ungerechtfertigten Suizid. Bei einem Kranken mit infauster Prognose oder wenn jemand eine persönliche Schmach erlitten hatte, war seiner Meinung nach die Selbsttötung ver-

---

[5] Eibach U (1998), S.15.
[6] Frewer A (2002), S.59.
[7] Platon (2000), S.194.
[8] Bergdolt K (2004), S.34.

tretbar.[9] Sobald diese aus Überdruss oder Schwäche geschah, betrachtete er sie als ungerechtfertigt.

Platons' Schüler Aristoteles (384-322 v. Chr.) propagierte ebenfalls die Euthanasie im Interesse des Staates. In seinem Werk *Politika* plädierte er für Abtreibung sowie Infantizid bspw. von behinderten Säuglingen.[10] Er schlug vor, diese auszusetzen, damit sie ihren Familien nicht zur Last fallen würden. Ebenso wie Platon sprach sich Aristoteles für aktive Euthanasie aus. In der *Nikomachischen Ethik* argumentierte Aristoteles gegen den Suizid, da er diesen als Vergehen gegen den Staat wertete. Der Mensch sei der Gemeinschaft gegenüber zu ethischem Handeln verpflichtet. Ein Suizid sei nur dann zulässig, wenn die Selbsttötung eines Menschen von seinem Leben oder Nutzen im Staat, bzw. in der Gesellschaft getrennt werden könne, da so dem Staat kein Schaden zugefügt würde. Aristoteles sprach sich also nur dann gegen die Selbsttötung aus, wenn der Staat durch den Tod des Bürgers Schaden nehmen könne.

Eine andere Position zu Euthanasie wird im *Corpus Hippocraticum* beschrieben, eine Schriftensammlung, welche etwa 60 Texte umfasst und teilweise dem Arzt Hippokrates von Kos (460-377 v. Chr.), einem Zeitgenossen von Platon und Aristoteles, zugeschrieben wird.[11] In der Schrift *Über die ärztliche Kunst* werden die Aufgaben der Heilkunst beschrieben: „Die Kranken von ihren Leiden zu befreien, die Heftigkeit der Krankheiten zu dämpfen sowie die Behandlung bei Patienten zu unterlassen, welche von der Krankheit schon überwältigt sind."[12] An dieser Stelle wird eine effektive Schmerztherapie befürwortet sowie bei Sterbenden ein Therapieabbruch, bzw. eine Änderung des Therapieziels, also passive Sterbehilfe, gefordert. Die aktive Euthanasie sowie die Beihilfe zur Selbsttötung wird im Hippokratischen Eid verurteilt: „Ich will weder irgend jemandem ein tödliches Medikament geben, wenn ich darum gebeten werde, noch will ich in dieser Hinsicht einen Rat erteilen."[13]

Eine andere Meinung zur Euthanasie und zur Beihilfe zur Selbsttötung vertraten Seneca (4 v. Chr - 65 n. Chr.) und die späten Stoiker. Der Tod wurde von ihnen nicht als beängstigend wahrgenommen, sondern als Prü-

---

[9] Benzenhöfer U (1999), S.28, Zülicke F (2005), S.47.
[10] Bergdolt K (2004), S.36.
[11] Bergdolt K (2004), S.48.
[12] Bergdolt K (2004), S.40.
[13] Eckart W (2009), S.35.

fung.[14] Das Leben sollte dazu dienen sich in gebührender Weise auf das Sterben und auf den Tod vorzubereiten. Seneca schrieb in *Von der Kürze des Lebens*: „[...] aber leben zu lernen, dazu gehört das ganze Leben, und, was du vielleicht noch wunderbarer finden wirst, sein Leben lang muss man sterben lernen."[15] Er befürwortete den Suizid, da er ihn als Ausdruck der Selbstbestimmung wertete. Nichtsdestotrotz war Seneca ebenfalls die Verantwortung des Menschen gegenüber der Gesellschaft bewusst: „Im 78. Brief an Lucilius wies er ausdrücklich darauf hin, dass der Mensch Verpflichtungen anderen Menschen gegenüber habe, die auch den Bereich der Selbsttötung beträfen."[16]

2.1.2 Frühes Christentum und Mittelalter

Mit Beginn des Christentums und bis Ende des Mittelalters dominierte in Europa die christliche Weltanschauung die Vorstellungen und Ansichten zum Tod. Die in der Antike vorherrschende Toleranz und Vielschichtigkeit der Debatte zur Sterbehilfe erfuhr einen Paradigmenwechsel.[17] Die Vorgaben des Hippokratischen Eides wurden an die christliche Weltanschauung gekoppelt. Im Mittelalter wurde Gott allein als Verfügungsberechtigter über das menschliche Leben angesehen. Der Mensch hatte nicht das Recht über sein Leben oder über den Zeitpunkt seines Lebensendes zu bestimmen. Dies wurde von der Kirche mit dem 5. Gebot (Du sollst nicht töten!) begründet. Krankheit, Schmerz, Leid und Tod wurden als von Gott auferlegte Prüfungen gesehen, die der Mensch zu ertragen hatte.[18] Diese Maßgaben implizierten das Verbot von aktiver und passiver Euthanasie, da diese als Eingriff in die göttliche Ordnung gewertet wurden.

Die mittelalterliche Einstellung zum Tod wird beim Betrachten der *Ars moriendi* deutlich. Als *Ars moriendi* (Kunst des guten Sterbens) werden Leitfäden bezeichnet, die als Sterbebücher oder in der Form von Holzschnitten erhalten sind, anhand derer sich die Menschen auf den Tod vorbereiten konnten.[19] Auf einem der Holzschnitte wird eine Situation darge-

---

[14] Benzenhöfer U (1999), S.35.
[15] Seneca (2008), S.25.
[16] Benzenhöfer U (1999), S.35ff.
[17] Frewer A (2002), S.59.
[18] Frewer A (2002), S.60.
[19] Imhof AE (2001).

stellt, die den Menschen in die Hölle führen könnte – die Versuchung im Glauben. Der Mensch könnte der Versuchung erliegen Suizid zu begehen. Dies wird als eines der schlimmsten der möglichen Vergehen dargestellt.[20]

2.1.3 Neuzeit

Mit Beginn der Renaissance gewannen andere Ansichten zur Euthanasie an Bedeutung und die Vorherrschaft der Kirche auf diesem Gebiet wurde geschwächt. Francis Bacon (1561-1626) und Thomas Morus (1478-1535) äußerten sich sehr dezidiert zu diesem Thema. Thomas Morus propagierte in seinem Werk *Utopia* die Rückkehr zu den antiken Vorstellungen der Euthanasie. Zunächst einmal beschreibt Morus die Pflege von Kranken und die Linderung ihrer Schmerzen als eminent wichtig, aber bei infausten Fällen befürwortete er eine Tötung auf Verlangen:

„The sick, as I said, are very lovingly cared for, nothing being omitted which may restore them to health, whether in the way of medicine or diet. They console the incurably diseased by sitting and conversing with them and by applying all possible alleviations. But if a disease is not only incurable but also distressing and agonizing without any cessation, then the priests and other officials exhort the man, since he is now unequal to all life's duties, a burden to himself, and a trouble to others, and is living beyond his time of death, to make up his mind not to foster the pest and plague any longer nor to hesitate to die now that life is a torture to him but, relying on good hope, to free himself from this bitter life as from prison and the rack, or else voluntarily to permit others to free him. In this course he will act wisely since by death he will put an end not to enjoyment but to torture. Because in doing so he will be obeying the counsels of the priests, who are God's interpreters, it will be a pious and holy action. Those who have been persuaded by these arguments to either starve themselves to death or, being put to sleep, are set free without the sensation of dying. But they do not make away with anyone against his will, nor in such a case do they relax in the least his attendance upon him."[21]

---

[20] Ibidem.
[21] Surtz E, Hexter JH (1965), S.186.

Bacon und Morus brachten ein neues Element in die Euthanasiedebatte ein: die Autonomie des Menschen. Das Verlangen des Patienten zur Euthanasie musste klar ersichtlich, aber vor allem, freiwillig, sein. Hier wird deutlich, dass Bacon und Morus die Gefahr des Missbrauches der Euthanasie (Euthanasie gegen den erklärten Willen des Patienten) bewusst war. „Die Wechselwirkung von autonomen Wunsch, der Option und dem ‚Zureden' wurde bei Morus jedoch nicht weiter hinterfragt. Endgültige Interpretationen seiner *Utopie* in Richtung eines Idealzustandes oder eines abschreckenden Beispiels bleiben insgesamt sehr schwierig."[22]

Bacon unterscheidet zwischen euthanasia interior und euthanasia exterior. Euthanasia interior meint die seelische und geistige Vorbereitung auf den Tod (1. Stufe); euthanasia exterior ist die Erleichterung des Lebensendes eines leidenden Menschen (2. Stufe). Durch aktive Euthanasie soll dem Menschen zu einem leichteren und schmerzlosen Tod verholfen werden. In seiner Schrift *De dignitate et augmentis scientiarium* (1623) weist Bacon „mit der Betonung der Freiwilligkeit (Autonomie) wie Morus [...] auf die Gefahr der unfreiwilligen Tötung (Heteronomie) hin, die von ihm ausdrücklich abgelehnt wird."[23]

Bacons sowie Morus Schriften zur Euthanasie fanden zu ihrer Zeit vergleichsweise wenig Beachtung und die Thematik wurde erst wieder zu Beginn des 19. Jahrhunderts aufgegriffen und diskutiert.[24] Der Arzt und Psychiater Johann Christian Reil (1759-1813) äußerte sich dazu in seinem *Entwurf einer allgemeinen Therapie* in dem Kapitel „Euthanasia, oder von den Hülfen erträglich zu sterben." Euthanasie wurde von Reil als Hilfe im Sterben gesehen. Der Arzt sollte dem Tod den Schrecken nehmen und das Ende des Lebens so sanft wie möglich gestalten. Reil beschrieb diese Aufgaben des Arztes als „Euthanasie zu bewirken, die Plagen der Krankheit zu mildern, die Seele zu stählen, dass sie mit kraftvoller Resignation den Tod duldet, oder das Bewusstseyn desselben zu verdunkeln."[25]

Seinem Zeitgenossen Christoph W. Hufeland (1762-1836) hingegen war es ein wichtiges Anliegen auf die Gefahr eines Missbrauches der Euthanasie aufmerksam zu machen. In seinem Werk *Enchiridion medicum* schrieb er 1857 über die Aufgaben des Arztes: „Er soll und darf nichts anderes

---

[22] Frewer A (2002), S.61.
[23] Von Engelhardt D (2007), S.56.
[24] Frewer A (2002), S.61.
[25] Reil JC (1816), S.573.

thun, als Leben erhalten; ob es ein Glück oder Unglück sei, ob es Werth habe oder nicht, dies geht ihn nichts an [...]"[26] und führte weiter aus:

„[...] und maasst er sich einmal an, diese Rücksicht mit in sein Geschäft aufzu-
nehmen, so sind die Folgen unabsehbar, und der Arzt wird der gefährlichste
Mensch im Staate; denn ist einmal diese Linie überschritten, glaubt sich der Arzt
einmal berechtigt, über die Nothwendigkeit eines Lebens zu entscheiden, so
braucht es nur stufenweise Progressionen, um den Unwerth und folglich die Un-
nöthigkeit eines Menschenlebens auch auf andere Fälle anzuwenden."[27]

Vermutlich billigte Hufeland, ebenso wie Reil, die Medikamentengabe zur Linderung von Schmerzen und zur Beruhigung von Sterbenden. Unter Berufung auf den hippokratischen Eid lehnte er jedoch die aktive, direkte Eu-
thanasie ab.[28] Hufeland warnte eindrücklich davor Euthanasie zu leisten; im Besonderen wies er auf die unabsehbaren Folgen bei Überschreitung dieser Linie hin. Das Leisten freiwilliger Euthanasie berge die Gefahr, dass unfreiwillige Euthanasie stattfände bzw. Euthanasie nach Gutdünken. Hufeland verwies somit auf die Gefahr eines Dammbruches.

Neue historische Erkenntnisse belegen, dass es für Hufelands Hinweise auf die Dammbruchgefahr einen konkreten Grund gab, und dass seine Überlegungen zu Euthanasie nicht, wie ehemals angenommen, grundsätz-
licher Natur waren.[29] Obwohl Euthanasie zu Beginn des 18. Jahrhunderts aufgrund der christlichen Prägung Europas gesellschaftlich abgelehnt wur-
de, so gab es doch einige Ärzte die sich mit dem Thema befassten und für ihre Einführung plädierten. Der praktische Arzt Carl Theodor Kortum äußer-
te sich in seinen *Kleinen Aufsätzen* sehr positiv zu Euthanasie, die er als Akt des Mitleids für geboten hielt, und als moralisch zulässig ansah.[30] Der Chirurg Christian Ludwig Mursinna beschrieb anhand einer Fallstudie die Dringlichkeit Euthanasie zu leisten um dadurch Leiden lindern zu können. Laut Stolberg gibt es multiple Ursachen für Kortums und Mursinnas Ansichten. Mutmaßliche Gründe sind zum einen biographische Elemente, da bei-
de Ärzte aufgrund ihrer langen Tätigkeit oftmals mit unheilbaren, stark lei-

---

[26] Hufeland C (1857), S.560ff.
[27] Hufeland C (1857), S.560ff.
[28] Benzenhöfer U (1999), S.73.
[29] Stolberg M (2009), S.1837.
[30] Ibidem.

denden Patienten konfrontiert wurden sowie zum anderen humanitäre Ideale, die von christlichen Ansichten losgelöst worden waren.[31]
Die durch Hufeland Mitte des 19. Jahrhunderts propagierte Ablehnung der aktiven Euthanasie, und die schon damals erkannte Gefahr ihres Missbrauchs, wurde Ende des 19. Jahrhunderts durch die Anwendung darwinistischer Ideen auf den soziokulturellen Bereich in den Hintergrund gedrängt. Darwins Evolutionstheorie wurde, entgegen seiner Intention, zum Ausgangspunkt für die Entwicklung eines Sozialdarwinimus, der wiederum für die Verbreitung von Eugenik und Rassenhygiene den Boden bereitete. So kann die Inkorporation sozialdarwinistischer Ideen in die Euthanasiedebatte gegen Ende des 19. Jahrhunderts als verantwortlich für das Aufkeimen von Ideen wie „die Vernichtung lebensunwerten Lebens" angesehen werden.

2.2 Spezielle Begriffsgeschichte und Entwicklung in Deutschland im ausgehenden 19. und zu Beginn des 20. Jahrhundert

In der 2. Hälfte des 19. Jahrhunderts wurde die Euthanasiedebatte vornehmlich von drei einander beeinflussenden ideologischen Richtungen geführt: Verfechter des Sozialdarwinismus, der Rassenhygiene und der Eugenik setzten sich mit der Thematik auseinander. Der Sozialdarwinismus führte Darwins Grundsätze weiter und applizierte sie in den Sozialwissenschaften. Die Überlegenheit des Stärkeren sollte zu einer positiven Selektion des Stärkeren und dadurch zu dem Fortschreiten der menschlichen Gesellschaft führen.[32]
Der Zoologe Ernst Haeckel (1834-1919) postulierte in seiner „Einheitstheorie" des Lebens, die er als Monismus bezeichnete, „die Ausscheidung der Schwachen." Laut Haeckel hätte „der moralisch handelnde Mensch [...], stets den *Willen der Natur* zu unterstützen, wozu, falls es notwendig erscheint, auch die aktive Tötung hoffnungslos Erkrankter gehört."[33] Unter Verweis auf Sparta und die Indianer Nordamerikas sprach er sich für künstliche Züchtung aus:

---

[31] Stolberg M (2009), S.1838.
[32] Sonnenberg R (2006), S.28.
[33] Bergdolt K (2004), S.260.

„Ein ausgezeichnetes Beispiel von der künstlichen Züchtung der Menschen im großen Maßstab liefern die alten Spartaner, bei denen auf Grund eines besonderen Gesetzes schon die neugeborenen Kinder einer sorgfältigen Musterung und Auslese unterworfen werden mussten. Alle schwächlichen, kränklichen oder mit irgendeinem körperlichen Gebrechen behafteten Kinder wurden getödtet. Nur die vollkommenen und kräftigen Kinder durften am Leben bleiben und sie allein gelangten später zur Fortpflanzung. Dadurch wurde die spartanische Rasse nicht allein beständig in auserlesener Kraft und Tüchtigkeit erhalten, sondern mit jeder Generation wurde ihre körperliche Vollkommenheit gesteigert [...].“[34]

Haeckel sprach sich nicht nur für die aktive Euthanasie unheilbar Kranker aus, sondern propagierte diese ebenfalls bei Geisteskranken; auch ohne deren Einwilligung.

Ebenso wie Haeckel favorisierte, der sich selbst als Sozialaristokraten bezeichnende, Alexander Tille (1866-1912) die künstliche Züchtung. Er ging sogar so weit eine „Fortpflanzungsbegrenzung der Schwachen“[35] zu fordern sowie eine „Sozialeuthanasie für erwachsene Schwache.“[36] Die von Tille erwähnte „Sozialeuthanasie“ sollte nach folgendem Muster ablaufen: da man die erwachsenen Schwachen ja nicht töten könne, müsse man sie auf die niedrigste soziale Stufe absinken lassen, so dass die schwierigen Lebensbedingungen den Tod herbeiführen würden.[37]

Ende des 19. Jahrhunderts nahm der utilitaristische Einfluss auf die Euthanasie Debatte immer stärker zu. 1895 veröffentlichte Adolf Jost, ein Göttinger Student, eine „sociale Studie“[38] mit dem Titel *Das Recht auf den Tod*. Jost stellte darin die Frage: „Giebt es ein Recht auf den Tod?, das heißt, giebt es Fälle, in welchen der Tod eines Individuums sowohl für dieses selbst als auch für die menschliche Gesellschaft überhaupt wünschenswerth ist?“[39] Jost beschäftigte die Frage, ob es im Falle einer unheilbaren Krankheit nicht „menschlicher“ sei aktive Euthanasie zuzulassen; 1871 war § 216 im Reichsstrafgesetzbuch in Kraft getreten und nach diesem war Tötung auf Verlangen strafbar. Josts' zweites Anliegen war die Definition des wirtschaftlichen Wertes eines Lebens und die Frage danach, ob und wann menschliches Leben für die Gesellschaft nutzlos, bzw. wertlos werden kön-

---

[34] Haeckel E (1870), S.152ff.
[35] Benzenhöfer U (1999), S.83.
[36] Ibidem.
[37] Tille A (1893), S.138.
[38] Jost A (1895).
[39] Jost A (1895), S.1.

ne. Laut Jost setzt sich der Wert eines Menschenlebens aus zwei *Faktoren* zusammen:

> „Der erste Factor ist der Werth des Lebens für den betreffenden Menschen selbst, also die Summe von Freude und Schmerz, die er zu erleben hat. Der zweite Factor ist die Summe von Nutzen oder Schaden, die das Individuum für seine Mitmenschen darstellt. Die Fragestellung für das Recht auf Tod ist jetzt identisch mit der Frage: ‚Giebt es Fälle, in welchen beide Factoren negativ werden?'"[40]

Josts' zweiter *Faktor* beinhaltet rein materielle Aspekte, nämlich der Nutzen oder die Kosten, die durch das Weiterleben der Person entstehen. Seine anfängliche Frage, die eher auf Linderung des Leides von Kranken und auf deren „Erlösung" abzuzielen scheint, wird im weiteren Verlauf seiner Argumentation ins Gegenteil verkehrt, da sein eigentliches Anliegen nunmehr offensichtlich wird. Nicht das Mitleid gegenüber einem Todkranken ist Josts Beweggrund in der Forderung nach aktiver Euthanasie, sondern vielmehr die utilitaristische Fragestellung, was der Wert dieses Lebens für die Gesellschaft sei. Hier wird deutlich, dass Jost nicht nur für Tötung auf Verlangen eintrat, sondern auch für die Tötung von Menschen, deren Leben seiner Meinung nach für die Gesellschaft wertlos geworden war. Sobald ein Menschenleben wertlos würde, sollte es nach Josts' Meinung (auch gegen den Willen dieses Menschen) beendet werden.

Ähnliches Gedankengut wie Haeckel und Tille verbreitete der Arzt Alfred Ploetz (1860-1940), der zusammen mit Wilhelm Schallmayer (1875-1919) zu den Begründern der Rassenhygiene und Anhängern der Eugenik zählte. In seiner Schrift *Die Tüchtigkeit unsrer Rasse und der Schutz der Schwachen* beschrieb Ploetz unter anderem eine Utopie der Rassenhygiene mit folgenden Elementen: Ehetauglichkeitsprüfung, Selektion bei der Fortpflanzungserlaubnis, Infantizid bei Behinderung, minimale Unterstützung von Armen sowie reduzierte Pflege und Betreuung von Kranken, so dass die „natürliche Zuchtwahl" zum Zuge kommen könne. Ploetzs' Argumente befeuerten die Weiterentwicklung der Euthanasiedebatte zu Beginn des 20. Jahrhunderts. Die Folgen dieser Entwicklungen waren weitreichend, und die Tatsache, dass während der Verbreitung dieses Gedankengutes kaum Kritik daran geäußert wurde, ist erstaunlich. Eines der wenigen Beispiele von, wenn auch verhaltener, Kritik an sozialdarwinistischen, bzw. rassen-

---

[40] Ibidem.

hygienischen Theorien stammt von dem Arzt Max Beer, der die Frage stellte: „Ist einmal die Scheu vor der Heiligkeit des Lebens vermindert, die freiwillige Sterbehilfe für die geistig gesunden Unheilbaren und die unfreiwillige für die Geisteskranken eingeführt, wer steht dann dafür, dass man dabei Halt macht?"[41]

1920 veröffentlichte Karl Binding (1841-1920), ein renommierter Strafrechtler, zusammen mit dem Psychiater Alfred Hoche (1865-1943), eine Schrift über *Die Freigabe der Vernichtung lebensunwerten Lebens. Ihr Maß und ihre Form.* Dieser Aufsatz kann als wegweisend für die Entwicklung der Euthanasie unter dem späteren NS-Regime gesehen werden. Im ersten Teil der Schrift äußerte sich Binding zu den juristischen Aspekten der Euthanasie. Binding stellte, ähnlich wie Jost, die Frage nach dem Wert eines Menschenlebens: „Gibt es Menschenleben, die so stark die Eigenschaft eines Rechtsgutes eingebüßt haben, dass ihre Fortdauer für die Lebensträger wie für die Gesellschaft dauernd allen Wert verloren hat?"[42] und beantwortete sie folgendermaßen: „Daß es lebende Menschen gibt, deren Tod für sie eine Erlösung und zugleich für die Gesellschaft und den Staat insbesondere eine Befreiung von einer Last ist, deren Tragung außer dem einen, ein Vorbild größter Selbstlosigkeit zu sein, nicht den kleinsten Nutzen stiftet, lässt sich in keiner Weise bezweifeln."[43] Wie bei Jost wird hier ebenfalls der Wertedualismus eines Lebens betont. Der Wert eines Menschenlebens, so Binding, summiert sich aus dem Wert des Lebens für den Menschen selbst und dem Wert den dieses Leben für die Gesellschaft hat. Laut Binding gibt es drei Gruppen von Menschen, für welche die Freigabe der Tötung erfolgen solle: 1. „die zufolge Krankheit oder Verwundung unrettbar Verlorenen, die im vollen Verständnis ihrer Lage den dringenden Wunsch nach Erlösung besitzen und ihn in irgendeiner Weise zu erkennen gegeben haben"[44], und 2. „[...]den unheilbar Blödsinnigen – einerlei ob sie so geboren oder etwa wie die Paralytiker im letzten Stadium ihres Leides so geworden sind."[45] Bei dieser Gruppe sollte die Freigabe zur Tötung auch ohne deren Einverständnis hinreichend legitimiert sein: „Sie haben weder den Willen zu leben, noch zu sterben. So gibt es ihrerseits keine beachtliche Einwilligung in die Tötung, andererseits stößt diese auf keinen Lebens-

---

[41] Beer M (1914), S.9.
[42] Binding K/Hoche A (1920), S.28.
[43] Ibidem.
[44] Binding K/Hoche A (1920), S.29.
[45] Binding K/Hoche A (1920), S.31.

willen der gebrochen werde müsste."[46] Die letzte Gruppe, die Binding erwähnt, sind die „geistig gesunden Persönlichkeiten, die durch irgendein
Ereignis, etwa sehr schwere, zweifellos tödliche Verwundung, bewusstlos
geworden sind, und die, wenn sie aus ihrer Bewusstlosigkeit noch einmal
erwachen sollten, zu einem namenlosen Elend erwachen würden."[47] Binding plädiert für Tötung auf Verlangen und je nach Gruppenzugehörigkeit
der Kranken sollte diese auch ohne Einwilligung des Kranken erfolgen.
Straffreiheit der Euthanasie erhielt Binding durch „die Konstruktion einer
doppelten Privilegierung [...]. Als Privilegierungsgründe nannte er zum einen die Einwilligung des Getöteten und zum anderen das Unwerturteil über
dessen Leben[...]."[48] Die Nationalsozialisten beriefen sich später im Zuge
ihrer Euthanasieaktionen auf Bindings' und Hoches' Vorschläge zur Freigabe der Tötung.

Im zweiten Teil des Buches stellte der Psychiater Hoche seine Ansichten
zur Euthanasie aus ärztlicher Perspektive dar. Ebenso wie Binding kommt
er zu dem Schluss, dass es Menschen gäbe, deren Leben den Wert eines
schützenswerten Rechtsgutes verloren hätte und somit die Freigabe der
Tötung erfolgen könne. Die Publikation des Werkes löste unter Medizinern
und Juristen kontroverse Diskussionen aus: „die deutschen Ärzte wandten
sich mehrheitlich gegen die Freigabe der ‚Vernichtung lebensunwerten Lebens'."[49] Dies sollte allerdings kein Hindernis für die späteren Ereignisse
unter dem NS-Regime sein. Wo früher noch die Maßgabe salus aegroti
suprema lex (die Gesundheit des Kranken als oberstes Gebot) gegolten
hatte, zeichnete sich eine stetige Entwicklung zum Prinzip des salus publi-
ca (Wohl des Volkes) ab.[50]

Hanns Kerrls Veröffentlichung der *Preußischen Denkschrift* im Jahr 1933
kann als gedanklicher Anstoß des juristischen Diskurses über Euthanasie
während des NS-Regimes gesehen werden. Einer von Kerrls Ansätzen in
Bezug auf Euthanasie, im Zuge seiner Vorschläge zur Strafrechtsreform
(1933-1939)[51], war die Idee, „die Tötung auf ausdrückliches und ernstliches
Verlangen milder zu bestrafen als die gemeine Tötung."[52] Kerrl macht dies
von mehreren Kriterien abhängig: das Vorliegen einer unheilbaren Krank-

---

[46] Ibidem.
[47] Binding K/Hoche A (1920), S.33.
[48] Schumann E (2006), S.20.
[49] Benzenhöfer U (1999), S.106.
[50] Frewer A (2002), S.64.
[51] Gruchmann L (2001), S.753.
[52] Benzenhöfer U (1999), S.109.

heit, die Bestellung von zwei Ärzten als Gutachter, und dass die Tötung nur auf Verlangen des Kranken oder der Angehörigen stattfinden könne.[53] Die Ausweitung der Kriterien auf das Verlangen der Angehörigen macht deutlich, dass salus aegroti suprema lex hier nur scheinbar im Vordergrund stand. Eine Tötung gegen den Willen des zu Tötenden hätte aber vermutlich auch auf Verlangen der Angehörigen durchgeführt werden können. Der Vorschlag Kerrls zur Strafrechtsreform wurde jedoch nicht angenommen; das reformierte Strafgesetzbuch wurde letztendlich nicht verabschiedet.[54]

Die Euthanasieprogramme des NS-Regimes bestanden aus einem Kinder- sowie einem Erwachseneneuthanasieprogramm. Vorläufer der NS-Euthanasieprogramme waren die ab 1934 stattfindenden Zwangssterilisierungen, die durch das *Gesetz zur Verhütung genetisch erbkranken Nachwuchses* vom 14. Juli 1933 rechtsgültig wurden. 350.000-400.000 Menschen wurden ab 1934 zwangssterilisiert; davon starben etwa 6000 an Komplikationen bei oder nach dem Eingriff. Zur Sterilisation freigegeben wurden Menschen mit folgenden „Gebrechen": Epileptiker, psychisch Kranke, Blinde, Kleinwüchsige, Taube, Alkoholiker, und viele Andere.[55] Mit dem Erlass des Gesetzes konnte sich keiner der zur Sterilisation Bestimmten dieser entziehen.

1938 erreichten die Reichskanzlei mehrere Gnadentodgesuche; der Fall des Kindes K. ist als Präzedenzfall für die Tötung Behinderter anzusehen.[56] Eine Familie bat für ihr behindertes Kind um den Gnadentod. Hitlers' Leibarzt Brandt besuchte daraufhin auf dessen Geheiß die Familie, um sich ein Bild von der Situation zu machen und bestätigte die Behinderung. Nachdem Hitler dem Gnadentodgesuch stattgegeben hatte, und den, die Tötung vornehmenden, Ärzten Strafffreiheit zugesichert worden war, wurde das Kind im Sommer 1939 getötet.[57]

Ein geheimer Erlass des Reichsministers des Inneren vom 18. August 1939 legte die Modalitäten der Kindereuthanasie fest. Darunter fielen Kinder mit folgenden Leiden: „1. Idiotie, 2. Mikrozephalie, 3. Hydrozephalus, 4. Missbildungen jeder Art, und 5. Lähmungen."[58] Hebammen und Ärzte unterlagen der Meldepflicht und hatten somit die Geburt behinderter Kinder

---

[53] Benzenhöfer U (2009), S.97.
[54] Benzenhöfer U (1999), S.112.
[55] Klee E (1983), S.38ff.
[56] Frieß M (2008), S.24.
[57] Benzenhöfer U (2006), S.145ff.
[58] Benzenhöfer U (1999), S.117.

den Gesundheitsämtern mitzuteilen. Drei Gutachter beurteilten jeden Fall und bei einem positiven Urteil wurden die Kinder in sog. Kinderfachabteilungen eingewiesen, wo sie getötet wurden. Das Kindereuthanasieprogramm endete erst mit der Niederlage Deutschlands; 5000-8000 Kinder wurden Opfer dieser Aktion.

Der Beginn der Erwachseneneuthanasie, später bekannt als Aktion T4, lag eng mit dem Anfang des Krieges zusammen und wurde offiziell im Herbst 1941 beendet. Im Geheimen lief die Aktion unter dem Namen 14 f 13 jedoch bis 1944 weiter und forderte insgesamt ca. 300.000 Opfer. Das Erwachseneneuthanasieprogramm begann auf eine persönliche Anordnung Hitlers vom 1. September 1939 hin (allerdings scheint die eigentliche Anordnung erst später stattgefunden zu haben; sie wurde vermutlich auf Kriegsbeginn rückdatiert):

> „Reichsleiter Bouhler und Dr. med. Brandt sind unter Verantwortung beauftragt die Befugnisse namentlich zu bestimmender Ärzte so zu erweitern, dass nach menschlichem Ermessen unheilbar Kranken der Gnadentod gewährt werden kann. Gez.: Adolf Hitler."[59]

Damals wie heute war nach geltendem Gesetz Euthanasie, im Sinne einer Tötung auf Verlangen, auch wenn sie sich auf die „Vernichtung lebensunwerten Lebens" bezog, strafbar. Im Erwachseneneuthanasieprogramm gab es pro Patient drei Gutachter deren wohl wichtigstes Auswahlkriterium die Arbeitsfähigkeit des Patienten war. Die Gutachter leiteten jeweils ihr individuelles Gutachten mit ihrer Empfehlung (+ bedeutete Tod, - stand für Weiterleben, ein Fragezeichen bedeutete Unentschiedenheit) an einen Obergutachter weiter, der dann die endgültige Entscheidung traf. Lautete das Gutachten auf Tod, wurden die Patienten von ihren Heil- oder Pflegeanstalten über Zwischenanstalten in eine der sechs Tötungsanstalten verlegt. Die Hinrichtungen erfolgten zunächst durch Erschießung, später mittels Kohlenmonoxid. Im Sommer 1940, als die Tötungsaktionen vor der Öffentlichkeit nicht mehr geheim gehalten werden konnten, und kirchliche Würdenträger sowie schließlich auch Papst Pius XII. Protest einlegten, sah sich das NS-Regime gezwungen, die Aktion T4 vorerst zumindest offiziell zu beenden. Das offizielle Ende der Aktion T4 lässt sich auf den Herbst 1941 datieren.

---

[59] Klee E (1985), S.100.

Die Euthanasieprogramme des NS-Regimes sind die Kulmination der am Ende des 19. Jahrhunderts und Anfang des 20. Jahrhunderts beginnenden Ideologisierung und Instrumentalisierung der Euthanasiediskussion. Wo Binding und Hoche zumindest rhetorisch noch auf die Autonomie der Patienten Wert legten, wich die Einschränkung der Freigabe „unwerten Lebens" unter der NS-Ägide reiner Willkür.

2.3 Weiterentwicklung der Begriffe Euthanasie und Sterbehilfe: von der Nachkriegszeit bis zur Gegenwart

Das Ende des Zweiten Weltkrieges bedeutete auch für die Euthanasiedebatte eine Zäsur. Die Aufarbeitung der Nationalsozialistischen Verbrechen führte zu einer strikten Ablehnung aktiver Sterbehilfe. Bezüglich der Terminologie ist ab Nachkriegszeit bis zur Gegenwart festzustellen, dass der Ausdruck Euthanasie im deutschsprachigen Raum seit dem Ende des NS-Regimes weitgehend durch den Terminus Sterbehilfe ersetzt worden ist, um eine Abgrenzung zu den als Euthanasie getarnten Tötungen zu ermöglichen.

Obwohl der Jurist Adolf Arndt zwischen Tötung auf Verlangen und ungewollter Euthanasie unter dem NS-Regime differenzierte[60], bekräftigte er 1947 beim Konstanzer Juristentag „dass um eine selbst echte Euthanasie in Deutschland nie wieder eine Diskussion entstehen sollte."[61] Das nationale Trauma aufgrund der tragischen Ereignisse des Zweiten Weltkrieges, des Holocausts und der Kinder- und Erwachseneneuthanasie verbot stillschweigend jede Debatte um aktive Sterbehilfe. Gleichwohl wurde über passive und indirekte Sterbehilfe diskutiert. Gewisse Einigkeit bestand über die von Papst Pius XII (1876-1958) gebilligte Nichtaufnahme, bzw. den Abbruch intensivmedizinischer Maßnahmen (passive Sterbehilfe).[62] Papst Pius XII sprach sich auch für die Zulässigkeit indirekter Sterbehilfe aus:

> „Einer Gruppe von Ärzten, die ihm die Frage vorgelegt hatten: ‚Kann es nach der Lehre der Religion und den Normen der Moral dem Arzt und dem Kranken erlaubt sein, mit Hilfe narkotischer Medikamente Schmerz und Bewusstsein aus-

---

[60] Lunshof J/Simon A (2000), S.237ff.
[61] Arndt A (1947), S.196.
[62] Benzenhöfer U (1999), S.137.

zuschalten (...) (auch beim Herannahen des Todes und wenn vorauszusehen ist, dass die Anwendung dieser Mittel das Leben abkürzt)?', antwortete der Papst: ‚Wenn andere Mittel fehlen und dadurch den gegebenen Umständen die Erfüllung der übrigen religiösen und moralischen Pflichten in keiner Weise verhindert wird, ist es erlaubt.'"[63]

In den 1960er Jahren wurde das Thema Sterbehilfe medial präsent, als das Magazin *Der Spiegel* einen Artikel „über die Nazivergangenheit einiger angesehener und unbehelligt praktizierender Ärzte"[64] publizierte. Im Rahmen der öffentlichen Debatte wurde für diese Ärzte Berufsverbot gefordert, was jedoch von den zuständigen Behörden abgelehnt wurde. Im Zuge dieser Diskussion veröffentlichte Professor W. Catel das Buch *Grenzsituationen des Lebens – Beitrag zum Problem einer begrenzten Euthanasie* in welchem er die von ihm durchgeführte Ermordung von Kindern zur NS-Zeit als Sterbehilfe bezeichnete und diese für die Zukunft empfahl.

Bis zu Beginn der 1970er Jahre gab es im deutschsprachigen Raum kaum Befürworter aktiver Sterbehilfe. Als 1973 der Postma-van Boven Prozess in der Niederlanden stattfand (die Ärztin Postma-van Boven hatte ihre schwerkranke Mutter auf deren eindringliches Bitten hin mit einer Dosis Morphin getötet), wurde in Deutschland die Diskussion um aktive Sterbehilfe entfacht. Dieser Prozess wurde von den deutschen Medien genutzt, um die Sterbehilfedebatte zu enttabuisieren und den Diskurs darüber anzustoßen. Ebenso wie der Postma-Prozess führten die in diesen Jahren erreichten Fortschritte in der intensivmedizinischen Versorgung zu einer Vertiefung der Diskussion auf gesamtgesellschaftlicher Ebene. Jedoch führte die Debatte zu keiner Reaktion von Seiten des Gesetzgebers.

In den 1980er Jahren gab es einige Präzedenzfälle zum Thema Sterbehilfe. Bekannt wurden unter anderem der *Wittig-Fall*[65] sowie der *Hermy Eckert-Fall*.[66] Aufgrund eines Basalioms, dessen Therapie trotz Durchführung mehrerer Operationen und Bestrahlung erfolglos geblieben war, bat Frau Eckert Professor Hackethal um Beihilfe zum Suizid. Auf mehrfaches, eindringliches Bitten von Frau Eckert gab Professor Hackethal dieser schließlich Kaliumzyanid, welches sie selbstständig einnahm. Die Anklage Hackethals, die auf Tötung auf Verlangen lautete, wurde durch das Ober-

---

[63] Kongregation für die Glaubenslehre (1980).
[64] Lunshof J/Simon A (2000), S.238.
[65] BGHSt 32, 367.
[66] Hermy Eckert war eine Patientin des Chirurgen Professor Julius Hackethal (1921-1997).

landesgericht München nicht bestätigt; vielmehr bekräftigte es: „es kommt allein darauf an, wer das zum Tode führende Geschehen tatsächlich beherrscht."[67] Aufgrund der Tatherrschaft Frau Eckerts sei seine Handlung als straffreie Beihilfe zum Suizid zu verstehen.

1986 wurde erstmalig ein *Alternativ-Entwurf (AE)* eines Gesetzes zur Sterbehilfe von einer medizinisch-juristischen Arbeitsgruppe vorgelegt. Eine Legalisierung der aktiven Sterbehilfe sollte mit diesem Entwurf nicht erreicht werden, jedoch Richtern die Möglichkeit geben, in einigen ausgewählten Fällen Straffreiheit zu gewähren. Der *AE-Sterbehilfe* plädierte des Weiteren für eine Legalisierung von passiver sowie indirekter Sterbehilfe. Die Anhörung vor dem Rechtsausschuss des Bundestages führte nicht zu dem gewünschten Ergebnis. Der von den geladenen Experten erreichte Konsens ergab eine Ablehnung der aktiven Sterbehilfe, und eine Gesetzesänderung wurde nicht für nötig befunden.

Einen weiteren Diskussionsanstoß gab der australische Philosoph Peter Singer, der Anfang der 1990er Jahre die Sterbehilfe-Debatte erneut mit utilitaristischen Argumenten befeuerte. Singer entwickelte die Theorie des Präferenzutilitarismus als eine Variante des Utilitarismus. Der Präferenzutilitarismus gründet sich auf der Annahme, dass eine Handlung moralisch gut sei, wenn die Präferenz eines Individuums mit den Auswirkungen dieser Handlung übereinstimme. Singer bewertet die Präferenzen von verschiedenen Entitäten unterschiedlich. Die Präferenzen einer „Person" haben für Singer Vorrang vor den Präferenzen anderer Wesen. Laut Singer sollte Lebensschutz nur „Personen" zuteil werden. Er definiert „Personen" als Lebewesen, die sich verständigen können, über ein bewusstes Erleben (Bewusstsein) verfügen, und einen „Sinn für die Zukunft"[68] haben. Da Singer somit Säuglingen den Personenstatus abspricht, sieht er, unter gewissen Vorraussetzungen, Infantizid als eine moralisch zulässige Handlung an, und plädiert unter diesen Umständen für aktive Sterbehilfe.

1994 provozierte der *Kemptener-Fall* ein wegweisendes Urteil in der Sterbehilfe-Debatte. Der als Betreuer bestellte Sohn und der Arzt einer 72-jährigen schwer zerebral geschädigten Patientin hatten den Entschluss gefasst, die künstliche Ernährung der Patientin einzustellen. Sie wurden daraufhin vom Landgericht Kempten wegen versuchten Totschlags verurteilt. Der Bundesgerichtshof (BGH) hob dieses Urteil auf und begründete dieses

---

[67] 1 Ws 23/87.
[68] Boloz W (2002), S.19.

mit der Erfüllung des mutmaßlichen Willens der Patientin. Selbst wenn die Sterbephase noch nicht begonnen hat, könnte passive Sterbehilfe zulässig sein, wenn dies dem mutmaßlichen Willen des Patienten entspräche:

> „Bei einem unheilbar erkrankten, nicht mehr entscheidungsfähigen Patienten kann der Abbruch einer ärztlichen Behandlung oder Maßnahme ausnahmsweise auch dann zulässig sein, wenn die Voraussetzungen der von der Bundesärzte- kammer verabschiedeten Richtlinien für die Sterbehilfe nicht vorliegen, weil der Sterbevorgang noch nicht eingesetzt hat. Entscheidend ist der mutmaßliche Wil- le des Kranken."[69]

Wegweisende Stellungnahmen zum Themenkomplex der Sterbehilfe von ärztlicher Seite wurden 1998 sowie 2004 von der Bundesärztekammer (BÄK)[70] veröffentlicht: Die *Grundsätze der Bundesärztekammer zur ärztli- chen Sterbebegleitung.*[71] Vorausgegangen waren diesen bereits im Jahr 1979 die *Richtlinien der Bundesärztekammer für die Sterbehilfe* sowie im Jahr 1993 die *Richtlinien der Bundesärztekammer für die ärztliche Sterbe- begleitung.*

---

[69] BGHSt 40, 257.
[70] Die Bundesärztekammer ist ein Zusammenschluss der 17 deutschen Landesärztekam- mern zu einer Arbeitsgemeinschaft und dient somit als Dachverband der ärztlichen Selbst- verwaltung. Hauptaufgaben der BÄK sind die Gewährleistung und Sicherung einer guten medizinischen Versorgung in der BRD, die Förderung des Austausches der in Deutsch- land tätigen Ärzten sowie das ständige Streben nach einer Vereinheitlichung der Grund- sätze und Regelungen der ärztlichen Berufspflichten.
[71] Bundesärztekammer (Hg.) (2004).

3. Binnendifferenzierung der Begriffe aktive, passive und indirekte Sterbehilfe, palliative und terminale Sedierung

Bevor ein Versuch der Erläuterung des aktuellen Diskurses um den Themenkomplex Sterbehilfe in Deutschland unternommen werden kann, ist die Definition und differenzierte Erklärung der einzelnen Begrifflichkeiten unerlässlich. Aus diesem Grund sind zunächst einmal die Begriffe aktive, passive und indirekte Sterbehilfe sowie terminale und palliative Sedierung zu definieren.

Obwohl theoretisch ein weitgehender Konsens über die Definition der Begriffe besteht, gibt es vor allem in der ärztlichen Praxis viele Unsicherheiten. Sie betreffen nicht zuletzt den Unterschied zwischen aktiver und passiver Sterbehilfe sowie die Abgrenzbarkeit aktiver von indirekter Sterbehilfe. Vorab ist in Bezug auf den Begriff Sterbehilfe festzuhalten, dass sich dieser dem Wortsinn nach nur auf Menschen bezieht, die aufgrund einer unheilbaren Krankheit in die Lebensphase des Sterbens (Sterbephase) eingetreten sind. Der Begriff hat jedoch in den letzten Jahren eine Erweiterung erfahren. Dem ursprünglichen Wortsinn nach muss ein irreversibles, zum Tode führendes Leiden vorhanden sein, damit Sterbehilfe geleistet werden darf. Doch genau diese, für die Verfechter einer „liberalen" Position zu enge, Auslegung des Begriffs ist zum Anlass für ethische Diskussionen geworden und hat letztlich auch zur Schaffung einer neuen Rechtslage im Hinblick auf die sogenannten Patientenverfügungen beigetragen.[72] Demnach ist für das Leisten von Sterbehilfe, zumindest passiver Art, nicht mehr maßgeblich, dass der Patient bereits im Sterben liegt. Laut höchstrichterlicher Rechtsprechung besteht nun vielmehr die Möglichkeit, dass Sterbehilfe auch Patienten zuteil wird, die noch nicht im Sterben liegen[73], jedoch eine infauste Prognose haben, und deren Leiden durch die Aufrechterhaltung von lebensverlängernden Maßnahmen weitergeführt würde.

Der Terminus Sterbehilfe kann auf zweifache Art und Weise interpretiert werden. Sterbehilfe kann einerseits als Hilfe *zum* Sterben gesehen werden; dies schließt die Absicht der beteiligten Personen ein, den Tod des Patienten herbeizuführen und mit diesem Begriff können aktive und passive Sterbehilfe umschrieben werden. Andererseits kann Sterbehilfe auch als Hilfe *im* oder *beim* Sterben gesehen werden; dieses Verständnis des Begriffes

---

[72] Vgl. die Änderung des Betreuungsrechts im BGB durch den Deutschen Bundestag am 18. Juni 2009.
[73] BGHSt 40, 257 (260).

bezieht sich auf die Begleitung und Betreuung des Sterbenden. Die Hilfe *im* Sterben beinhaltet die Basisbetreuung des Patienten[74] (Bedürfnisse wie Hunger und Durst sollen gestillt werden), eine ihm angepasste Schmerztherapie, psychologische Betreuung des Patienten und der Angehörigen sowie die persönliche Zuwendung und das Gespräch. Der Hilfe *im* Sterben ist die indirekte und nur in Ausnahmefällen die passive Sterbehilfe zuzuordnen.

Ein weiterer wichtiger Aspekt in der Diskussion um Sterbehilfe ist die Wahrung der Autonomie der Patienten. Die gesetzliche Regelung der Patientenverfügung hat den vorrangigen Zweck die Patientenautonomie zu schützen. In diesem Kontext ist es nichtsdestotrotz notwendig, auf die Unterschiede zwischen freiwilliger, nicht-freiwilliger und unfreiwilliger Sterbehilfe hinzuweisen. Freiwillige Sterbehilfe ist jede Form von Sterbehilfe, die auf ausdrückliches, freiwilliges Verlangen und nach informed consent (Einwilligung nach erfolgter Aufklärung oder informierte Einwilligung) des Patienten stattfindet. Nicht-freiwillige Sterbehilfe wird dann gewährt, wenn der Patient zwar nicht einwilligungsfähig ist, aber auf der Basis seines mutmaßlichen Willens durch seinen Betreuer, bzw. auf der Grundlage einer Patientenverfügung, die Entscheidung für Sterbehilfe getroffen wird. Unfreiwillige Sterbehilfe liegt vor, wenn der einwilligungsfähige Patient nicht nach seinem Willen gefragt wird oder Sterbehilfe ablehnt, diese aber trotzdem geleistet wird.

3.1 Aktive Sterbehilfe

Aktive Sterbehilfe liegt vor, wenn ein Arzt seinem Patienten, mit der Absicht dessen Leben zu beenden, eine tödliche Dosis eines Medikamentes, bspw. ein Barbiturat, injiziert und der Patient aufgrund dessen Wirkung verstirbt. Direkt aktive Sterbehilfe beinhaltet einerseits eine Absichtskomponente und andererseits eine den Tod herbeiführende Aktivität. Diese Form der Sterbehilfe ist die vorsätzliche Beendigung des Lebens eines schwerkranken

---

[74] „Unabhängig von anderen Zielen der medizinischen Behandlung hat der Arzt in jedem Fall für eine Basisbetreuung zu sorgen. Dazu gehören u. a.: menschenwürdige Unterbringung, Zuwendung, Körperpflege, Lindern von Schmerzen, Atemnot und Übelkeit sowie Stillen von Hunger und Durst."
(Bundesärztekammer (Hg.) (2004), S.1298).

oder sterbenden Menschen auf seinen ausdrücklichen Wunsch hin. Die Durchführung dieser Handlung wird in Deutschland nach § 216 StGB als Tötung auf Verlangen und somit als Straftat geahndet. Aktive Sterbehilfe ist die einzige Art der Sterbehilfe, auf die im Gesetzestext Bezug genommen wird.

Als Grenzfall der aktiven Sterbehilfe ist die Beihilfe zum Suizid, bzw. die ärztliche Beihilfe zum Suizid (PAS –physician assisted suicide) zu nennen. Selbst wenn der Arzt bei dieser Art der Sterbehilfe letztendlich nicht das ausführende Organ ist, so handelt er mit der Beschaffung der nötigen Medikamente doch in der Absicht, den Tod des Patienten herbeizuführen. Die Beihilfe zum Suizid wird in Deutschland nicht strafrechtlich verfolgt, da die Haupttat, der Suizid, keinen Straftatbestand erfüllt, und die Beihilfe zu dieser Handlung demzufolge auch nicht strafbar ist, ebenso wenig wie die Anstiftung dazu (§§ 26, 27 StGB). Im bereits erwähnten *Hermy Eckert-Fall*, einem Beispiel für PAS, wurde Professor Hackethal mit der Begründung freigesprochen, dass die Tatherrschaft bei der Patientin gelegen habe.[75]

3.2 Passive Sterbehilfe

Passive Sterbehilfe ist das Nichtaufnehmen, der Abbruch oder das Nichtfortführen von lebensverlängernden bzw. lebenserhaltenden Maßnahmen bei einem schwerkranken oder sterbenden Menschen auf dessen ausdrücklichen Wunsch hin. Dieser kann auch im Rahmen einer Patientenverfügung formuliert werden. Das Leisten passiver Sterbehilfe bezieht sich beispielsweise auf das Nichtaufnehmen oder den Abbruch einer künstlichen Beatmung, die Entfernung oder das Nichteinführen einer PEG-Sonde, oder das Nichtverordnen, bzw. das Absetzen parenteraler Ernährung (Infusion). Da jeder Eingriff in die körperliche Integrität eines Patienten dessen Zustimmung bedarf, und ohne dessen Einwilligung als Körperverletzung (§§ 223 StGB ff.) geahndet werden kann, ist der Abbruch medizinischer Handlungen auf Wunsch des Patienten keine unterlassene Hilfeleistung (§ 323c StGB); der Arzt richtet sich nach dem Willen und Wünschen des Patienten. Allerdings muss sichergestellt sein, dass die Unterlassung der Behandlung tatsächlich der Wunsch des Patienten ist.

---

[75] 1 Ws 23/87.

Die BÄK gibt in ihrer Stellungnahme folgende Maßgabe zum Leisten von passiver Sterbehilfe:

„Bei Patienten, die sich zwar noch nicht im Sterben befinden, aber nach ärztlicher Erkenntnis aller Voraussicht nach in absehbarer Zeit sterben werden, weil die Krankheit weit fortgeschritten ist, kann eine Änderung des Therapieziels indiziert sein, wenn lebenserhaltende Maßnahmen Leiden nur verlängern würden und die Änderung des Therapieziels dem Willen des Patienten entspricht. An die Stelle von Lebensverlängerung und Lebenserhaltung treten dann palliativmedizinische Versorgung einschließlich pflegerischer Maßnahmen."[76]

3.3 Indirekte Sterbehilfe

Der Begriff indirekte Sterbehilfe bezeichnet die Inkaufnahme eines früheren, unbeabsichtigten Todeseintritts bei einem sterbenden oder todkranken Menschen, als Folge von Nebenwirkungen der Medikamente bei Durchführung einer Schmerztherapie. Die Entstehung dieses Begriffes wurde durch die potentiell letalen Nebenwirkungen einer Schmerztherapie bedingt und sollte darüber hinaus zu einem angemessenen Gebrauch von Analgetika anleiten.

Bei indirekter Sterbehilfe ist die Linderung der Schmerzen das Therapieziel. Eine ursächliche Heilbehandlung wird nicht mehr angestrebt, bzw. ist nicht mehr möglich. Die ärztliche Pflicht eine Schmerztherapie zu beginnen, lässt sich wie folgt begründen: „Eine wirksame Schmerzbehandlung vorzuenthalten, verstößt gegen die ärztliche Sorgfaltspflicht und kann eine strafrechtlich relevante Körperverletzung sein."[77] Allerdings ist an dieser Stelle festzuhalten, dass die Nebenwirkung, also der Todeseintritt, zu keiner Zeit das Therapieziel oder die Therapieabsicht sein darf. Als wichtige Abgrenzung zur aktiven und passiven Sterbehilfe ist hier das Fehlen einer auf die Herbeiführung des Todes gerichteten Intention zu nennen. Der Arzt beabsichtigt mit der verordneten Schmerztherapie nicht den (verfrühten) Todeseintritt, sondern ist bemüht eine Linderung der Schmerzen des Patienten herbeizuführen. Dem Patienten soll nicht zum Sterben verholfen werden.

---

[76] Bundesärztekammer (Hg.) (2004), S.1298.
[77] Bioethik-Kommission des Landes Rheinland-Pfalz (Hg.) (2004), S.67.

Vielmehr soll der Patient durch eine effektive Schmerztherapie mehr Lebensqualität, vor allem Schmerzfreiheit, erhalten. Die indirekte Sterbehilfe ist im Vergleich zur aktiven und passiven Sterbehilfe (Formen der Sterbehilfe, die darauf abzielen den Tod des Patienten herbeiführen) auf das Leben ausgerichtet. Wenn bei einem Patienten, bei dem Versuch eine effektive Schmerzkontrolle zu erreichen, der Tod eintritt, so ist dies eine unerwünschte und unbeabsichtigte Nebenwirkung.

Es ist nicht zweifelsfrei gesichert, ob indirekte Sterbehilfe in der Praxis stattfindet. Bis dato konnte noch nicht bewiesen werden, dass eine effektive Schmerztherapie de facto eine Lebensverkürzung zur Folge hat. Allerdings ist es ebenso schwierig zweifelsfrei festzustellen, dass das Leben eines Patienten durch eine Schmerztherapie nicht verkürzt wurde, bzw. unter Umständen sogar verlängert wurde. Auf diese Problematik wird im Folgenden noch näher eingegangen werden.

Probleme in Bezug auf die Abgrenzbarkeit der indirekten von der aktiven Sterbehilfe ergeben sich unter anderem aus der mangelnden Objektivierbarkeit der Schwelle zwischen effektiver Schmerzkontrolle und letaler Dosis, da diese interindividuell stark variieren kann. Des Weiteren stellt sich hier auch die Frage ob juristisch lückenlos nachweisbar ist, dass der Tod des Patienten unter Schmerztherapie tatsächlich ein Nebeneffekt war oder eigentlich ärztlich gewollt und beabsichtigt war.

Passive sowie indirekte Sterbehilfe sind nicht Gegenstand des Gesetzestextes und können daher bis dato nicht strafrechtlich verfolgt werden. Oftmals stellt sich die Frage, wie und ob die unterschiedlichen Arten der Sterbehilfe in der Praxis zweifelsfrei voneinander abgrenzbar sind. Aufgrund dieses Sachverhaltes ist es zweifelhaft ob überhaupt eine hinreichende, legalisierende Rechtsgrundlage geschaffen werden kann. Darüber hinaus stellt sich die Frage ob dieses überhaupt vonnöten ist.

3.4 Palliative und terminale Sedierung

Ein weiterer Begriff der im Zuge der Sterbehilfe-Diskussion noch definiert werden muss, ist der Terminus der palliativen, bzw. terminalen Sedierung. In der Literatur werden hinsichtlich der zu verwendenden Begriffe verschiedene Ansichten vertreten.[78] Manche Autoren plädieren für die Aufgabe des Begriffes terminale Sedierung und für die ausschließliche Benutzung des Terminus palliative Sedierung. In dieser Arbeit wird die Unterscheidung von palliativer und terminaler Sedierung jedoch beibehalten werden. Sedierende Medikamente, wie zum Beispiel Benzodiazepine, Barbiturate und Opiate wirken analgetisch, verursachen eine Vigilanzminderung und können einen temporären Bewusstseinsverlust herbeiführen. Eine palliative Sedierung wird eingesetzt, um unheilbar Kranken eine, durch den Bewusstseinsverlust herbeigeführte, ruhige Phase zu ermöglichen – wenn alle anderen Versuche der symptomatischen Therapie erfolglos geblieben sind.

Terminale Sedierung unterscheidet sich von palliativer Sedierung dadurch, dass der Patient vor Todeseintritt nicht mehr das Bewusstsein wiedererlangt. Müller-Busch et al. definieren terminale Sedierung wie folgt:

„Sedation in the terminal or final stages of life can be defined as the use of sedative drugs (usually benzodiazepines with or without complementary opioids given by the intravenous or subcutaneous route) to reduce the level of consciousness sufficiently deep to provide comfort for the patient until death occurs."[79]

Bzgl. terminaler Sedierung stellt sich erneut die Frage nach der Absicht: Wird durch die Sedierung nur Schmerzfreiheit beabsichtigt oder soll dadurch vorsätzlich ein früherer Todeseintritt herbeigeführt werden? Oder wird der frühere Todeseintritt als unerwünschte und unbeabsichtigte Wirkung der Sedierung in Kauf genommen? Falls ein verfrühter Todeseintritt durch die Sedierung beabsichtigt wird, handelt es sich bei der Sedierung um aktive Sterbehilfe, die in Deutschland strafbar ist. Wenn der Tod aufgrund der Nebenwirkungen der Sedierung früher eintritt, und dieses unvermeidlich und unbeabsichtigt war, handelt es sich definitionsgemäß um indirekte Sterbehilfe. Somit lässt sich terminale Sedierung, je nach der dahinter stehenden therapeutischen Absicht, als Unterpunkt in die Kategorien der aktiven oder indirekten Sterbehilfe verorten. Probleme werden jedoch durch die ärztliche Intention aufgeworfen, da diese schwer zu ermitteln ist.

Palliative Sedierung hingegen kann zumindest nicht im engeren Sinne als Sterbehilfe gesehen werden, da es eine Unterbrechung zwischen dem Ende der Sedierung und dem Todeseintritt gibt. Diese Form der Sedierung ist kein kontinuierlicher Prozess, der auf den Tod ausgerichtet ist. Deswe-

---

[78] Müller-Busch HC (2004a), S.369.
[79] Müller-Busch HC et al. (2004b), S.337.

gen wird diese Arbeit bei ihrer Diskussion der indirekten Sterbehilfe nur terminale Sedierung behandeln.

3.5 Probleme der Begriffsdefinition

„Das Wort ‚Hilfe' ist positiv besetzt; es signalisiert etwas, was legitim und begrüßenswert ist. ‚Hilfe' kann man sich in jeder Phase seines Sterbens nur wünschen"[80], so der Deutsche Ethikrat[81] in seiner Stellungnahme *Selbstbestimmung und Fürsorge am Lebensende* (2006). In der Tat scheint die Wahl des Begriffs Hilfe in Verbindung mit aktiver Sterbehilfe eine unpassende Beschönigung der Tatsache zu sein, dass mit aktiver Hilfe ein Leben beendet wird. Fraglich ist, inwieweit bei Beendigung eines Lebens, bzw. in wie vielen Fällen aktiver Sterbehilfe, von wirklicher Hilfe gesprochen werden kann.

Ein weiteres Problem scheint die Unterscheidung von aktiver, passiver und indirekter Sterbehilfe in der ärztlichen Praxis zu sein.[82] Selbst wenn die Beendigung künstlicher Ernährung, bspw. das Entfernen einer Magensonde, oder das Abbrechen künstlicher Beatmung durch das Herausziehen des Beatmungstubus als passive Sterbehilfe definiert sind, wird dieses aktive Tun gefühlsmäßig eher der aktiven, als der passiven Sterbehilfe zugeordnet. Aufgrund dieses intuitiven Verständnisses von aktiver und passiver Sterbehilfe ist das ärztliche, bzw. pflegerische Handeln im Bereich der Sterbehilfe oft inkonsequent. Laut Beck et al. bekräftigten zwölf von 26 Ärzten in der Studie *A „little bit illegal"? Withholding and withdrawing of mechanical ventilation in the eyes of German intensive care physicians*, dass ihrer Meinung nach ein Beatmungsabbruch am Lebensende aktive Sterbehilfe und somit illegal sei.[83]

Der Terminus indirekte Sterbehilfe ist unglücklich gewählt, da er zu implizieren scheint, dass der Todeseintritt *indirekt* beabsichtigt sei. Dies darf

---

[80] Nationaler Ethikrat (Hg.) (2006), S.49.
[81] Der Deutsche Ethikrat, vormals Nationaler Ethikrat, wurde als Forum des Austausches zwischen Wissenschaftlern gegründet, welches die Möglichkeit schafft, ethische, naturwissenschaftliche, rechtliche, gesellschaftliche und medizinische Fragen in den Blick zu nehmen und ihre (eventuellen) Auswirkungen auf das Individuum und die Gesellschaft zu diskutieren.
[82] Van Oorschot B/Simon A (2008), S.46.
[83] Beck S et al. (2008), S.11.

aber nicht der Fall sein, da sonst die Tötungstatbestände nach §§ 211 StGB ff. zum Tragen kommen würden. Der Begriff indirekte Sterbehilfe birgt also bereits einen Widerspruch in sich selbst. Besser wäre es, ihn durch einen Neuen zu ersetzen. Der Deutsche Ethikrat verwendet in seiner Stellungnahme *Selbstbestimmung und Fürsorge am Lebensende* den Ausdruck Therapien am Lebensende.[84] Obgleich dieser Begriff besser vermittelt, dass bei einer Schmerztherapie am Lebensende die Leidenslinderung im Vordergrund steht, und nicht eine mögliche, aber unbeabsichtigte Lebensverkürzung, ist er zu weit gefasst. Unter Therapien am Lebensende können sehr unterschiedliche medizinische Handlungen am Lebensende subsumiert werden. Daher ist die nötige Trennschärfe in Bezug auf die Sterbehilfe-Problematik durch diesen Terminus ebenso wenig gegeben.

Zur Bezeichnung aktiver Sterbehilfe schlägt der nationale Ethikrat die Verwendung des juristischen Terminus Tötung auf Verlangen vor. Die Vereinheitlichung der Begriffe über Fachdisziplinen hinaus würde den interdisziplinären Diskurs vereinfachen. Abzugrenzen von der Tötung auf Verlangen ist die Beihilfe zur Selbsttötung. Bei der Beihilfe zur Selbsttötung wird zum Beispiel das Medikament, das zum Tod führen soll, durch den Patienten selbst eingenommen. Die Tatherrschaft liegt bei dem Patienten.

Der Terminus passive Sterbehilfe sollte nach Meinung des Nationalen Ethikrates durch den Begriff Sterbenlassen ersetzt werden:

> „Von Sterbenlassen statt von ‚passiver Sterbehilfe' wird in dieser Stellungnahme gesprochen, wenn eine lebensverlängernde medizinische Behandlung unterlassen wird und dadurch der durch den Verlauf der Krankheit bedingte Tod früher eintritt, als dies mit der Behandlung aller Voraussicht nach der Fall wäre."[85]

Dies entspricht der von Birnbacher geprägten Theorie des Handelns durch Geschehenlassen (GDH). Birnbacher nimmt an, dass der Patient, unabhängig vom ärztlichen Handeln, einem Prozess unterworfen ist, der aufgrund einer unheilbaren Krankheit in Kürze zum Tod führen wird.[86] Selbst wenn der Arzt, z.B. nach einem Beatmungsversuch, in einer per se aktiven Handlung das Beatmungsgerät abschaltet, so lässt er dem schon begon-

---

[84] Nationaler Ethikrat (Hg.) (2006), S.54.
[85] Nationaler Ethikrat (Hg.) (2006), S.54.
[86] Birnbacher D (1995), zitiert nach Schmiedebach HP/Woellert K (2006), S.1138.

nenen Prozess seinen Lauf und verlängert den Sterbeprozess nicht künstlich.[87]

Weitere Vorschläge zur Terminologie der Sterbehilfe finden sich in internationaler Literatur. Begriffe wie „non-treatment decisions (withholding or withdrawing treatment)" bzw. „alleviation of pain and symptoms with a possible life-shortening effect" werden als Alternativen zu den Begriffen der passiven bzw. der indirekten Sterbehilfe genannt.[88]

3.6 Unterschiede im medizinischen und juristischen Sprachgebrauch

Der Begriff indirekte Sterbehilfe wird von den verschiedenen Disziplinen verwendet, jedoch gibt es vor allem in der Verwendung sowie bzgl. der Konnotationen im medizinischen und juristischen Bereich Unterschiede. Der Terminus indirekte Sterbehilfe wird im Sprachgebrauch der täglichen medizinischen Praxis kaum verwendet. Ein wichtiger Grund hierfür ist das Problem der Quantifizierbarkeit und der Qualifizierbarkeit sowie die unterschwellig präsente Frage ob indirekte Sterbehilfe überhaupt stattfindet. Es ist schwierig festzustellen, ob das Leben des Patienten durch eine Schmerztherapie de facto verkürzt wurde, und wenn ja, wie viele Tage der Tod früher eingetreten ist, als das ohne die Schmerztherapie der Fall gewesen wäre.

Von rechtswissenschaftlicher Seite aus kann indirekte Sterbehilfe wie folgt definiert werden:

„Hierunter wird die medikamentöse Schmerzbekämpfung bei unheilbar erkrankten, schwer leidenden Patienten verstanden, bei der aufgrund der hohen Dosis der verabreichten Schmerzmittel das Risiko einer durch die Behandlung verursachten Lebensverkürzung in Kauf genommen wird. Der Eintritt der Lebensverkürzung steht jedoch vor Beginn der Therapie keineswegs bereits fest und wird von dem behandelnden Arzt auch nicht intendiert."[89]

---

[87] Ibidem.
[88] Van der Heide A et al. (2003), S.345, Bilsen J et al. (2006), S.111.
[89] Conradi M (2002), S.230.

Indirekte Sterbehilfe, so wie der Begriff im juristischen Sprachgebrauch verwendet wird, hat kaum Bezug zur Praxis. Der Begriff erscheint im rechtswissenschaftlichen Kontext eindeutiger, da er nicht fall-basiert verwendet wird. Dazu kommt, dass von juristischer Seite aufgrund des fehlenden Bezugs zur medizinischen Praxis kaum Zweifel an der Validität des Begriffes aufgeworfen werden. Somit wird seitens der Rechtswissenschaft das Vorkommen von indirekter Sterbehilfe in der medizinischen Praxis, wie auch der Begriff an sich, nicht angezweifelt.

3.7 Stellungnahme der Bundesärztekammer zu indirekter Sterbehilfe

In den *Grundsätzen der Bundesärztekammer zur ärztlichen Sterbebegleitung* wird auch auf indirekte Sterbehilfe Bezug genommen. Allerdings wird dieser Begriff an keiner Stelle erwähnt; auf indirekte Sterbehilfe wird lediglich unter der Überschrift „Ärztliche Pflichten bei Sterbenden" eingegangen. Laut der BÄK kann „Bei Sterbenden [...] die Linderung des Leidens so im Vordergrund stehen, dass eine möglicherweise dadurch bedingte unvermeidbare Lebensverkürzung hingenommen werden darf."[90] Die fehlende Bezeichnung des Sachverhaltes der indirekten Sterbehilfe als solche könnte als Hinweis auf die Ablehnung des Terminus indirekte Sterbehilfe durch die BÄK dienen. Des Weiteren gibt die BÄK keine Empfehlung für eine explizite juristische Regelung von indirekter und passiver Sterbehilfe. Die Beibehaltung der aktuellen Rechtslage scheint somit von der BÄK gebilligt zu werden.

3.8 *Sterbehilfe und Sterbebegleitung* (Bericht der Bioethik-Kommission des Landes Rheinland-Pfalz)

Die Bioethik-Kommission definiert in ihrer Stellungnahme den Begriff der indirekten Sterbehilfe wie folgt: "Indirekte Sterbehilfe ist eine schmerzlindernde oder sonstige leidensmindernde Therapie, die unbeabsichtigt und unver-

---

[90] Bundesärztekammer (Hg.) (2004), S.1298.

meidbar eine Lebensverkürzung zur Folge haben kann."[91] Das Hauptargument ist, dass eine vom Patienten erwünschte, ihm jedoch vorenthaltene, Schmerztherapie einer Körperverletzung durch Unterlassen gleichzusetzen ist. Die Kommission beruft sich darauf, dass bei Nichtaufnahme einer Schmerztherapie, wenn die Schmerzen dadurch zu lindern wären, eine „besondere Form der menschlichen Erniedrigung"[92] vorliege und die Würde des Menschen missachtet würde. Daraus ist wiederum abzuleiten, dass eine Schmerztherapie bei jedwedem Schmerzzustand unabdingbar ist, da sonst die Menschenwürde gravierend herabgewürdigt würde.

Selbst wenn das Durchführen einer Schmerztherapie Risiken birgt, wie zum Beispiel eine mögliche Lebensverkürzung, so ist nach Meinung der Kommission die Leidlinderung „primäres Gebot der Medizin."[93] Des Weiteren wird vorgeschlagen, die Indikation für indirekte Sterbehilfe auch auf tödlich Erkrankte auszudehnen, die sich noch nicht in der Terminalphase befinden, da der Eintritt in die Sterbensphase nicht maßgeblich für das Leisten von indirekter Sterbehilfe sei. Schließlich bekräftigt die Kommission, dass eine Schmerztherapie auch dann gerechtfertigt und durchzuführen sei, wenn eine Lebensverkürzung sicher abzusehen sei. Diese abschließende Einschätzung der Kommission birgt Dammbruchpotential. Die Durchführung einer Schmerztherapie, wenn dadurch definitiv eine Lebensverkürzung des Patienten erfolgen würde, öffnet dem Missbrauch von indirekter Sterbehilfe Tor und Tür.

---

[91] Bioethik-Kommission des Landes Rheinland-Pfalz (Hg.) (2004), S.67.
[92] Ibidem.
[93] Ibidem.

4. Die indirekte Sterbehilfe aus medizinischer Sicht

4.1 Definition

Das Leisten von indirekter Sterbehilfe soll einem sterbenden Patienten durch eine effektive Schmerztherapie in den ihm bleibenden Tagen oder Wochen eine verbesserte Lebensqualität ermöglichen. Mit dem Durchführen einer Schmerztherapie soll also Hilfe *im* Sterben geleistet werden. Das Adjektiv indirekt soll vermitteln, dass die Schmerztherapie einen früheren Todeseintritt zur Folge haben könnte. Dieses wird in Kauf genommen, kann und darf aber zu keinem Zeitpunkt beabsichtigt sein. Das Begriffskonstrukt indirekte Sterbehilfe nimmt Bezug auf das Prinzip des doppelten Effektes (PDE – principle of double effect); die ethische Diskussion über indirekte Sterbehilfe wird im Folgenden noch behandelt werden.

Manche Autoren benutzen die Zusatzbezeichnung aktiv und sprechen somit von indirekt aktiver Sterbehilfe. Damit soll auf die aktive Komponente der Schmerztherapie verwiesen werden; d.h. die aktive Gabe von schmerzlindernden Medikamenten. In Bezug auf die medizinische Praxis stellen sich einige wichtige Fragen: Existiert das Konzept der indirekten Sterbehilfe, d.h. des früheren Todeseintritts überhaupt (noch)? Falls indirekte Sterbehilfe geleistet wird; was sind die Konsequenzen für das ärztliche Handeln? Falls kein früherer Todeseintritt aufgrund einer Schmerztherapie nachweisbar ist, was ergibt sich daraus?

4.2 Indirekte Sterbehilfe zwischen Theorie und Praxis

Zweifellos besteht eine große Diskrepanz zwischen der scheinbar eindeutigen Definition indirekter Sterbehilfe und der Behandlung von einzelnen Patienten im medizinischen Alltag. Ist der in der Definition der indirekten Sterbehilfe beschriebene, in Kauf genommene, verfrühte Todeseintritt bei Durchführung einer Schmerztherapie nur ein theoretisches Konstrukt, wie es neuere Studien nahelegen? Dies würde implizieren, dass indirekte Sterbehilfe in der Praxis gar nicht stattfindet, und dass die Diskrepanz zwischen Theorie und Praxis maximal wäre. Trotz der schwierigen Quali- und Quantifizierbarkeit indirekter Sterbehilfe strebt diese Arbeit eine Klärung dieser Frage an.

Wenn andererseits davon ausgegangen wird, dass indirekte Sterbehilfe nicht nur als theoretisches Konstrukt existiert, sondern auch in der Praxis stattfindet, stellt sich die Frage nach deren Objektivierbarkeit. Inwieweit kann ein annähernd objektives Urteil darüber gefällt werden ob ein Patient aufgrund der Schmerztherapie mehrere Stunden oder Tage früher verstorben ist? Welche Parameter können zur Beurteilung solcher Fälle herangezogen werden? Kann die unerwünschte Wirkung eines früheren Todeseintritts zweifelsfrei der Schmerztherapie zugeordnet werden? Wenn ein Patient im Terminalstadium einer Tumorerkrankung aufgrund einer Schmerztherapie mit Opioiden durch eine, als unerwünschte Wirkung einer solchen beschriebenen, Atemdepression zu Tode kommt, und diese Atemdepression ursächlich keiner anderen Medikation (und auch nicht der Grunderkrankung) anzulasten ist, scheint dies ein Fall für eine positive Argumentation bzgl. indirekter Sterbehilfe in der Praxis zu sein. Jedoch ist fraglich, ob die Atemdepression nicht auch durch andere Faktoren induziert worden sein kann, bzw. ob die Atemdepression vom behandelnden Arzt bewusst oder aufgrund von mangelnder Erfahrung verursacht worden ist. Daher muss die Inzidenz letaler Ereignisse, die ursächlich einer Schmerztherapie anzulasten sind, ermittelt werden.

Der beschriebene Fall scheint aufgrund der Atemdepression als indirekte Sterbehilfe klassifizierbar zu sein. Fraglich ist jedoch, wie in Fällen, in denen ein multimorbider, schmerztherapierter Patient stirbt, Gewissheit herrschen kann. Es ist schwierig festzustellen ob dieser aufgrund der Schmerztherapie früher verstorben ist oder aufgrund der Multimorbidität, bzw. im Verlauf seiner Grunderkrankung zum „richtigen" Zeitpunkt. Wie kann eine valide Einschätzung erfolgen, ob der Patient verfrüht verstorben ist? Ein weiteres Problem indirekter Sterbehilfe zwischen Theorie und Praxis ist die Definition der Todesursache. Muss ein schmerztherapierter Patient an einer Atemdepression oder einer anderen unerwünschten Wirkung der Schmerztherapie versterben, damit von indirekter Sterbehilfe gesprochen werden kann oder ist ein unerwarteter und verfrühter Todeseintritt ausschlaggebend? Die Definition der indirekten Sterbehilfe in der Praxis, so sie denn existiert, ist mit vielen Schwierigkeiten und Unsicherheiten behaftet. Mit Sicherheit festzustellen, ob ein Patient aufgrund einer Schmerztherapie verfrüht verstorben ist (indirekte Sterbehilfe), erscheint somit schwierig.

Ein weiterer interessanter Gedanke ist die öfters geäußerte Ansicht, dass durch eine effektive Schmerztherapie am Lebensende statt einer Lebensverkürzung möglicherweise eine Lebensverlängerung stattfindet.[94] Grund für diese Annahme ist, dass ein schmerzfreier Patient keinem physiologischen Schmerzstress mehr ausgesetzt ist; er leidet nicht mehr unter den physiologischen Nebenwirkungen des Schmerzes, die dazu dienen sollen, den Körper auf Schmerzen aufmerksam zu machen. Eine durch inadäquate Schmerztherapie auftretende Stressreaktion mit erhöhter Kortisol- und Katecholaminfreisetzung[95] sowie einer gesteigerten Aktivität des autonomen Nervensystems findet bei Schmerzreduktion oder Schmerzfreiheit nicht statt. Die zuvor durch den Schmerz ausgelösten physiologisch-pathologischen Veränderungen (Tachykardie, Hypertonie, erhöhte Blutviskosität, Hyperglykämie, periphere Vasokonstriktion, etc.)[96] sind rückläufig. Es erscheint daher plausibel, dass durch eine adäquate Schmerztherapie die Lebensdauer, aufgrund einer Stressreduktion, verlängert würde. Die Verbesserung der Lebensqualität eines Patienten durch die Schmerztherapie kann zu einer besseren Bewertung der eigenen Situation führen und somit seine Psyche positiv beeinflussen. Daher dient eine erfolgreiche Schmerztherapie nicht nur einer Erlangung von Schmerzfreiheit, sondern führt auch einer Steigerung des psychischen Wohlbefindens.

4.3 Grundlagen der Schmerztherapie

Da in der Definition der indirekten Sterbehilfe auf die eventuell lebensverkürzenden Eigenschaften einer Schmerztherapie hingewiesen wird, sollen an dieser Stelle die dabei eingesetzten Medikamente, ihr Wirkmechanismus und ihre möglichen unerwünschten Wirkungen dargestellt werden.

4.3.1 Der WHO-Stufenplan

Um dem Patienten eine effektive Schmerztherapie zuteil werden zu lassen müssen einige Maßgaben beachtet werden:

---

[94] Bosshard G et al. (2006), S.124, den Hartogh GA (2004), S.382, Sahm S (2006), S.41, Rurup M et al. (2009), S.145.
[95] Freye E (2008), S.1.
[96] Freye E (2008), S.1ff.

„Zu den Grundregeln der medikamentösen Therapie chronischer Schmerzen gehören neben der oralen Applikationsform die regelmäßige Einnahme nach einem festen Zeitschema (nach Wirkungsdauer der jeweiligen Zubereitung), die individuelle Dosierung, die kontrollierte Dosisanpassung, die Gabe der Medikamente nach dem Prinzip der Antizipation und die Prophylaxe von Nebenwirkungen durch Begleitmedikamente."[97]

Die Weltgesundheitsorganisation (WHO) hat einen 3-stufigen, mittlerweile weithin anerkannten und angewandten, Plan für eine effektive Schmerztherapie entwickelt (s. Abb. 1). Die erste Stufe beinhaltet die Verabreichung von Nicht-Opioidanalgetika, z.B. Acetylsalicylsäure (ASS), Paracetamol, Ibuprofen, Metamizol oder Diclofenac. Wenn der Schmerz dadurch nicht zu lindern ist, oder sogar noch stärker wird, ist über eine Eskalationstherapie, d.h. über einen Wechsel auf die zweite Stufe, nachzudenken. Diese sieht die Gabe von mittelstarken Opioiden, z.B. Tramadol, Tilidin/Naloxon oder Codein in eventueller Kombination mit Nicht-Opioidanalgetika vor. Auch hier findet bei nicht zu lindernden Schmerzen eine Eskalation statt (dritte Stufe). Starke Opioide, wie Morphin und Hydromorphon sowie Oxycodon, Fentanyl und Buprenorphin kommen hier schließlich zur Anwendung.[98] Unterstützend kann auch eine Therapie mit Ko-Analgetika indiziert sein, je nach Schmerzart in Kombination mit dem WHO-Stufenschema oder alleine. Als Ko-Analgetika können trizyklische Antidepressiva, Kortikosteroide, Antikonvulsiva, Neuroleptika sowie Bisphosphonate zur Anwendung kommen. Der Schmerztyp (Muskelschmerzen, Knochenschmerzen, viszerale Schmerzen, etc.) bedingt die Wahl des Ko-Analgetikums.

---

[97] Husebø S/Klaschik E (Hg.) (2006), S.209.
[98] Husebø S/Klaschik E (Hg.) (2006), S.211, Kloke M (Hg.) (2009), S.20.

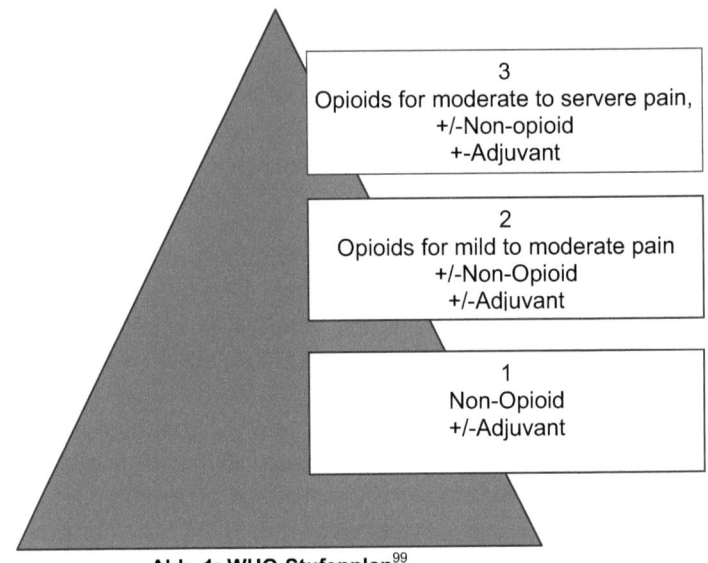

3
Opioids for moderate to servere pain,
+/-Non-opioid
+-Adjuvant

2
Opioids for mild to moderate pain
+/-Non-Opioid
+/-Adjuvant

1
Non-Opioid
+/-Adjuvant

Abb. 1: WHO-Stufenplan[99]

4.3.2 Wirkmechanismus der Analgetika

Nicht-Opioidanalgetika können in drei verschiedene Gruppen unterteilt werden:

- saure, antiphlogistisch-antipyretische Analgetika,
- Analgetika, die weder eine antipyretische noch eine antiphlogistische Wirkung haben
- nicht-saure, antipyretische Analgetika.[100]

Saure, antiphlogistisch-antipyretische Nicht-Opioidanalgetika und nicht-saure antipyretische Nicht-Opioidanalgetika, z.B. ASS, wirken hemmend auf die Cyclooxygenasen (COX) peripherer Gewebe. Dadurch wird die Synthese von Prostaglandinen aus Arachidonsäure verhindert. Die verminderte Prostaglandinsynthese hat eine reduzierte Erregung von Nozizeptoren zur Folge. Des Weiteren führt die Hemmung der COX zu einer verminderten Thromboxan A2 Synthese sowie zu einer vermehrten Leukotriensynthese.

---

[99] WHO, gelesen und sinngemäß reproduziert am 10.11.2010.
[100] Husebø S/Klaschik E (Hg.) (2006), S.219.

Der Grad der COX-Hemmung ist je nach Art des Nicht-Opioidanalgetikums variabel. ASS führt zu einer irreversiblen Hemmung der COX, wohingegen Salicylsäure (aktiver Metabolit der ASS) und Ibuprofen nur eine kompetitiv-reversible Hemmung der COX verursachen. Paracetamol führt zu einer reversiblen, nicht-kompetitiven COX-Hemmung. Flupirtin und Nefopam (diese haben weder eine antipyretische noch eine antiphlogistische Wirkung) hingegen wirken nicht über eine periphere COX-Hemmung, sondern entfalten ihre Wirkung auf ZNS-Ebene an spinalen und supraspinalen Angriffspunkten. Flupirtin hat eine zentral muskelrelaxierende Wirkung, und wird zur Therapie mittelstarker Schmerzen eingesetzt.[101] Vermutlich führt es über eine erhöhte neuronale Kaliumpermeabilität[102] zu einer herabgesetzten Reaktion auf nozizeptive Stimuli. Nefopam hingegen wirkt wahrscheinlich auf efferente schmerzmodulierende noradrenerge und serotoninerge Neurone.[103]

Opioide sind definitionsgemäß Substanzen, die an Opioidrezeptoren binden können und morphinähnliche Effekte verursachen. Unterschieden wird zwischen endogenen, exogenen, peptidischen und nicht-peptidischen Opioiden und hinsichtlich ihrer Wirkung am Opioidrezeptor. Sie entfalten dort, je nach Substanz, eine agonistische, antagonistische, oder eine partiell-agonistische Wirkung. Des Weiteren werden sie in natürliche (Morphin, Codein und Thebain), halbsynthetische (Hydromorphon, Oxycodon) und synthetische Opioide (Pethidin, Fentanyl, Levomethadon, Tramadol, Tilidin) unterteilt.[104]

Opioidanalgetika greifen hauptsächlich auf ZNS-Niveau an; sie wirken auf Rückenmarksebene und in den Hinterwurzelganglien durch die Hemmung afferenter, aufsteigender Schmerzbahnen. Auch aktivieren sie das efferente, deszendierende, schmerzhemmende System, dessen Bahnen aus dem periaquäduktalen Grau des Mittelhirns sowie dem Nucleus raphe magnus stammen.[105] Auf Thalamusebene wirken Opioide modulierend auf die Schmerzwahrnehmung und das Schmerzempfinden.[106] Durch die Bindung an periphere Opioidrezeptoren wird die Freisetzung der Substanz P

---

[101] Husebø S/Klaschik E(Hg.) (2006), S.225, Estler CJ/Schmidt H (Hg.) (2007), S.413.
[102] Aktories K (Hg.) (2009), S.230.
[103] Ibidem.
[104] Lüllmann H/Mohr K/Wehling M (2006), S.278.
[105] Husebø S/Klaschik E (Hg.) (2006), S.226.
[106] Ibidem.

verhindert, und somit eine Hemmung, bzw. eine mangelnde Erregung der Nozizeptoren verursacht.

Neben der Schmerzhemmung bewirkt die Bindung an den μ-Opioidrezeptor Euphorie und Sedierung.[107] Die euphorisierende Wirkung von Opioiden wird meist als unerwünschte Wirkung bezeichnet, da hierdurch die Suchtentwicklung gefördert wird. Jedoch hat die Opioidgabe bei chronisch schmerzkranken Patienten selten einen euphorisierenden Effekt und die Gefahr der Entwicklung einer Abhängigkeit ist somit gering. Der sedierende Effekt von Opioiden wird über eine Hemmung von Neuronen in der Formatio reticularis (aszendierender Teil) vermittelt. Je nach Präparat ist die induzierte Sedierung unterschiedlich; gemischtwirkende Agonisten sowie Antagonisten haben eine ausgeprägt sedierende Wirkung, wohingegen Morphin nur eine mittlere Sedierung verursacht.[108] Abgesehen von den in der Schmerztherapie erwünschten analgetischen und sedierenden Wirkungen, können Opioide als Antitussivum sowie als Antidiarrhoikum eingesetzt werden.

Eine Toleranzentwicklung gegen einige, selektive Wirkweisen findet nach mehrfacher oder längerfristiger Opioidgabe statt, so zum Beispiel in Bezug auf den analgetischen Effekt sowie die Verursachung von Atemdepression, Emesis, und Sedierung. Eine Toleranzentwicklung gegen den analgetischen Effekt ist jedoch keine Indikation, die Therapie abzubrechen. Um trotz Toleranz den gleichen analgetischen Effekt zu erzielen, kommt dann entweder eine Therapieeskalation oder eine Opioidrotation infrage.

4.3.3 Unerwünschte Wirkungen der Analgetika

Eine Hauptnebenwirkung von Nicht-Opioidanalgetika ist ihre Anreicherung in Organsystemen, z.B. in der Niere, was oftmals zu Funktionsstörungen bis hin zu totaler Destruktion des betroffenen Organs führen kann.[109] Als unerwünschte Nebenwirkungen der COX-Hemmung können gastrointestinale Beschwerden, eine erhöhte Blutungszeit, dermatologische und pulmo-

---

[107] Aktories K (Hg.) (2009), S.233.
[108] Freye E (2008), S.67.
[109] Aktories K (Hg.) (2009), S.241.

nale Überempfindlichkeit (Analgetika-Asthma), Nierenschäden sowie bei Kindern das ätiologisch ungeklärte Reye-Syndrom auftreten.[110]

Opioidanalgetika können aufgrund ihrer unterschiedlichen Angriffspunkte vielfältige unerwünschte Wirkungen hervorrufen. Die weitaus bekanntesten und befürchtetesten Nebenwirkungen sind Abhängigkeit und Atemdepression. Allerdings ist die Gefahr einer Suchtentwicklung sehr gering; „in fact the risk of iatrogenic addiction is under 0,01%."[111] Die Sorge durch Opioidgabe eine Atemdepression auszulösen („only the opiod-naive patient is at a significant risk of respiratory depression"[112]) ist eine der Mythen in Bezug auf Opioide, die für eine nicht ausreichende Opioidtherapie vieler Patienten verantwortlich zeichnet. Diese und weitere falsche Annahmen bzgl. Opioiden sind Gründe einer, im Vergleich zum Bedarf, zu geringen Verschreibung von Opioiden. Darüber hinaus wurde gezeigt:

"there is a small but worthwile beneficial effect of oral and injected opioids on the symptom of breathlessness and, despite the widespread caution exercised in the use of opioids in patients with respiratory impairment for fear of respiratory depression, these drugs, orally or subcutaneously are the cornerstone of palliation of breathlessness in patients with advanced cancer."[113]

Die mögliche atemdepressorische Wirkung von Opioiden wird aufgrund ihres lebensbedrohenden Effektes als gravierendste Nebenwirkung angesehen.[114] Opioide können durch ihre Einwirkung auf das Atemzentrum die Atemfrequenz verringern, wobei jedoch die Atemtiefe nicht reduziert wird. Dem pathophysiologischen Mechanismus der Atemdepression bei Opioidgabe liegt einerseits eine Hemmung der Atemzentren der Medulla oblongata und des Pons, und andererseits eine verminderte Reaktion auf den pCO_2 (CO_2 Partialdruck) im Blut zugrunde.[115] Außerdem werden medulläre Zentren gehemmt, die den Atemrhythmus regulieren. Die auftretende Atemdepression:

„ist direkt proportional der analgetischen Stärke des jeweiligen Opioids. So können schon geringe Mengen des potenten Analgetikums Fentanyl oder Sufentanil

---

[110] Aktories K (Hg.) (2009), S.225.
[111] Sykes N (2007), S.1325.
[112] Ibidem.
[113] Sykes N (2008), S.1159.
[114] Fohr S (1998), S.316.
[115] Aktories K (Hg.) (2009), S.233.

eine Atemdepression auslösen, während wirkungsärmere Opioide, wie Codein oder Tramadol, selbst in Dosen über den therapeutischen Wirkungsbereich hinaus, zu keinen nennenswerten Beeinflussung der Atmung führen."[116]

Eine Atemdepression kann allerdings unmittelbar durch die Gabe von Naloxon antagonisiert werden, ohne dass der analgetische Effekt vermindert wird, und ohne dass ein Entzugssyndrom mit Tachykardie und Hypertonie verursacht wird.[117] Weiterhin ist zu beachten, dass eine Atemdepression als unerwünschte Wirkung bei nicht-opioidnaiven Patienten kaum auftritt.[118] Keine der im Folgenden besprochenen Studien konnte eine Atemdepression als unerwünschte Wirkung einer Opioidtherapie nachweisen.

Im Gegensatz zu der oben beschriebenen akuten Reaktion auf Opioidgabe bei opioidnaiven Patienten, ist das Vorkommen einer Atemdepression im Rahmen einer Therapie chronischer Schmerzen kaum nachgewiesen: „Schmerz [ist] der physiologische Antagonist für eine zentral sich entwickelnde Atemdepression."[119] Solange die Opioidgabe auf den individuellen Schmerz eingestellt und dementsprechend auf- oder abtitriert wird, wird eine klinisch relevante Atemdepression nicht auftreten.[120] Eine Atemdepression kann sich jedoch bei neu aufgetretener Schmerzfreiheit nach Neurolyse, bzw. bei relativer oder absoluter Überdosierung (auch bei nicht-opioidnaiven Patienten) entwickeln; d.h. nach schmerzlindernden Interventionen muss, bei persistierenden Schmerzen, die vom Patienten benötigte Opioiddosis erneut ermittelt werden. Ein weiterer Grund dafür, dass eine Atemdepression bei einer Schmerztherapie am Lebensende kaum auftritt, ist die meist fehlende Opioidnaivität der Patienten (es erfolgt eine Toleranzentwicklung gegen Atemdepression bei langfristiger Opioidtherapie).[121] Dadurch, dass die Opioidgabe oral erfolgt, was eine langsamere Resorption mit geringeren Plasmaspitzenkonzentrationen zur Folge hat[122], und dass die Titrierung gegen den Schmerz erfolgt (geringere Gefahr der Überdosierung), kann eine Atemdepression ebenfalls vermieden werden. Eine Atemdepression tritt bei oraler Opioidgabe kaum auf, da die atemdepresso-

---

[116] Freye E (2008), S.61.
[117] Freye E (2008), S.62.
[118] Sykes N (2007), S.1325.
[119] Freye E (2008), S.139.
[120] Rurup M et al. (2009), S.145.
[121] Fohr S (1998), S.316.
[122] Freye E (2008), S.139.

rische Dosis größer ist, als die für eine ausreichende Analgesie benötigte Dosis.

Weitere unerwünschte Nebenwirkungen, die im Rahmen einer Opioidtherapie auftreten können, sind Emesis, Muskelrigidität, Hypothermie, Hypotonie, Miosis, Bradykinese sowie eine verminderte Motilität des Gastrointestinal-Trakts, was eine chronische Obstipation zur Folge hat. Die emetische Wirkung von Opioiden sollte ab Therapiebeginn durch die Gabe von Anti-Emetika antagonisiert werden, und die opioid-induzierte Obstipation sollte ebenfalls sobald als möglich durch Verabreichung von Laxantien reduziert werden.

In dem seltenen Fall einer akuten Opioidintoxikation tritt vor allem die Trias Miosis, Atemdepression und Koma auf.[123] Wenn nicht umgehend Naloxon als Antidot verabreicht wird, kommt es zum Tod durch Atemlähmung.

4.4 Palliativmedizin, Hospizbewegung und indirekte Sterbehilfe

Die Palliativmedizin (von lat. Pallium = Mantel) versucht einem Patienten in seiner letzten Lebensphase, der Sterbensphase, durch eine multidisziplinäre Betreuung (medizinisch, psychologisch, spirituell, sozial, etc.), einen ruhigen, ganzheitlichen, und vor allem schmerzfreien Abschied vom Leben zu ermöglichen. Der palliativmedizinische Ansatz legt einen Akzent auf das Leben und die sinnvolle und erfüllte Gestaltung der dem Patienten verbleibenden Wochen. Die WHO, die Deutsche Gesellschaft für Palliativmedizin (DGP) und die European Association of Palliative Care (EAPC) definieren Palliativmedizin wie folgt: „Palliativmedizin ist die aktive, umfassende Betreuung und Behandlung schwerstkranker Patienten mit einer nicht heilbaren, progredienten Erkrankung und einer begrenzten Lebenserwartung mit dem Ziel, die Lebensqualität zu verbessern."[124]

Die Hospizbewegung der Neuzeit wurde durch Cicely Saunders in den 1960er Jahren in Großbritannien ins Leben gerufen. 1967 gründete sie das erste Hospiz: St. Christopher's Hospice in London. Das St. Christopher's Hospice sollte als Ort dienen, an dem Sterbende ihr Leben in Ruhe und Frieden beschließen könnten. Saunders' Anliegen war vor allem die im gesellschaftlichen Leben marginalisierte Phase des Sterbens wieder im öf-

---

[123] Freye E (2008), S.373.
[124] Müller-Busch HC (2001), S.15.

fentlichen Bewusstsein zu verankern und Sterbenden eine würdevolle letzte Lebensphase zu ermöglichen. Durch die Psychiaterin Elisabeth Kübler-Ross fand der Hospizgedanke in den USA Verbreitung. In Deutschland wurde das erste stationäre Hospiz hingegen erst 1986 eingeweiht (*Haus Hörn* in Aachen, gegründet von Pfarrer Dr. Paul Türks). In Bezug auf eine flächendeckende Hospizversorgung hat Deutschland daher bis heute Nachholbedarf.

Hospizbewegung, Palliativmedizin und indirekte Sterbehilfe sind eng miteinander verflochten. Die palliativmedizinische Versorgung komplettiert die interdisziplinäre Arbeit eines Hospizes. Indirekte Sterbehilfe kann im Rahmen einer palliativen Therapie stattfinden. Jede Art der Schmerztherapie, die im Rahmen einer palliativen Therapie eines terminal kranken Patienten zur Anwendung kommt, könnte als indirekte Sterbehilfe bezeichnet werden, da unter einer Schmerztherapie theoretisch jederzeit das Risiko einer Lebensverkürzung besteht. Daher könnte indirekte Sterbehilfe schon vor Todeseintritt, zumindest begrifflich, einer Schmerztherapie gleichgesetzt werden. Bei Verursachung des Todes durch die Schmerztherapie, wäre dann die vormalige Schmerztherapie der indirekten Sterbehilfe gewichen.

4.5 Abgrenzung der terminalen Sedierung von indirekter Sterbehilfe

Eine terminale Sedierung wird bei Patienten vorgenommen, deren Schmerzzustände oder andere schwere Symptome durch andere Maßnahmen nicht zu kontrollieren sind. Terminale und palliative Sedierung unterscheiden sich dadurch, dass der Patient bei einer terminalen Sedierung das Bewusstsein vor Todeseintritt nicht mehr wiedererlangt. Terminale Sedierung könnte als eine Unterform indirekter Sterbehilfe gesehen werden, wenn durch die verordnete Schmerztherapie, in diesem Fall die Sedierung, der Tod früher einträte. Trotz einiger Versuche den Begriff terminale Sedierung abschließend zu definieren, existiert bis dato kein Konsens über dessen exakte Definition.[125] Die EAPC Ethics Task Force definiert terminale Sedierung als „the use of sedative medication to relieve intolerable suffering in the last days of

---

[125] Müller-Busch HC (2004a), S.369, Cowan JD/ Walsh D (2001), S.403.

life"[126] und beschreibt diese wie folgt: „in terminal sedation the *intention* is to relieve intolerable suffering, the *procedure* is to use a sedating drug for symptom control and the successful *outcome* is the the alleviation of distress."[127]

Es wird zwischen einer primären (Therapieziel: Bewusstseinseinschränkung) und sekundären Sedierung (Bewusstseinseinschränkung als Nebenwirkung einer Schmerztherapie), einer intermittierenden und einer kontinuierlichen Sedierung sowie einer oberflächlichen und tiefen Sedierung unterschieden.[128] Bei Beginn einer Sedierung ist zunächst die Beibehaltung eines Schlaf-Wachrhythmus erstrebenswert sowie, wenn möglich, die Erhaltung der Kommunikationsfähigkeit des Patienten. Wenn eine tiefe Sedierung angestrebt wird, da eine oberflächliche Sedierung den Patienten nicht ausreichend abschirmt, ist darauf zu achten die tiefe Sedierung nur für einen klar begrenzten Zeitraum anzusetzen und den Patienten zu bestimmten Zeitpunkten abzusedieren, um dann die Indikation einer tiefen Sedierung erneut zu stellen. Das Ziel einer tiefen Sedierung darf nicht vorrangig die Bewusstseinseinschränkung sein, sondern sollte auf eine ausreichende Symptomkontrolle und somit auf eine Minderung des Leidens des Patienten ausgerichtet sein. Morita et al. konnten zeigen, dass durch eine Sedierung in ca. 90% der Fälle, in denen diese angewendet wurde, eine Linderung der Symptome erreicht werden konnte.[129]

Terminale Sedierung kann demnach primär oder sekundär, oberflächlich oder tief sein, muss definitionsgemäß aber kontinuierlich bis zum Tode hin stattfinden. Der Tod kann während einer terminalen Sedierung eintreten, d.h. die Sedierung wird bis zum Todeseintritt fortgeführt. Jedoch darf nicht beabsichtigt werden, den Tod *durch* die Sedierung zu verursachen.

Vor Beginn einer terminalen Sedierung ist eine klare Indikationsstellung erforderlich. Einige der Symptome, aufgrund derer die Indikation für eine Sedierung häufig gestellt wird, sind stärkste Schmerzen, Dyspnoe, Unruhe bzw. Delir sowie Angst.[130] Die vormals somatische Gewichtung scheint sich in Richtung psychosozialer Faktoren als Indikation für eine terminale Sedierung zu verschieben.[131] Nach den *Sedierungsrichtlinien bei Patienten auf*

---

[126] EAPC Ethics Task Force (2003), S.98.
[127] EAPC Ethics Task Force (2003), S.99.
[128] Müller-Busch HC (2004c), S.702.
[129] Morita T et al. (2004), S.560.
[130] Claessens P et al. (2008), S.325.
[131] Müller-Busch HC (2004c), S.702.

der Palliativstation am Gemeinschaftskrankenhaus Havelhöhe wird die Indikation für eine zu beginnende terminale Sedierung aufgrund von „therapierefraktäre[n] und belastende[n] Symptome[n] in terminalen bzw. finalen
Erkrankungsstadien gestellt. Das Eintreten des Todes kann in den nächsten 24 Stunden erwartet werden."[132] Bei der Implementation einer terminalen Sedierung ist die ärztliche Intention maßgeblich. Ein möglicher früherer
Todeseintritt darf als unbeabsichtigte Nebenwirkung in Kauf genommen
werden; es darf jedoch nicht beabsichtigt werden, den Tod durch die Sedierung herbeizuführen. Die Klausel der „in Kauf genommenen, unbeabsichtigten Nebenwirkung" einer terminalen Sedierung stellt den Bezug zu indirekter Sterbehilfe her.

In den letzten Jahren zeichnet sich eine deutliche Zunahme von Fällen
terminaler Sedierung ab. 2006 zeigten Miccinesi et al. dass 2.5%-8.5% der
Todesfälle in den analysierten Ländern[133] im Zuge einer terminalen Sedierung aufgetreten waren.[134] Jährlich sterben in den Niederlanden etwa 4-
15% der Patienten (etwa 14.000 Patienten) im Zuge einer terminalen Sedierung.[135] Hier stellt sich erneut die Frage nach der Definition der terminalen Sedierung sowie ob die Patienten aufgrund der Sedierung sterben, ob
sie deswegen früher sterben bzw. ob intendiert wurde den Todeseintritt
durch die Sedierung herbeizuführen. Verschiedene Studien belegen, dass
der Tod durch eine terminale Sedierung nicht früher eintritt, bzw. dass ein
früherer Todeseintritt aufgrund einer Sedierung unwahrscheinlich ist.[136]

Morita et al. analysierten die Überlebenszeit von 209 Tumorpatienten bei
Opioid- bzw. Sedativagabe (Benzodiazepine, Haloperidol, Hydroxyzine,
Barbiturate, Propofol, Chlorpromazin, Levomepromazin).[137] Die prospektive
Studie zeigte, dass es in der Gruppe mit Opioidtherapie sowie in der Gruppe mit Benzodiazepintherapie keinen signifikanten Unterschied in Bezug
auf die Überlebenszeit gab. Die Patientengruppe die Haloperidol, Chlorpromazin, Levomepromazin, Propofol, oder Barbiturate erhielt, zeigte ebenfalls
keinen signifikanten Unterschied bzgl. der Überlebenszeit.

---

[132] Müller-Busch HC (2004c), S.703.
[133] Belgien, Dänemark, Italien, Niederlande, Schweden, Schweiz.
[134] Miccinesi G et al. (2006), S.124.
[135] Schmiedebach HP/Woellert K (2006), S.1138.
[136] Cowan JD/ Walsh D (2001), S.405, Stone P et al. (1997), S.140, Morita T et al. (2001), S.285.
[137] Morita T et al. (2001), S.284.

In einer weiteren prospektiven Studie (n=276) zeigten Chiu et al.[138], dass die mittlere Überlebenszeit bei sedierten Patienten 28.5 Tage und 24.7 Tage bei nicht-sedierten Patienten betrug. Dieser Unterschied wurde statistisch als nicht signifikant bewertet (t =-0.79, p=0.43). Es konnte also keine Lebensverkürzung aufgrund der Sedierung, im Vergleich mit den nicht-sedierten Patienten, nachgewiesen werden. Von den Patienten, die im Lauf der Studie verstarben (n=251), wurden 27.9% sediert. Hauptgründe für eine Sedierung waren Delir, Dyspnoe und stärkste Schmerzen. Bei dieser Studie fand die Sedierung intermittierend statt, da das Bewusstsein, je näher der Tod rückte, auch ohne Sedierung stärker getrübt wurde. Dadurch wurde eine Sedierung teilweise obsolet.

Zu einem ähnlichen Schluss wie Morita und Chiu et al. gelangten Müller-Busch et al. in einer retrospektiven Studie: „no difference was found in the duration of stay in our unit until death between those patients who died with, and those who died without sedation."[139] Die mittlere Überlebenszeit auf der Palliativstation des Gemeinschaftskrankenhauses Havelhöhe betrug mit Sedierung 21.5 Tage, und ohne Sedierung 21.1 Tage. 50% der sedierten Patienten (n=50) waren in sediertem Zustand ansprechbar und kommunikationsfähig (Beantwortung von Fragen nach Schmerzen, Hunger, Durst, etc.).

Sykes et al.[140] zeigten in einer weiteren Studie (n=237), in der Patienten entweder keine Sedierung, eine siebentägige Sedierung oder eine Sedierung in den letzten 48 Stunden ihres Lebens erhielten, dass Patienten ohne Sedierung oder mit einer Sedierung in den letzten 48 Stunden ihres Lebens, die kürzeste Überlebenszeit zeigten (Durchschnitt 14.3 und 14.2 Tage). Patienten, die eine siebentägige Sedierung (letzte Lebenswoche) erhalten hatten, hatten eine signifikant längere Überlebenszeit (Durchschnitt 36.6 Tage).[141] Dies lässt darauf schließen, dass eine terminale Sedierung, je länger sie andauert, eher dazu tendiert das Leben der Patienten zu verlängern, als es zu verkürzen.

In ihrer prospektiven Studie (n=77) kamen Mercadante et al.[142] zu dem Schluss: „patients who were sedated had a longer survival when compared

---

[138] Chiu TY et al. (2001), S.470.
[139] Müller-Busch HC et al. (2003), S.3.
[140] Sykes N/Thorns A (2003a), S.341.
[141] Sykes N/Thorns A (2003a), S.342.
[142] Mercadante S et al. (2009).

with patients who were not sedated"[143] (p=0.003; p<0.05 statistisch signifikant). In die Studie wurden alle Patienten eingeschlossen, die während eines Jahres in der „acute pain relief and palliative care unit"[144] des *La Mad-
dalena Cancer Center* verstarben (12.4% der während dieses Jahres auf
der Station behandelten Patienten). 42 der 77 eingeschlossenen Patienten
wurden sediert (34 dieser Patienten erhielten Opioide); davon erhielten 40
Patienten eine terminale Sedierung.[145] Hauptindikationen für eine Sedierung waren Dyspnoe sowie Delir. Die mediane Sedierungsdauer betrug
22h. Darüber hinaus stellten Mercadante et al. fest: „no significant differ-
ences in survival were found in patients who received higher doses of
opioids and opioid doses were mainly found to be unchanged after starting
sedation."[146]

4.5.1 Diskussion der terminalen Sedierung

Das Fehlen einer einheitlichen Definition der terminalen Sedierung gestaltet
die abschließende Beurteilung der oben erläuterten Studien schwierig, da
z. B. der Sedierungsgrad, die eingesetzten Medikamente, die Indikation sowie die Überwachung und Dauer der Sedierung variierten. Auch waren die
analysierten Patientenkollektive nicht immer vergleichbar. Des Weiteren
macht nicht zuletzt das Studiendesign, da die Überlebenszeit eines sedierten Patientenkollektivs und einer Kontrollgruppe aus ethischen Gründen
nicht untersucht werden können, die Beantwortung der Frage nach der Validität der erzielten Ergebnisse schwierig. Jedoch macht jede Studie, für
sich genommen, die Aussage, dass durch die terminale Sedierung das Leben der behandelten Patienten nicht verkürzt wurde. Teilweise zeigten die
sedierten Patientenkollektive sogar eine signifikant längere Überlebenszeit.
Trotzdem empfiehlt sich eine definitorische Vereinheitlichung des Terminus
terminale Sedierung.
    Bei dem Versuch, bezüglich des Begriffes terminale Sedierung definitori-
sche Klarheit zu schaffen, darf der Patient nicht außer Acht gelassen werden. Durch eine terminale Sedierung findet eine Abkürzung des bewussten

---

[143] Mercadante S et al. (2009), S.775.
[144] Mercadante S et al. (2009), S.772.
[145] Mercadante S et al. (2009), S.774.
[146] Mercadante S et al. (2009), S.777.

Lebens des Patienten statt[147], ein Fakt, der in Diskussionen über das Thema häufig nicht erwähnt wird. Für den Patienten, der im Bewusstsein, dass er nicht mehr aufwachen wird, terminal sediert wird, ist es irrelevant, ob er indirekte Sterbehilfe erhält, ob er terminal sediert wird, oder ob die terminale Sedierung in indirekte Sterbehilfe übergeht, bzw. eine Untergruppe der indirekten Sterbehilfe ist. Der Patient geht, in der Gewissheit nicht mehr aufzuwachen, seines Bewusstseins verlustig. Hier wird die Nähe zu aktiver Sterbehilfe, bzw. zu Tötung auf Verlangen deutlich: wenn der Patient um terminale Sedierung bittet, ersucht er möglicherweise indirekt um Tötung auf Verlangen, da aus Sichtweise des Patienten eine tiefe, terminale Sedierung, also der absolute Bewusstseinverlust, gleichbedeutend ist mit dem faktischen Todeseintritt. So wäre zum Beispiel denkbar, dass ein Patient vorab in einer Patientenverfügung festlegt im Terminalstadium einer Krankheit terminal sediert zu werden. Hier besteht eine eventuelle Missbrauchsgefahr, da es möglich wäre über den „Umweg" einer terminalen Sedierung nach aktiver Sterbehilfe zu verlangen und sie so unter Umständen auch zu erhalten. Von ärztlicher Seite ist in dieser Situation wieder die Intention entscheidend – will der Arzt dem Patienten nur die Schmerzen nehmen, oder intendiert er dessen Tod durch die terminale Sedierung herbeizuführen? An dieser Stelle wird eine generelles Problem aufgeworfen: Wie kann die Intention eines Arztes gemessen werden, bzw. wie kann ermittelt werden ob die angegebene der wirklichen Intention entspricht? Wenn eine Entscheidung bzgl. terminaler Sedierung zu treffen ist, so ist eine klare Indikationsstellung erforderlich. Nur wenn die Schmerzen oder die anderen Symptome des Patienten durch keine andere Art der Therapie, als durch eine Sedierung, zu lindern sind, ist eine terminale Sedierung indiziert. Für die Indikationsstellung ist nicht allein der Wunsch des Patienten sediert zu werden ausschlaggebend, sondern auch ob die objektivierten Schmerzen des Patienten eine Sedierung rechtfertigen.

Abschließend ist zur Abgrenzbarkeit terminaler Sedierung von indirekter Sterbehilfe festzuhalten, dass eine Lebensverkürzung durch eine terminale Sedierung aufgrund der angeführten Studienergebnisse nicht belegbar und somit höchst unwahrscheinlich ist. Wenn bei der terminalen Sedierung eines Patienten der Tod, aufgrund der Sedierung, die eine Form der Schmerztherapie sein kann, nicht früher eintritt, als dies ohne Sedierung der Fall wäre, so sollte eine Sedierung am Lebensende nicht als Unterform

---

[147] Bosshard G et al. (2006), S.122.

indirekter Sterbehilfe angesehen werden, sondern als eine andere Art der Therapie am Lebensende gewertet und auch als solche benannt werden.[148]

4.6 Abgrenzung der indirekten von aktiver Sterbehilfe sowie Beihilfe zum Suizid (PAS)

Indirekte und aktive Sterbehilfe sowie PAS sind durch einige Parameter, deren Erfassung jedoch unter Umständen schwierig sein kann, voneinander abgrenzbar. Zuallererst ist die Intention des Arztes zu beurteilen. Was will er mit seiner Therapie erreichen? Dient die von ihm angesetzte Therapie ausschließlich der Schmerzlinderung oder soll sie auch den Tod herbeiführen? Berücksichtigt er mit der Intention das Leben zu verkürzen den Wunsch des Patienten oder handelt er nach eigenem Ermessen?

Eine objektive Einschätzung ermöglichen z.B. die Dokumentation des vom Patienten empfundenen Schmerzes mittels einer Schmerzskala (VAS), die Dokumentation der daraufhin verschriebenen Medikamente sowie die Kontrolle der de facto verabreichten Analgetika und eine erneute Schmerzevaluation. Des Weiteren kann auch der erklärte Patientenwillen unter Umständen Aufschluss über die erfolgte Art der Sterbehilfe geben. Auch können die stattgehabte Todesursache und die Todesart (schnell, plötzlich, langsam, absehbar oder unerwartet) aufschlussreich sein.

Indirekte und aktive Sterbehilfe unterscheiden sich hauptsächlich durch die dahinter stehende ärztliche Intention. Jedoch ist die diese dem objektiven Beobachter nicht immer ersichtlich, und die Absicht aktive Sterbehilfe leisten zu wollen, kann ebenso gut verheimlicht werden. Des Weiteren ist aufgrund von erheblichen interindividuellen Unterschieden in der Opioidtoleranz oftmals nicht klar ersichtlich welche Dosis letal ist. Mangelnde ärztliche Erfahrung, die in einer zu hohen Opioiddosis resultiert und dadurch unter Umständen lebensverkürzend wirken kann, wobei der Arzt jedoch nicht die Intention hatte das Leben des Patienten zu verkürzen, stellt einen Grenzfall zwischen aktiver und indirekter Sterbehilfe dar. Die möglicherweise vorhandene Intention, das Leben des Patienten zu verkürzen (vom Patienten erwünscht oder unerwünscht), ist schwierig nachzuweisen.

---

[148] Wenn jedoch durch eine terminale Sedierung ein verfrühter Todeseintritt verursacht würde, so könnte diese als Unterform indirekter Sterbehilfe (nach gängiger Definition) gewertet werden.

Die Aussage der Bioethik-Kommission[149], dass eine Schmerztherapie auch dann implementiert bzw. weitergeführt werden solle, wenn eine dadurch verursachte Lebensverkürzung sicher sei, erscheint problematisch. Die Grenzen zwischen aktiver und indirekter Sterbehilfe würden dadurch verwischt werden. Der Vorschlag, die Definition indirekter Sterbehilfe auch auf diese Fälle zu erweitern, könnte zu einem Missbrauch derselben führen. Wenn eine Schmerztherapie auch dann weitergeführt würde, wenn ein früherer Todeseintritt dadurch sicher verursacht würde, könnte aktive Sterbehilfe, in einem nicht vernachlässigbaren Rahmen, straffrei unter dem Deckmantel vermeintlich indirekter Sterbehilfe durchgeführt werden. Insofern wäre die Aufhebung der existierenden Grauzone um indirekte Sterbehilfe, z.B. durch eine Änderung der Rechtslage, eine schwerwiegende Veränderung, da dann über den Umweg der indirekten Sterbehilfe auf legalem Wege faktisch aktive Sterbehilfe geleistet werden könnte. Der soeben angesprochene Dammbruch könnte also einerseits durch die Legalisierung indirekter Sterbehilfe entstehen und dadurch das Leisten von aktiver Sterbehilfe ermöglichen. Andererseits könnte durch eine Schmerztherapie, die auch dann durchgeführt würde, wenn gesichert wäre, dass der Patient dadurch früher versterben würde, der Schritt zur Legalisierung aktiver Sterbehilfe vereinfacht werden, bzw. die Legalisierung aktiver Sterbehilfe könnte durch die Aufweichung der Grenzen indirekter Sterbehilfe erfolgen.

Indirekte Sterbehilfe und PAS unterscheiden sich einerseits durch die Figur des Handelnden, und andererseits in der Intention. Wenn der Patient die zum Tode führende Handlung selbst vornimmt und der Arzt durch seine Hilfe die Herbeiführung des Todes ebenfalls beabsichtigt, so liegt PAS vor. Wenngleich der Patient der Handelnde ist, so ist doch meist ärztliches Wissen und Unterstützung notwendig, um den Todeseintritt zu verursachen. Der Arzt verschreibt bei PAS die notwendigen Medikamente und hat eine beratende, und unter Umständen helfende, Funktion. Der Arzt darf jedoch nicht das zum Tod führende Medikament verabreichen oder in einer anderen Form aktiv am Suizid beteiligt sein.

---

[149] Bioethik-Kommission des Landes Rheinland-Pfalz (Hg.) (2004), S.69.

4.7 Koexistenz von passiver und indirekter Sterbehilfe?

Im Rahmen einer vom Patienten erwünschten Therapiebegrenzung (bspw. ein Beatmungsabbruch oder ein Ernährungsabbruch) besteht die Möglichkeit der Koexistenz von passiver und indirekter Sterbehilfe, wenn er gleichzeitig eine Schmerztherapie erhält. Diese Konstellation wirft jedoch theoretische Klassifizierungsprobleme auf, da bei Versterben des Patienten unter Umständen nicht ersichtlich ist, ob der Patient aufgrund von passiver oder indirekter Sterbehilfe (früher) gestorben ist. Dies könnte dazu führen, dass in einigen Fällen fälschlicherweise von indirekter Sterbehilfe gesprochen wird, wenn der Tod de facto aufgrund eines Beatmungs- oder Ernährungsabbruches eingetreten ist, bzw. der Patient im natürlichen Verlauf seiner Erkrankung gestorben ist, ohne das Maßnahmen einer künstlichen Lebensverlängerung getroffen wurden.

In einer Studie von Rietjens et al. wurden niederländische Ärzte (n=410) zu Fällen befragt, in denen Patienten terminal sediert wurden und bei denen die Ernährungs- sowie Flüssigkeitszufuhr abgebrochen wurde.[150] Terminale Sedierung könnte als Unterform indirekter Sterbehilfe angesehen werden, wenn sie eine Lebensverkürzung verursachen würde. Eine Lebensverkürzung durch eine terminale Sedierung ist theoretisch möglich, tritt jedoch in der Praxis im Regelfall nicht auf. In der Studie wurde terminale Sedierung definiert als „the administration of drugs to keep the patient in deep sedation or coma until death, without giving artifical nutrition or hydration."[151] Die befragten Ärzte gaben an, die Indikation für eine terminale Sedierung am häufigsten aufgrund therapierefraktärer Schmerzen, Dyspnoe, Aufregung sowie Angst gestellt zu haben. Im Jahre 2001 fanden ca. 10% der Todesfälle in den Niederlanden während bzw. im Zuge einer terminalen Sedierung statt.

23% der befragten Ärzte gaben an, dass der Beginn einer terminalen Sedierung ihrer Meinung nach einen Ernährungsabbruch sowie einen Abbruch der Flüssigkeitszufuhr erfordere. 36% der Ärzte trafen die Entscheidung einen Patienten terminal zu sedieren *ohne* die Intention den Tod des Patienten zu beschleunigen. 47% der Ärzte wollten durch eine terminale Sedierung den Tod zumindest *partiell* beschleunigen. 17% der Ärzte hatten die *explizite* Intention den Tod des Patienten zu beschleunigen. Die explizi-

---

[150] Rietjens J et al. (2004), S.178.
[151] Rietjens J et al. (2004), S.179.

te Intention den Tod zu beschleunigen äußerte sich am häufigsten durch einen Abbruch der Ernährungs- und Flüssigkeitszufuhr.[152] Dies kann als Hinweis gewertet werden, dass die befragten Ärzte vermutet haben könnten, dass eine terminale Sedierung per se keine Lebensverkürzung zur Folge haben würde, diese jedoch durch das Leisten von passiver Sterbehilfe (Abbruch von Ernährung und Flüssigkeitszufuhr) zu erreichen sei.

„If treatment with analgesic or anxiolytic agents is not effective, sedatives are sometimes used as an alternative to render patients unconscious and oblivious to their symptoms. Subsequently, if artificial nutrition and hydration are not given; death will follow soon."[153] Hierdurch wird deutlich, dass indirekte Sterbehilfe, in Form einer terminalen Sedierung (wenn diese einen lebensverkürzenden Effekt hat), und passive Sterbehilfe, in der Form eines Ernährungsabbruches, vergesellschaftet sein können. Ausschlaggebend ist hier die Dauer der Sedierung und des Ernährungsabbruchs. Bemerkenswert ist an der Studie von Rietjens et al., dass 23% der Ärzte der Überzeugung waren, eine terminale Sedierung müsse mit einem Abbruch der Ernährungs- und Flüssigkeitszufuhr einhergehen. Dies ist bei terminaler Sedierung, je nach Tiefe der Sedierung, nicht zwangsläufig der Fall.

Sykes begründet den Abbruch der Flüssigkeitszufuhr anders:

„in this context [terminal sedation], the use of artificial hydration is usually not clinically required, and at this stage of illness might increase the risk of noise from respiratory secretions as well as of both pulmonary and peripheral oedema, although the evidence on these points is mixed. However, the provision of artificial hydration is a clinical judgement that might become relevant at any stage of a terminal illness and is not simply a question that arises in the context of sedation."[154]

Sykes argumentiert, dass das Weiterführen der Flüssigkeitszufuhr eine zu große Belastung für den Patienten darstellen würde, und sie aus diesem Grunde eingestellt werden sollte. Im Gegensatz zu Rietjens et al. plädiert er jedoch nicht für einen Abbruch von Ernährung und Flüssigkeitszufuhr, um dadurch einen früheren Todeseintritt herbeizuführen.

Eine Koexistenz passiver und indirekter Sterbehilfe ist im Zuge einer terminalen Sedierung möglich; sie muss aber nicht zwingend vorliegen. Die

---

[152] Rietjens J et al. (2004), S.183.
[153] Rietjens J et al. (2004), S.178.
[154] Sykes N (2008), S.1160.

Dauer der terminalen Sedierung ist hierbei der ausschlaggebende Faktor. Wenn eine terminale Sedierung begonnen wird, der Todeseintritt des Patienten in absehbarer Zeit (Stunden, wenige Tage) stattfinden wird und eine Weiterführung der Ernährungs- und Flüssigkeitszufuhr zu belastend für den Organismus des Patienten wäre, so kann diese unterlassen werden, ohne befürchten zu müssen, dass der Tod durch passive Sterbehilfe herbeigeführt werden würde. Wenn eine terminale Sedierung aber über einen längeren Zeitraum (Wochen) stattfindet und gleichzeitig die Ernährung sowie die Flüssigkeitszufuhr eingestellt wird, so ist die Möglichkeit der Herbeiführung eines verfrühten Todes (i. S. von passiver Sterbehilfe) durchaus gegeben. Die Lebensverkürzung findet jedoch nicht aufgrund der Sedierung statt.

4.8 Gibt es faktisch eine Indikationsstellung zu indirekter Sterbehilfe?

Zunächst gilt es den Begriff der Indikation zu erklären und zwischen medizinischen und ärztlichen Indikationen zu differenzieren. Die Indikation (lat.: Anzeige), eine Handlung durchzuführen, ist dann gegeben, wenn diese sinnvoll begründbar und geboten ist. Eine medizinische Indikation kann als allgemeine Richtlinie in häufig auftretenden Situationen definiert werden. Die ärztliche Indikation hingegen betrachtet den Einzelfall jedes Patienten und der behandelnde Arzt richtet seine Therapie nach der Eigenart und dem spezifischen Fall des Patienten. Zu unterscheiden ist ebenfalls noch zwischen einer ursächlichen, einer symptomatischen, einer vitalen, einer relativen, einer absoluten sowie einer diagnosebezogenen Indikation.

Die Indikationsstellung steht am Anfang einer jeden ärztlichen Handlung. Anschließend muss der Patient umfassend über die bevorstehende Behandlung oder Therapie aufgeklärt werden, und in die jeweilige Behandlung einwilligen (informed consent). Schließlich ist noch zu beachten, dass die Therapie lege artis sein muss; d. h. die Behandlung muss den Vorgaben des aktuellen medizinischen Kenntnisstandes entsprechen.

Faktisch gibt es in der Tat eine Indikation zur indirekten Sterbehilfe, da indirekte Sterbehilfe, als Schmerztherapie definiert ist, mit dem Vorbehalt, dass der Tod als Nebenwirkung dieser Therapie, unter Umständen, verfrüht eintreten könnte. Die Indikation zum Leisten von indirekter Sterbehilfe ist die einer Schmerztherapie. Die Indikation indirekte Sterbehilfe wird aufgrund der Schmerzen, unter denen der Patient leidet, gestellt. Es ist eine symptomatische Indikation, da der Versuch einer ursächlichen Therapie bereits gescheitert ist. Der Arzt verfolgt in dieser Situation keinen kurativen Ansatz mehr, sondern einen rein palliativen.

4.9 Indirekte Sterbehilfe in der medizinischen Praxis

4.9.1 Beispiel am Fall *Bach*, Hannover

Der Fall *Bach* soll als Beispiel für die Probleme dienen, die durch indirekte Sterbehilfe in der Praxis aufgeworfen werden. Die Internistin Dr. Mechthild Bach, deren Fall derzeit vor dem Schwurgericht Hannover verhandelt wird, ist der vorsätzlichen Tötung von 13 Patienten angeklagt. Ihr wird vorgeworfen diese Patienten durch hohe Dosen Morphin und/oder Diazepam getötet zu haben. Es wird damit gerechnet, dass der Prozess noch etwa zwei Jahre dauern wird. Laut Staatsanwaltschaft soll das Handeln der Internistin als aktive Sterbehilfe sowie Totschlag gewertet werden, Frau Dr. Bach hingegen plädiert auf Sterbebegleitung im Sinne indirekter Sterbehilfe.

Bereits zu Beginn des Prozesses scheint ersichtlich, dass Frau Dr. Bach die ärztliche Dokumentationspflicht stark vernachlässigt haben könnte. Viele Krankenakten sind unvollständig und beinhalten nicht die durch das Betäubungsmittelgesetz geforderten Informationen. Dieser Fall zeigt, wie problematisch eine sichere Differenzierung zwischen aktiver und indirekter Sterbehilfe in der Praxis sein kann.

4.9.2 Probleme der Benennung und der Durchführung von indirekter Sterbehilfe in der Praxis

Die theoretische Definition indirekter Sterbehilfe ist nur schwer auf konkrete Fälle anwendbar. Daher ist im klinischen Alltag nur selten von indirekter Sterbehilfe die Rede. Vielmehr wird von Patienten gesprochen, die bspw. eine hochdosierte Opioidtherapie erhalten; dabei wird eine eventuelle Lebensverkürzung, bzw. ein verfrühtes Sterben dieser Patienten nur selten diskutiert. Etwa 90% des Patientenkollektivs, das eine Schmerztherapie am

Lebensende erhält, sind Tumorpatienten. Wiederum 90% dieser Patienten, sind aufgrund einer adäquaten Therapie weitgehend schmerzfrei.[155]

In der Diskussion der terminalen Sedierung, als mögliche Unterform indirekter Sterbehilfe, wurde bereits festgestellt, dass der dadurch eintretende Bewusstseinsverlust dazu führen kann, dass es in der Wahrnehmung der Patienten, je nach Tiefe der Sedierung, keinen Unterschied zwischen Sedierungsbeginn und dem Eintreten des Todes gibt. Ebenso wie bei der Indikationsstellung einer terminalen Sedierung muss bei indirekter Sterbehilfe untersucht werden, ob die Schmerztherapie aufgrund des ausdrücklichen und unmissverständlichen Wunsches eines Patienten erfolgt, oder ob der Patient nicht länger fähig ist seine Wünsche zu äußern. Es stellt sich also die Frage nach der Einwilligungsfähigkeit des Patienten.

Ebenso wie bei terminaler Sedierung besteht bei indirekter Sterbehilfe, laut tradierter Annahme, die Möglichkeit einer Verkürzung der bewussten Wahrnehmung des Patienten aufgrund eines früheren Todeseintritts. Fraglich ist, ob der leidende, sich in der terminalen Phase befindende, Patient in der Lage ist dieses zu verstehen. Ist er entscheidungsfähig? Die Konsequenzen, die sich aus der möglichen Nicht-Einwilligungsfähigkeit des Patienten ergeben, werden im rechtswissenschaftlichen Teil näher beleuchtet werden. Es steht zu vermuten, dass einwilligungsfähige Patienten, bei unerträglichem Leiden, mithin auf die mögliche lebensverkürzende Wirkung einer Schmerztherapie hoffen.

Ein weiteres Problem der indirekten Sterbehilfe in der Praxis ist die mangelnde ärztliche Fähigkeit den definitionsgemäß möglichen verfrühten Todeseintritt korrekt einzuschätzen. Eine definitive Feststellung zu treffen, um wie viele Tage oder Wochen ein Patient aufgrund der Schmerztherapie früher gestorben ist, ist faktisch nicht möglich. Die häufig von Ärzten, im Rahmen von Studien, geäußerte Annahme, dass ein Patient bspw. mindestens 2 Tage oder eine Woche früher verstorben sei, sind in letzter Konsequenz nicht zu belegen.[156] In den Studien werden auch keine Parameter genannt, anhand derer eine solche Einschätzung möglich wäre. Es bleibt festzuhalten, dass eine exakte Quantifizierung der Lebensverkürzung nicht möglich ist.

Einige, teils subjektive, Kriterien bieten unter Umständen die Möglichkeit die voraussichtliche Überlebensdauer des Patienten einzuschätzen. Krite-

---

[155] Pargeon K/Hailey B (1999), S.358.
[156] Van der Maas P et al. (1991), Van der Heide A et al. (2003), Rietjens J et al. (2007).

rien wie das Patientenalter, die zugrunde liegende Primärerkrankung, bspw. Tumore, AIDS, Leberzirrhose, kardiale, pulmonale oder renale Insuffizienz, der Schweregrad der Erkrankung sowie die Dauer des Intensivstationsaufenthaltes, erlauben eine approximative Einschätzung der noch zu erwartenden Überlebenszeit. Eine weitere Möglichkeit, den Verlauf der Krankheit absehbarer zu gestalten, wurde durch die Einführung von Scores wie APACHE II/III, MPM, SOFA oder SAPS II geschaffen. Jedoch ermöglicht auch die Erhebung dieser objektivierten Scores letztendlich keine sichere Einschätzung.

Die im Folgenden zu analysierenden Studien werden aufzeigen, ob ein früheres Versterben als Nebenwirkung einer Schmerztherapie stattfindet. Vorab soll jedoch eine in der Praxis gelegentlich auftretende Situation geschildert werden.[157] Ein Tumorpatient in der Terminalphase leidet an unerträglichen Schmerzen und erhält schon seit längerer Zeit eine Schmerztherapie auf der Basis von Opioiden. Um die Schmerzen engmaschiger zu kontrollieren erhält der Patient in den voraussichtlich letzten Tagen seines Lebens einen Morphinperfusor. Die Wirkung des Morphins wird nicht durch den sogenannten Ceiling-Effekt begrenzt (Ceiling-Effekt: der Punkt, an dem eine Dosiserhöhung keine weitere Schmerzkontrolle bewirkt).[158] Morphin wird hauptsächlich hepatisch, aber auch zu einem kleinen Teil extrahepatisch, in die Metaboliten Morphin-3-Glucuronid (M-3-D), welches keine analgetische Wirkung hat, und Morphin-6-Glucuronid (M-6-G)[159] mit einer größeren analgetischen Wirkung als Morphin, umgewandelt und über die Niere ausgeschieden. Es ist jedoch zu beachten, dass die meisten Patienten in der Terminalphase niereninsuffizient sind. Dies kann innerhalb einiger Tage zu einer Morphin-Kumulierung führen, wenn die Morphindosis nicht vorab an die Niereninsuffizienz angepasst und entsprechend reduziert wird.[160] Eine Alternative zur Morphingabe wäre eine Schmerztherapie mit Hydromorphon, da Hydromorphon (hepatische Verstoffwechselung) zwar bei Niereninsuffizienz ebenfalls kumulieren kann, jedoch Hydromorphon-3-Glucuronid (H-3-G) kein aktiver Metabolit ist. Demzufolge verursacht H-3-G auch bei Kumulierung keine Atemdepression. Trotzdem erfolgt in den vielen Fällen die Anlage eines Morphinperfusors, obwohl die Kumulierungsgefahr und die daraus resultierenden Nebenwirkungen des Morphins bekannt

---

[157] vgl. hierzu auch: Neitzke G/Frewer A (2004), S.327.
[158] Freye E (2009), S.278.
[159] Aulbert E (Hg.) (2007), S.185.
[160] vgl. hierzu auch: Sykes N (2008), S.1158.

sind. Die Morphinkumulierung führt beim niereninsuffizienten Patienten innerhalb einiger Tage zum Tod durch Atemdepression. Diese Patienten haben allerdings kein subjektives Empfinden ihrer Atemnot und versterben schmerzlos.

Die hier beschriebene Situation stellt eine Grenzsituation von aktiver und indirekter Sterbehilfe dar. Es ist hinlänglich bekannt, dass ein Morphinperfusor beim niereninsuffizienten Patienten innerhalb einiger Tage zu Morphinkumulierung und dadurch zu seinem Versterben führt. Dies ist zwar in aller Regel unbeabsichtigt, wird jedoch wissentlich in Kauf genommen, obwohl es verhindert werden könnte. Wie ist diese Handlungsweise zu bewerten? Der frühere Todeseintritt ist unbeabsichtigt, da das Ziel der Schmerztherapie nicht die Herbeiführung des Todes, sondern die Schmerzlinderung ist. Die Morphingabe erfolgt mit der Voraussicht und in der Gewissheit, dass dadurch in wenigen Tagen der Tod eintritt. Kann diese Art der Sterbehilfe noch als indirekt gewertet werden? Als wegweisend kann die Indikation für die Morphingabe angesehen werden. Wenn eine Schmerztherapie auf der Basis von Morphin indiziert ist, weil andere Opioide bspw. nicht die erwünschte Schmerzlinderung erzielen oder diese aus anderen Gründen kontraindiziert sind, so ist die Morphingabe adäquat, obwohl dadurch der Todeseintritt beschleunigt werden kann. Die Morphingabe kann also unter diesen Umständen gerechtfertigt werden. Jedoch müsste, auch aufgrund der Indikation, eine Dosisanpassung erfolgen. Eine ausreichende Schmerzkontrolle muss gewährleistet sein, aber die Morphindosis sollte wegen der verminderten Ausscheidungsrate der Niere reduziert werden womit die Morphin-Kumulierung verhindert werden könnte. In der Praxis erfolgt die notwendige Dosisminderung jedoch kaum. Der frühere Todeseintritt könnte dadurch verhindert werden.

Das Argument, der frühere Todeseintritt sei eine unbeabsichtigte Nebenfolge der Schmerztherapie, spricht dafür, dieses Beispiel als indirekte Sterbehilfe zu werten. Die Tatsache, dass der verfrühte Tod durch eine Dosisanpassung verhindert werden könnte, rückt es in den Graubereich zwischen aktiver und passiver Sterbehilfe. Man kann diese Situation weder der einen noch der anderen Art der Sterbehilfe klar zuordnen.

Möglicherweise wird die Morphindosis nicht angepasst, weil der behandelnde Arzt dem Patienten in der Terminalphase eine längere Leidenszeit ersparen möchte und der Arzt der Ansicht ist, dass der Patient innerhalb der nächsten Tagen aufgrund seiner Erkrankung versterben wird, und die Morphin-Kumulierung den Todeseintritt zu dem Zeitpunkt herbeiführen würde, an dem der Patient ohnehin verstorben wäre. Der Arzt sieht den früheren Todeseintritt jedoch sicher voraus. Die sichere Voraussicht dessen, was passieren wird, wenn die Morphindosis nicht angepasst würde, sollte eine Handlung des Arztes nach sich ziehen. Da der frühere Todeseintritt verhindert werden könnte, sollte, um dies zu erreichen, die Morphindosis angepasst werden, allerdings so, dass weiterhin eine ausreichende Schmerzkontrolle gewährleistet ist.

4.9.3 Studienlage

Die Erfassung und Analyse der unterschiedlichen Arten der Sterbehilfe durch wissenschaftliche Studien ist schwierig. Da Fall-Kontroll-Studien im Bereich der Sterbehilfe nicht durchgeführt werden können, existieren folglich nicht viele Studien, die sich mit diesem Thema im Allgemeinen sowie der indirekten Sterbehilfe im Besonderen befassen. Verschiedene Arbeitsgruppen haben jedoch versucht, einige Aspekte der indirekten Sterbehilfe quantitativ sowie qualitativ zu erfassen. Dabei handelt es sich um Studien, welche versuchen die (mögliche) Inzidenz indirekter Sterbehilfe zu erfassen, bspw. der sogenannte *Remmelink Report*[161] (1991) und einige Jahre später die *EURELD Studie*[162] *(End-of-life decision-making in six European countries: descriptive study)* (2003). Qualitative Studien versuchen zu erfassen, inwieweit indirekte Sterbehilfe stattfindet, d.h. ob ein früherer Todeseintritt aufgrund einer Schmerztherapie erfolgt, um welchen Zeitraum das Leben des Patienten unter Umständen verkürzt wird, oder ob die verbleibende Lebensspanne nicht eventuell durch eine effektive Schmerztherapie sogar verlängert wird, eine Frage, die beispielsweise von Bosshard et al.[163] aufgeworfen wurde.

---

[161] Van der Maas P et al. (1991).
[162] Van der Heide A et al. (2003).
[163] Bosshard G et al. (2006), S.124.

4.9.4 Problematik des Studiendesigns

Die Evaluierung eines verfrühten Todeseintritts aufgrund der Nebenwirkungen einer Opioidtherapie stellt sich aus ethischer Sicht äußerst problematisch dar. Unter moralischen Gesichtspunkten wäre es höchst zweifelhaft eine Studie durchzuführen, bei welcher Patienten, die unter starken bis unerträglichen Schmerzen leiden, in eine Therapie- und eine Kontrollgruppe aufgeteilt würden. Die Patienten in der Therapiegruppe würden eine Schmerztherapie erhalten. Den Patienten in der Kontrollgruppe würde die Therapie vorenthalten werden. Dies wäre ein Handeln, welches dem ärztlichen Ethos auf das Äußerste widersprechen würde. Abgesehen von den persönlichen, moralischen Konflikten, die ein Arzt bei dem Design einer solchen Studie haben sollte/würde, wäre es unwahrscheinlich die Zustimmung einer Ethikkommission für eine derartige Studie zu erlangen. Da ein, aufgrund einer Schmerztherapie, verfrüht stattgehabter Todeseintritt nicht direkt evaluierbar ist, muss in Studien auf Indikatoren für eine mögliche Lebensverkürzung zurückgegriffen werden.

4.9.5 Inzidenz indirekter Sterbehilfe

Die Inzidenz indirekter Sterbehilfe ist die Anzahl von Patienten, die aufgrund einer Schmerztherapie möglicherweise verfrüht starben, welche zu der absoluten Anzahl an Todesfällen eines Jahres in Bezug gesetzt wird. Der *Remmelink Report*[164] zeigte, dass 17.5% der Patienten, die im Jahr 1990 in den Niederlanden verstorben sind, eine Schmerztherapie (in der Studie als „alleviation of pain and symptoms" – APS bezeichnet) mit so hohen Opioiddosen erhielten, dass dies, laut ärztlicher Angabe, eine *mögliche* Verkürzung des Lebens der Patienten zur Folge gehabt haben könnte. In 17.5% der Todesfälle soll demnach möglicherweise indirekte Sterbehilfe stattgefunden haben (nach Einschätzung der Ärzte). Es wird also keine definitive Inzidenz der indirekten Sterbehilfe aufgezeigt, sondern nur eine mögliche Inzidenz. In 6% der APS-Fälle ist, laut den befragten Ärzten, der vorzeitige Tod des Patienten das Hauptziel der Schmerztherapie gewesen.

---

[164] Van der Maas P et al. (1991).

58

In 94% dieser Fälle ist die Herbeiführung eines früheren Todeseintrittes ein sekundäres Therapieziel gewesen.[165]

Bei der Auswertung des *Remmelink Reports* ist es wichtig, eine Differenzierung zwischen der Inzidenz der möglichen Lebensverkürzung und der im Rahmen der Schmerztherapie verfolgten Intention vorzunehmen. In 6% der Fälle beabsichtigten die Ärzte durch APS einen verfrühten Todeseintritt zu erzielen. Damit lässt die dahinterstehende Absicht keine Klassifikation dieser Fälle als indirekte Sterbehilfe zu. Wenn in diesen Fällen der Todeseintritt absichtlich und in der Tat beschleunigt wurde, kann nicht von indirekter Sterbehilfe gesprochen werden. Vielmehr müssen diese Fälle als aktive Sterbehilfe gewertet werden. Die mögliche Inzidenz der indirekten Sterbehilfe (17.5%) muss also um die 6% der Fälle korrigiert werden, bei denen der frühzeitige Todeseintritt durch APS intendiert wurde. Allerdings ist fraglich, ob bei diesen 6% der Todeseintritt auch de facto verfrüht eingetreten ist, da dies aus dem *Remmelink Report* nicht ersichtlich ist. Weiterhin sind die 94% der APS-Fälle in denen eine Lebensverkürzung ein sekundäres Therapieziel war zu beachten. Auch diese Fälle entsprechen nicht den Vorgaben des Leistens indirekter Sterbehilfe; da auch hier zu einem gewissen Grad ein verfrühtes Sterben intendiert wurde.

Weiterhin ist dem *Remmelink Report* zu entnehmen, dass in einem Drittel der APS-Fälle kein vorzeitiger Todeseintritt bzw. nur eine geringfügige Lebensverkürzung stattfand: „in most cases life had been shortened not at all (about one-third of the cases) or by only a few hours or days [...]."[166] Für diese Angabe wurden jedoch keine Daten vorgelegt. Die 17.5% der APS-Fälle, bei denen unter Umständen eine Lebensverkürzung stattfand, werden dadurch weiter reduziert. Somit scheint die mögliche Inzidenz indirekter Sterbehilfe deutlich geringer zu sein, als durch den *Remmelink Report* postuliert wird. Da hierbei lediglich von der Einschätzung der Ärzte ausgegangen wird und nicht von objektivierbaren Daten, ist die Erhebung einer definitiven Inzidenz der indirekten Sterbehilfe durch den *Remmelink Report* nicht möglich.

Die *EURELD I Studie*[167] untersucht unter anderem die Anzahl von Patienten, die eine Schmerztherapie, mit einem möglicherweise lebensverkürzenden Effekt (APS), erhalten haben. *EURELD I* zeigt, dass APS mit einem unter Umständen früheren Todeseintritt in Belgien (n=2950) bei 22%

---

[165] Van der Maas P et al. (1991), S.672.
[166] Van der Maas P et al. (1991), S.672.
[167] Van der Heide A et al. (2003).

der in der Studie registrierten Todesfälle, in Dänemark (n=2939) bei 26%, in Italien (n=2604) bei 19%, in den Niederlanden (n=5384) bei 20%, in Schweden (n=3248) bei 21% und in der Schweiz (n=3355) bei 22% der Todesfälle stattfand. Die Zeitspanne, um die das Leben der Patienten durch APS mutmaßlich verkürzt wurde, wurde mit „unknown", „less than one week", „one week to one month" sowie „more than one month" angegeben.[168] Die *EURELD I Studie* gibt jedoch nicht an, wie die Dauer der vermuteten Lebensverkürzung faktisch ermittelt wurde. Die Einschätzung der befragten Ärzte inwiefern durch APS ein früherer Todeseintritt verursacht wurde basiert eher auf Vermutungen und ärztlicher Erfahrung als auf objektiven, quantifizierbaren Daten. Insofern ist eine Erhebung der Inzidenz indirekter Sterbehilfe auf der Basis der Daten der *EURELD I Studie* ebenso wenig wie durch den *Remmelink Report* möglich.

2006 wurden die Daten der *EURELD I Studie* noch einmal aufgegriffen um weitere Aspekte des „end-of-life decision-making" Prozesses zu beleuchten.[169] Bilsen et al. zeigten auf, dass die im Rahmen von APS verwendeten Opioiddosen (angegeben als oral morphine equivalent doses – MED) meist vergleichsweise gering waren. Nur 1.1-6.5% der Patienten, bei denen die verabreichte Opioiddosis in Erfahrung gebracht werden konnte (n=3012), erhielten in den letzten 24h eine Opioiddosis >599 mg (Dosisstaffelung: <60 mg, 60-299 mg, 300-599 mg, und >599 mg). Somit gelangten Bilsen et al. zu dem Schluss:

> „the drug combinations for APS found in our study, the rather low doses of opioids, especially for older patients and patients suffering from nonmalignant diseases, the high number of nonopioid-naive patients, and the small estimated shortening of life raises doubts as to whether the physicians were correct in attributing death-hastening effects to their practices."[170]

Hier wird also erneut die Frage aufgeworfen, inwieweit ein verfrühter Todeseintritt von ärztlicher Seite einschätzbar bzw. faktisch belegbar ist. Kann die weit verbreitete „Opioidphobie"[171] (Angst der Ärzte, dass eine Schmerz-

---

[168] „Estimated shortening of life was rarely more than 1 month, and tended to be less than the estimated shortening of life in cases of doctor-assisted dying, although in a large proportion of these cases no estimation could be given." (Van der Heide A et al. (2003), S.348).
[169] Bilsen J et al. (2006).
[170] Bilsen J et al. (2006), S.118.
[171] Sykes N (2007), S.1326, Bercovitch M/Adunsky A (2004), S.1474.

therapie mit Opioiden zu einer Lebensverkürzung führen könnte) einen Teil, der als APS mit möglichem, verfrühtem Todeseintritt klassifizierten Todesfälle erklären? Die Opioidphobie ist ein weit gestreutes Phänomen, das auch vor ärztlicher Erfahrung nicht Halt macht, und das immer noch existiert, obwohl zahlreiche Studien belegen, dass die Angst vor einer Abhängigkeitsentwicklung oder einer opioid-induzierten Atemdepression unbegründet ist.

Eine weitere von Morita et al. durchgeführte prospektive Studie zeigte, dass in 67% (n=68) der untersuchten Fälle (n=102) keine Lebensverkürzung durch eine Schmerztherapie (in dieser Studie in Form einer palliativen Sedierung) hervorgerufen wurde.[172] Eine Lebensverkürzung von <24h Stunden wurde in 24% (n=24) der Fälle angenommen, von 1-6 Tagen in 6.9% (n=7), von 1-3 Wochen in 2% (n=2), und von 1-3 Monaten in 1% (n=1) der Fälle. Die Angaben der Zeitspanne, um die das Leben der Patienten verkürzt worden sei, sind wiederum Vermutungen der Ärzte. Daten, die diese Annahmen belegen, werden von Morita et al. nicht angegeben.

Die Inzidenz indirekter Sterbehilfe liegt in den aufgeführten Studien in der Regel bei etwa 20% der jeweils untersuchten Todesfälle. Dies suggeriert, dass etwa ein Fünftel aller im Sterben liegenden Patienten eine Schmerztherapie erhielte, die unter Umständen einen lebensverkürzenden Effekt haben könnte. Die vorgestellten Studien geben an, dass ein lebensverkürzender Effekt möglich sei, und dass viele der behandelnden Ärzte annehmen, dass eine Lebensverkürzung durch eine Schmerztherapie in der Tat stattfinde. Hier stellt sich die Frage nach den Gründen für eine solche Vermutung, da eine durch eine Schmerztherapie herbeigeführte Lebensverkürzung objektiv nicht zu belegen sein scheint. Die durch ärztliche Beobachtung entstandene These, dass eine Schmerztherapie am Lebensende ursächlich für eine mögliche Lebensverkürzung sein könnte, ist weder objektivierbar, noch quantifizierbar und mangelt somit an Validität. Ein Grund für die Vermutung, dass eine Schmerztherapie lebensverkürzend wirken könnte, könnte die bereits erwähnte Opioidphobie sein.

---

[172] Morita T et al. (2005), S.323.

4.9.6 Ärztliche Intention und indirekte Sterbehilfe

In einigen Studien wird in Bezug auf APS, und den dadurch möglicherweise
früher eintretenden Tod, die Intention der behandelnden Ärzte erwähnt.
Definitionsgemäß sollte jedoch in Bezug auf indirekte Sterbehilfe nur von
der intendierten Schmerzlinderung gesprochen werden, aber nicht von der
Intention durch APS einen früheren Tod herbeizuführen. Der bereits angeführte *Remmelink Report* zeigt, dass in 6% der APS-Fälle die Hauptintention der Ärzte eine Lebensverkürzung durch APS war: „interviews showed
that in 6% of cases life-termination was the primary goal while in the other
cases it was secondary."[173]

Bilsen et al.[174] beziffern 0.4% aller Todesfälle in Schweden und bis zu
2.9% aller Todesfälle in Belgien als Fälle, bei denen der behandelnde Arzt
den Tod durch APS früher herbeiführen wollte. Rurup et al.[175] beschreiben
in ihrer Studie die Entwicklung von Opioidtherapien am Lebensende in den
Jahren 1995, 2001 und 2005. Diese Studie, die wie der *Remmelink Report*
in den Niederlanden durchgeführt wurde, kommt zu leicht abweichenden
Ergebnissen. 1995 wurden 2.4% der Patienten (n=3980) Opioide im Rahmen einer Schmerztherapie verabreicht, mit der expliziten Intention das
Leben der Patienten zu verkürzen. 2001 waren es 1.8% (n=4258) und 2005
0.8% (n=3859) der Patienten. Die über die Jahre abnehmende Absicht,
durch eine Opioidtherapie den Tod verfrüht herbeizuführen, könnte als An-
zeichen dafür gewertet werden, dass Ärzten stärker bewusst geworden ist,
dass durch eine Schmerztherapie kein verfrühter Todeseintritt herbeizuführen ist. Ein weiterer Grund für diesen Rückgang könnte die Legalisierung
der aktiven Sterbehilfe in den Niederlanden gewesen sein. Patienten, deren
Tod vormals eventuell unter dem Deckmantel der indirekten Sterbehilfe
„aktiv" d.h. im Rahmen einer Schmerztherapie verursacht worden wäre,
hätte nach der Legalisierung aktiv Sterbehilfe geleistet werden können. Die
Zahl der APS-Patienten, die möglicherweise durch die dahingehende Intention des Arztes früher verstarben, wurde dadurch reduziert.

Fraglich ist, warum Ärzte beabsichtigen durch eine Schmerztherapie ei-
nen früheren Tod herbeizuführen. Entsteht die ärztliche Intention durch den
Patientenwunsch nach Lebensverkürzung und nach Absprache mit dem
Patienten? Oder möchte der Arzt den Patienten von seinen Schmerzen zu

---

[173] Van der Maas P et al. (1991), S.672.
[174] Bilsen J et al. (2006).
[175] Rurup M et al. (2009).

erlösen? In diesem Falle sollte vielmehr die Indikation einer terminalen Sedierung gestellt werden, als dass Ärzte versuchen, durch eine Schmerztherapie einen früheren Tod herbeizuführen. Ein weiterer Grund für die ärztliche Intention durch APS das Leben von Patienten verkürzen zu wollen,
könnte die rechtliche Lage aktiver Sterbehilfe sein. In Ländern, in denen
aktive Sterbehilfe strafbar ist, könnte, durch eine Schmerztherapie mit einem lebensverkürzenden Effekt, der Tod früher und legal herbeigeführt
werden.

Schließlich stellt sich die Frage, ob der intendierte Erfolg, nämlich durch
eine Schmerztherapie ein früheres Versterben zu erreichen, überhaupt eintritt. Theoretisch ist ein früherer Todeseintritt durch eine Schmerztherapie
aufgrund der Nebenwirkungen der Schmerztherapeutika denkbar, jedoch
findet dies in der Praxis faktisch nicht statt. Wenn der Arzt durch APS einen
früheren Todeseintritt forcieren wollte, müsste er die Medikamente so hoch
dosieren, dass dadurch der Tod unmittelbar herbeigeführt würde. Dieses
Handeln würde eine Schmerztherapie, die mit der Absicht des Arztes den
Todeseintritt zu beschleunigen gekoppelt ist, mit aktiver Sterbehilfe gleich-
setzen.

4.9.7 Das Vorkommen indirekter Sterbehilfe in der Praxis?

Wie bereits erwähnt ist das Vorhandensein indirekter Sterbehilfe aus medizinischer Sicht sehr umstritten. Zahlreiche Wissenschaftler bezweifeln, dass
eine adäquate Schmerztherapie zu einer Lebensverkürzung führen könnte.[176] Die breite Masse der Ärzte vermutet jedoch, dass eine Schmerztherapie am Lebensende durchaus eine lebensverkürzende Wirkung habe bzw.
haben könne.

Wenn davon ausgegangen wird, dass indirekte Sterbehilfe in der Praxis
stattfindet, ergibt sich ein gravierendes Problem. Der Arzt, der im Regelfall
einen verfrühten Tod des Patienten verhindern will, tendiert aufgrund der
verbreiteten Meinung, dass eine Schmerztherapie am Lebensende den Todeseintritt beschleunigen könnte, dazu, den Patienten zu „unter-therapie-
ren" (Gefahr des undertreatment). In vielen Fällen ist daher keine adäquate

---

[176] Bosshard G et al. (2006) S.124, Thorns A/Sykes N (2000), S.398, Sykes N/Thorns A
(2003b), S.314, Fohr S (1998), S.319, Mercadante S et al. (2009), S.777.

Versorgung der Bedürfnisse des Patienten gewährleistet.[177] Dies scheint das Hauptproblem zu sein, welche durch das Festhalten an der Annahme eine Schmerztherapie könne zu einem verfrühten Todeseintritt führen, nicht gelöst werden kann. Ein weiteres Problem ist die Sorge ärztlichen Personals vor einer opioid-induzierten Atemdepression. Hier gilt, dass solange ein Patient Schmerzen verspürt, eine Aktivierung des Atemzentrums stattfindet. Solange die Opioiddosis vorsichtig und langsam gegen den Schmerz auftitriert wird, kann eine Atemdepression sicher vermieden werden.

Thorns et al. kamen in ihrer im Jahr 2000 durchgeführten Studie zu dem Schluss „that appropriate use of opioids for symptom control does not shorten life."[178] In einer retrospektiven Studie (n=238) analysierten sie die Überlebenszeit von Patienten in der letzten Lebenswoche, die keine oder nur eine geringe Opioiddosiserhöhung erhalten hatten und von Patienten, die eine große Opioiddosiserhöhung bekommen hatten. Die mediane Opioiddosis, die Patienten in den letzten 24 Stunden erhielten, betrug 26.4 mg. In den letzten 7 Lebenstagen wurde die Durchschnittsopioiddosis von 42 mg/d auf 55.5 mg/d erhöht. 212 Patienten (89%) wurden in den letzten 24h mit Opioiden therapiert (145 Patienten (61%) erhielten bereits bei Aufnahme eine Opioidtherapie). Die Studie ergab keinen signifikanten Unterschied in der Überlebensdauer von Patienten, die eine starke Dosiserhöhung erhielten (21 Tage) und Patienten, die keine Dosiserhöhung oder nur eine geringe Dosiserhöhung (16.4 Tage) benötigten. Patienten mit einer größeren Dosiserhöhung tendierten eher zu einer längeren Überlebenszeit. Des Weiteren zeigte sich weder ein signifikanter Unterschied in den beiden Gruppen in Bezug auf die Häufigkeit eines unerwarteten Todeseintritts noch auf die Art des Todes (sudden, gradual, peaceful, painful, restless).[179]

Morita et al.[180] führten eine prospektive Studie durch, welche die Überlebenszeit von 209 onkologischen Hospizpatienten analysierte. Hauptaugenmerk der Studie war die Dosierung, der in den letzten 48 Stunden verabreichten Opioiden und Sedativa. Die mediane Opioiddosis betrug 80 mg OME/48h (oral morphine equivalent). 82% der eingeschlossenen Patienten wurden mit Opioiden therapiert. Die Patienten wurden in verschiedene Gruppen eingeteilt: <240 mg OME/48h, 240-599 mg OME/48h, ≥600 mg OME/48h sowie 0 mg PME/48h (parenteral midazolam equivalent), 1-59

---

[177] Portenoy R et al. (2006), S.533.
[178] Thorns A/Sykes N (2000), S.399.
[179] Thorns A/Sykes N (2000), S.398.
[180] Morita T et al. (2001).

mg PME/48h und ≥60 mg PME/48h. In der Analyse zeigte sich kein signifikanter Unterschied zwischen der Überlebensdauer der verschiedenen Gruppen.[181] Es gab auch keinen signifikanten Unterschied der Überlebensdauer zwischen Patienten, die mit Haloperidol, Hydroxyzine oder „starken Sedativa" (in dieser Studie: Chlorpromazin, Levomepromazin, Barbiturate und Propofol) therapiert wurden, und Patienten, die diese nicht erhalten hatten.[182]

Sykes und Thorns[183] analysierten und verglichen in einem Review 17 Studien, die Opioidtherapien am Lebensende untersuchten. 25% bis 99% der in die Studien eingeschlossenen Patienten erhielten in den letzten Lebenstagen eine Opioidtherapie. Die in den Studien durchschnittlich verabreichte Opioiddosis betrug (nach Gewichtung) 192 mg (52-659 mg). Morphin war das am häufigsten verwendete Opioid (in den Studien, die Angaben darüber machten, welche Opioide verwendet worden waren). Fünf der 17 Studien thematisierten den Effekt, den Opioide auf die Überlebenszeit der Patienten hatten. Keine der Studien kam zu dem Ergebnis, dass eine Opioidtherapie am Lebensende die Überlebenszeit der Patienten verkürzt hätte.[184] Weder Dosiserhöhungen noch hohe Opioiddosen hatten einen lebensverkürzenden Effekt. Es wurden auch keine Fälle registriert, in denen Patienten letale Atemdepressionen erlitten. Vielmehr scheint eine relevante Atemdepression lediglich im Rahmen von experimentellen Situationen aufzutreten. Schließlich merkten die Autoren noch an, dass eine Opioidtherapie am Lebensende, sofern die vorhandenen Richtlinien befolgt würden, nicht zu einer Lebensverkürzung führen würde, und dass es aus diesem Grund nicht geboten sei, die Opioiddosis in den letzten Lebenstagen zu reduzieren.

Eine weitere prospektive Studie[185], in welcher Daten des National Hospice Outcomes Project (NHOP) verwendet wurden (13 amerikanische Hospiz Programme wurden eingeschlossen; n=1306), untersuchte die Beziehung zwischen der Überlebenszeit nach der letzten Opioiddosisänderung und den Opioidcharakteristika. 725 Patienten wurden mit Opioiden therapiert und erhielten mindestens eine Dosisänderung bevor sie verstarben. Das Hauptaugenmerk wurde auf das Intervall zwischen letzter Dosisänderung

---

[181] Morita T et al. (2001), S.285.
[182] Morita T et al. (2001), S.286.
[183] Sykes N/Thorns A (2003b).
[184] Sykes N/Thorns A (2003b), S.314.
[185] Portenoy R et al. (2006).

und Todeseintritt gelegt. Es wurden Untergruppen gebildet, um die verabreichten Höchstdosen zu vergleichen – eine Patientengruppe, die eine
Normdosistherapie erhielt, und eine Patientengruppe, der eine Hochdosis-
therapie zuteil wurde. Die durchschnittliche Überlebensdauer zwischen
letzter Dosisänderung und Todeseintritt betrug 12.46 Tage. Patienten, die
eine Therapie von ≤200 mg IVME (intravenous morphine equivalent per
day) erhielten, hatten eine mittlere Aufenthaltsdauer von 28.1 Tagen, wohingegen Patienten, die mit ≥600 mg IVME therapiert wurden, eine mittlere
Aufenthaltsdauer von 54.7 Tagen hatten. Patienten, die eine Therapie mit
≥600 mg IVME erhielten, hatten eine geringfügig kürzere mittlere Überlebenszeit (10.1 Tage) nach der letzten Dosisänderung, als die Patienten, die
mit ≤200 mg IVME (12.7 Tage) therapiert wurden. Patienten, die mit ≤600
mg IVME therapiert wurden, hatten eine mittlere Überlebensdauer von 12.5
Tagen. Jedoch ist zu beachten, dass die letzte Dosis, die vor Todeseintritt
verabreicht wurde, oftmals nicht die höchste Dosis war, welche die Patienten bis dato erhalten hatten. Die bivariate Analyse der Daten ergab, dass
die Patienten im Dezil der geringsten letzten Opioiddosis eine signifikant
längere mittlere Überlebenszeit hatten, als die Patienten der anderen neun
Dezile. Weiterhin ergab sich, dass das Intervall zwischen der letzten Dosisänderung und dem Todeseintritt einen signifikanten Bezug zu dem ethni-
schen Hintergrund sowie verschiedenen krankheits-bezogenen Variablen
aufwies.[186] Jedoch konnte keine signifikante Beziehung zwischen einer
Hochdosis-Opioidtherapie (>200mg IVME und >600mg IVME) und der Zeitspanne ab der letzten Dosisänderung und dem Todeseintritt ermittelt werden. Die multivariate Analyse eines Modells der Patientengruppe, die <
200mg IVME erhielt, ergab, dass die letzte Opioiddosis sowie ein Krebslei-
den signifikant mit einer kürzeren Überlebenszeit korreliert war, und eine
Schmerzangabe <5 (Skala 1-10) mit einer signifikant längeren Überlebenszeit assoziiert war. Dieses Modell kann jedoch nur zur Erklärung von 7%
der Variabilität in den Überlebenszeiten verwendet werden.

Portenoy et al. kamen zu dem Schluss, dass die zuletzt verabreichte
Opioiddosis nur einer von mehreren Faktoren ist, der in Zusammenhang
mit der Überlebenszeit steht. Die Beziehung zwischen letzter Opioiddosis
und Überlebenszeit ist sehr schwach und kann nur für einen kleinen Pro-
zentsatz der Variabilität in den Überlebenszeiten verantwortlich zeichnen.
Zusammenfassend ist aufgrund der relativ langen Zeitspannen zwischen

---

[186] Portenoy R et al. (2006), S.536.

letzter Opioiddosiserhöhung und Todeseintritt sowie dem fehlenden Risiko einer Lebensverkürzung in der Hochdosis-Opioidtherapie Gruppe festzustellen, dass eine adäquate Schmerztherapie am Lebensende kaum die Gefahr einer Lebensverkürzung birgt: „undertreatment is a far more pressing concern than is the risk of hastened death in those with advanced diesease, and physicians should be encouraged to use opioids effectively to relieve suffering at the end of life."[187]

In einer weiteren retrospektiven Studie untersuchten Bercovitch und Adunsky[188] die Überlebenszeiten von Tumorpatienten, die im Rahmen einer Schmerztherapie verschiedene Morphindosierungen erhielten. In die Studie wurden 661 Patienten eingeschlossen, die von einem häuslichen Hospizdienst versorgt wurden. Davon erhielten 435 eine Schmerztherapie mit Morphin (154 Patienten erhielten $\leq$ 59 mg Morphin/d, 242 Patienten erhielten 60-299 mg Morphin/d, 32 Patienten erhielten 300-599 mg Morphin/d, und 7 Patienten erhielten $\geq$ 600 mg Morphin/d). Die durchschnittliche Überlebenszeit betrug: 37d (Median 22d) bei $\leq$ 59 mg Morphin/d, 36d (Median 18d) bei 60-299 mg Morphin/d, 50d (Median 27d) bei 300-599 mg Morphin/d sowie 87d (Median 37d) bei $\geq$ 600 mg Morphin/d. Nach Berechnung ergibt sich daraus ein statistisch signifikanter Unterschied zwischen den verschiedenen Überlebenszeiten. Demnach konnten Bercovitch und Adunsky in ihrer Studie zeigen, dass Patienten, die mit höheren Opioiddosen therapiert wurden, eine signifikant längere Überlebenszeit zeigten, als Patienten, die niedrigere Opioiddosen erhielten.

4.9.8 Diskussion

Eine der Schwachstellen der besprochenen Studien ist, dass von den jeweiligen Autoren nicht aufgeführt wird, woran die Patienten schließlich verstorben sind. Opioid-spezifische Nebenwirkungen, wie z.B. eine Atemdepression, die potentiell letal sein kann, würden einen Rückschluss darauf zulassen, ob der Todeseintritt eventuell opioid-getriggert gewesen sein könnte. Opioid-spezifische Nebenwirkungen wären vermutlich erwähnt worden, wenn sie aufgetreten wären. Einige Studien weisen sogar explizit dar-

---

[187] Portenoy R et al. (2006), S.539.
[188] Bercovitch M/Adunsky A (2004).

aufhin, dass es z. B. keine Fälle von Atemdepression gab.[189] Des Weiteren ist, wie schon in Bezug auf die Inzidenz indirekter Sterbehilfe beschrieben, fraglich, an welchen Parametern Ärzte das frühe, das zeitgerechte oder das zu späte Versterben ihrer Patienten festmachen.

Wie eingangs erwähnt, ist das Studiendesign problematisch, da keine Studien durchgeführt werden können, in denen die Überlebenszeiten von schmerztherapierten Patienten und einer Kontrollgruppe untersucht werden. Der direkte Vergleich zwischen einer Fall- und einer Kontrollgruppe ist daher nicht möglich. Jedoch können die aufgeführten Studien verwendet werden um zu belegen, dass durch eine Schmerztherapie am Lebensende im Regelfall keine Lebensverkürzung verursacht wird. Somit trifft das Konzept indirekter Sterbehilfe nur bedingt auf Situationen im Klinikalltag zu. Seine Anwendung auf die ärztliche Praxis bleibt daher problembehaftet.

4.10 Indirekte Sterbehilfe in verschiedenen Lebensabschnitten

Je nach Alter bzw. Lebensphase des unheilbar kranken Patienten stehen andere Formen der Sterbehilfe im Vordergrund. Bei Neugeborenen und Säuglingen liegt das Hauptaugenmerk auf passiver, bzw. je nach Rechtslage auch auf aktiver Sterbehilfe. Ursächlich hierfür ist, dass indirekte Sterbehilfe bzw. eine Schmerztherapie am Lebensende hauptsächlich Tumorpatienten zuteil wird. Erwachsene, sowie Kinder und Jugendliche, sind häufiger von Tumorerkrankungen betroffen als Neugeborene. Kongenitale Tumoren treten nur selten auf. Bei Neugeborenen liegen meist andere Erkrankungen vor, die mit dem Leben entweder schwer oder nicht vereinbar sind. Die Schwierigkeit der Schmerztherapie bei Neugeborenen und Säuglingen ergibt sich aus der mangelnden Kommunikationsfähigkeit dieser Patienten: „Schmerzerkennung und standardisierte Schmerzerfassung bei Neugeborenen sind wissenschaftlich noch ungelöste Probleme und verdienen in der Zukunft besondere Aufmerksamkeit."[190]

Die *EURONIC*[191] *Studie* analysierte „end-of-life decisions (ELDs)" in sieben europäischen Ländern, die in Bezug auf Neugeborene getroffen wurden. ELDs werden getroffen, wenn die behandelnden Ärzte bspw. aufgrund

---

[189] Sykes N/Thorns A (2003b), S.314.
[190] Reiter-Theil S et al. (2008), S.197.
[191] Cuttini M et al. (2000).

einer terminalen Erkrankung oder einer schlechten neurologischen Prognose des Neugeborenen das weitere therapeutische Vorgehen festlegen. Folgende Vorgehensweisen konnten gewählt werden:

„to withhold intensive care, to withhold emergency treatment/manoeuvres, to continue current treatment without adding others, to withdraw life-saving drugs, to withdraw mechanical ventilation, to administer sedatives/analgesics to suppress pain even at risk of respiratory depression and death, to administer drugs with the purpose of ending life."[192]

Schwierigkeiten ergeben sich in der Differenzierung der beiden letztgenannten ELDs, da in diesen Fällen die ärztliche Intention nicht mit Sicherheit feststellbar ist. Es ist fraglich, ob sich die vorletzte Aussage, auf das Inkaufnehmen einer Atemdepression im Zuge einer Schmerztherapie bezieht, oder ob die Ärzte annehmen, dass eine Atemdepression im Regelfall durch eine Schmerztherapie herbeigeführt wird. Wenn Ärzte davon ausgehen, dass eine Atemdepression de facto durch eine Schmerztherapie ausgelöst werden kann, könnte eine Überdosierung von Opioiden, die dem Neugeborenen in der Absicht verabreicht wurde, sein Leben vorzeitig zu beenden, damit gerechtfertigt werden, dass diese Dosierung zur Schmerzkontrolle notwendig gewesen sei.

Die Tatsache, dass bei Neugeborenen eine Schmerztherapie nicht als lebensbegrenzende ELD im Vordergrund steht, wird weiterhin dadurch gestützt, dass in vielen Fällen die Schmerztherapie in Verbindung mit einem Abbruch der Beatmung stattfindet; „withdrawal of mechanical ventilation is accompanied in many cases by sedation to control symptoms and prevent suffering."[193] Die zugrundeliegende Erkrankung ist hier jedoch eine Ateminsuffizienz und nicht so sehr das Erleiden von starken Schmerzen.

Van der Heide et al.[194] gelangten zu ähnlichen Ergebnissen, denen zur Folge in 23% aller Todesfälle (n=338) die Entscheidung eines Behandlungsabbruches von einer Schmerztherapie am Lebensende gefolgt wurde. Diese Studie bekräftigt ebenfalls, dass eine Schmerztherapie am Lebensende selten isoliert erfolgt (lediglich in 4% der Fälle), sondern in aller Regel in Kombination mit passiver Sterbehilfe. Weiterhin hebt die Studie hervor, dass der Beginn einer Schmerztherapie nach dem Abbruch lebensverlän-

---

[192] Cuttini M et al. (2000), S.2114.
[193] Cuttini M et al. (2000), S.2116.
[194] Van der Heide A et al. (1997).

gernder Maßnahmen oftmals aufgrund der Annahme der Ärzte erfolgte, dass eine Schmerztherapie nach dem Behandlungsabbruch indiziert sei: „in most of these cases the administration of drugs was thought to be unavoidable to ensure good clinical practice in terminal care."[195] Des Weiteren erfolgten 8% der Todesfälle durch die Entscheidung des Behandlungsabbruches und nach Einleitung einer Schmerztherapie, deren explizite Zielsetzung die Herbeiführung eines früheren Todeseintritts war.

Eine weitere Studie[196] zeigte, dass in 57% der analysierten Todesfälle von Neugeborenen eine ELD getroffen wurde (n=253), und dass in 16% der Todesfälle eine Schmerztherapie mit einer möglichen lebensverkürzenden (Neben-)Wirkung erfolgte. Wiederum ist davon auszugehen, dass die Schmerztherapie in Kombination mit einem Abbruch lebensverlängernder Maßnahmen bzw. einer Nichtaufnahme lebensverlängernder Maßnahmen erfolgte. Die Tendenz bei Neugeborenen eher passive Sterbehilfe zu leisten, entweder in Kombination mit oder ohne Schmerztherapie, ist einerseits dadurch begründbar, dass die betroffenen Neugeborenen unheilbar krank sind und sich bereits in der Sterbephase befinden, so dass oftmals lebensverlängernde Maßnahmen gar nicht ergriffen werden. Andererseits liegt der infausten Prognose oft keine Tumorerkrankung o. ä. zugrunde, die primär eine Schmerztherapie erfordern würde. Daher erfolgt eine Schmerztherapie bei Neugeboren meist in Kombination mit passiver Sterbehilfe um diesen bei infauster Prognose das Sterben zu erleichtern. Es wird also kaum Fälle geben, in denen eine isolierte Schmerztherapie eines Neugeborenen vonnöten ist und somit rekrutiert sich das Patientengut, welches eine Schmerztherapie benötigt, hauptsächlich aus Erwachsenen und ggf. Kindern.

4.11 Abschließende Beurteilung der indirekten Sterbehilfe aus medizinischer Sicht

Soweit es die zu Verfügung stehenden medizinisch-klinischen Hilfsmittel (Inzidenz indirekter Sterbehilfe, Studien über die Überlebenszeit von Patienten mit Opioidtherapie, s.o.) zulassen, kann davon ausgegangen werden, dass indirekte Sterbehilfe in der medizinischen Praxis, so wie der Begriff definiert ist, nicht stattfindet. Es ist höchstwahrscheinlich, dass eine a-

---

[195] Van der Heide A et al. (1997), S.254.
[196] Provoost V et al. (2005).

däquate und effektive Schmerztherapie nicht zu einem früheren Versterben der Patienten führt. Keine der Studien, die:

1. die Überlebenszeit von Patienten mit oder ohne Opioidtherapie analysierten,
2. die Überlebenszeit von Patienten mit hohen und niedrigen Opioiddosen verglichen,
3. die Überlebenszeit nach Dosisänderungen analysierten

konnte eine signifikante Lebensverkürzung aufzeigen, die kausal der erfolgten Therapie anzulasten gewesen wäre.

Ein weiterer interessanter Aspekt in Bezug auf Atemdepression als Nebenwirkung einer Opioidtherapie ist die fehlende Diskussion von palliativmedizinischer Seite über das Auftreten einer solchen im Rahmen einer chronischen Schmerztherapie. Dies kann als Indiz dafür dienen, dass eine adäquate Schmerztherapie in der Praxis keinen Tod durch Atemdepression herbeiführt.[197] Auch haben Gespräche mit Palliativmedizinern und Anästhesisten gezeigt, dass das theoretische Konstrukt von indirekter Sterbehilfe in der medizinischen Praxis wenig Relevanz besitzt und kaum zum Tragen kommt. Einzig die Situation, in der bei einem niereninsuffizienten schmerztherapierten Patienten eine Morphinkumulierung stattfindet, stellt einen Grenzfall zwischen aktiver und indirekter Sterbehilfe dar, da dadurch eine Lebensverkürzung verursacht werden kann. Dies könnte jedoch durch eine Dosisanpassung vermieden werden.

Es ist jedoch unbedingt weiterführende Forschung notwendig, um alle Aspekte indirekter Sterbehilfe erschöpfend zu beurteilen. Die vorgestellte Studienlage zeigt, dass eine Lebensverkürzung aufgrund einer Schmerztherapie höchst unwahrscheinlich ist. Sie ist jedoch nicht ausgeschlossen, da der direkte Vergleich von therapierten Patienten und einer Kontrollgruppe nicht möglich ist. Vielleicht könnte durch spezifischere Fragestellungen und leicht modifizierte Studiendesigns eine endgültige Beurteilung der Frage ermöglicht werden. Darüber hinaus sollte die Erforschung der, von Bosshard et al.[198] sowie von Sahm[199] postulierten, möglichen Lebensverlängerung[200] unter Schmerztherapie erfolgen.

---

[197] Fohr S (1998), S.319.
[198] Bosshard G et al. (2006), S.124, Bosshard G (2007), S.23.
[199] Sahm S (2006), S.41.
[200] Höfling W (2008), S.253.

Nach Analyse verschiedener Aspekte der indirekten Sterbehilfe und dem Versuch Klarheit über das Vorkommen indirekter Sterbehilfe in der Praxis zu schaffen, wirft sich erneut die Frage auf, welche Konsequenzen sich aus der Feststellung, dass indirekte Sterbehilfe faktisch nicht geleistet wird ergeben? Hat dies therapeutische Relevanz?

Indirekte Sterbehilfe findet in der ärztlichen Praxis im Regelfall nicht statt. Das, durch den derzeit verwendeten Begriff, postulierte Konzept einer möglichen Lebensverkürzung durch eine Schmerztherapie greift in der Praxis nicht. Zur besseren Differenzierung wäre es daher sinnvoll ausschließlich von Schmerztherapien (am Lebensende) zu sprechen. Die sich daraus ergebenden therapeutischen Konsequenzen sind bedeutend.

Aufgrund der unbegründeten Angst vor den Nebenwirkungen einer Opioidtherapie erhalten viele Patienten ungenügende Opioiddosen und leiden somit unter einer insuffizienten Schmerzkontrolle. Durch das Aufheben des Begriffes indirekte Sterbehilfe[201], und durch die Verbreitung der Tatsache, dass eine Schmerztherapie keine Lebensverkürzung verursacht, würde Ärzten die Angst vor einem iatrogen herbeigeführten Tod genommen werden. Das bereits angesprochene undertreatment würde durch angemessene Schmerztherapien ersetzt werden.

Auch müsste die Erkenntnis, dass Schmerztherapien nicht zu einer Lebensverkürzung führen in den Kanon medizinischen Wissens aufgenommen werden. Ferner ist es notwendig, Ärzten dieses im Rahmen von Fortbildungen, bzw. Studenten während ihres Studiums zu vermitteln. Das Wissen um die fehlende lebensverkürzende Wirkung einer Schmerztherapie am Lebensende ist jedoch nicht nur für den medizinischen Bereich relevant. Vielmehr muss nun Sorge getragen werden, dass diese Erkenntnis auch ihren Weg in die rechtswissenschaftliche und ethische Debatte findet.

---

[201] Das Aufgeben des Begriffes indirekte Sterbehilfe, und das Ersetzen durch den Begriff Schmerztherapie (am Lebensende) oder die vom Deutschen Ethikrat vorgeschlagene Umbenennung in Therapien am Lebensende, obgleich dieser Begriff auch Probleme aufwirft, würde von ärztlicher Seite stark begrüßt werden, da die beiden vorgeschlagenen Begriffe die medizinische Realität viel eher widerspiegeln.

5. Die indirekte Sterbehilfe aus rechtswissenschaftlicher Sicht

Das Thema Sterbehilfe wird in der Rechtswissenschaft häufig diskutiert und in den letzten Jahren ist insbesondere der Ruf nach einer gesetzlichen Regelung dieses Themenkomplexes lauter geworden. Der Bundesgerichtshof (BGH) hat sich bereits mehrfach mit den unterschiedlichen Formen der Sterbehilfe befasst; viele Fragen sind jedoch noch nicht abschließend geklärt worden.

Besonders in der Fallgruppe indirekter Sterbehilfe wäre die abschließende Klärung einiger Aspekte vonnöten. Obwohl die Straflosigkeit indirekter Sterbehilfe weitgehend anerkannt ist, fehlt es an einem Konsens über die Begründung derselben. Die zeitliche Dimension indirekter Sterbehilfe sowie der Umfang des erlaubten Vorsatzes sind ebenfalls umstritten.

5.1 Definitionen und terminologische Abgrenzungen

Die Definitionen der verschiedenen Erscheinungsformen der Sterbehilfe finden breite Anerkennung in der Rechtswissenschaft und es herrscht genereller Konsens über die theoretisch davon erfassten Situationen. Trotz alledem ergeben sich in der rechtwissenschaftlichen Praxis Differenzierungsprobleme. Zutage gefördert wurde dies unter anderem im Rahmen einer Befragung von Vormundschaftsrichtern durch Oorschot und Simon.[202] In dieser Studie wurde die Bewertung medizinischer Maßnahmen am Lebensende durch Ärzte und Vormundschaftsrichter in Bezug gesetzt zu den allgemein anerkannten juristischen Definitionen von aktiver, passiver und indirekter Sterbehilfe.[203]

Nur 78% der befragten Richter ordneten das Item der „ärztlich indizierten Schmerzlinderung unter Inkaufnahme evtl. Lebensverkürzung"[204] indirekter Sterbehilfe zu. 14.6% hingegen der passiven und 2.1% der aktiven Sterbehilfe. Dies zeigt, dass trotz verhältnismäßig klarer Definitionen eine Disparität zwischen der korrekten Zuordnung verschiedener Formen der Sterbehilfe in Theorie und Praxis herrscht.

---

[202] Van Oorschot B/Simon A (2008).
[203] Van Oorschot B/Simon A (2008), S.41.
[204] Van Oorschot B/Simon A (2008), S.44.

5.1.1 Reine Sterbehilfe

Der Begriff reine Sterbehilfe, für den auch Sterbebegleitung oder Hilfe beim Sterben als Synonym verwendet werden, bezeichnet Maßnahmen, die dem Patienten das Sterben erleichtern und seine Schmerzen lindern sollen, ohne dass sie eine mögliche Lebensverkürzung nach sich ziehen.[205] Dieser Terminus findet in der medizinischen Literatur jedoch keine Erwähnung und wird in der medizinischen Praxis ebenso wenig verwendet. Es scheint, als diene dieser Begriff im rechtswissenschaftlichen Diskurs lediglich der Abgrenzung einer Schmerztherapie ohne mögliche Lebensverkürzung von indirekter Sterbehilfe.

5.1.2 Aktive Sterbehilfe (Tötung auf Verlangen)

Der Begriff aktive Sterbehilfe bezeichnet Maßnahmen, die auf eine direkte, aktive Tötung des Patienten abzielen. Durch das Tötungsverbot nach §§ 211 StGB ff. soll ein umfassender Lebensschutz gewährleistet werden. Diesem Grundprinzip entsprechend ist gemäß § 216 StGB[206] auch die Tötung auf Verlangen strafbar. Der Tatbestand des § 216 StGB weist jedoch einen entscheidenden mildernden Umstand auf, der eine Abgrenzung von den Tatbeständen des Mordes (§ 211 StGB) und des Totschlags (§ 212 StGB) ermöglicht und eine sogenannte Privilegierung gegenüber diesen Tatbeständen darstellt. Zwar verlangt der objektive Tatbestand des § 216 StGB, ebenso wie die Tatbestände der §§ 211, 212 StGB, als Tathandlung die Tötung eines anderen Menschen. Die Besonderheit des § 216 StGB gegenüber den §§ 211, 212 StGB liegt jedoch in dem zusätzlichen Tatbestandsmerkmal eines ernstlichen und ausdrücklichen Tötungsverlangens von Seiten des Tatopfers. Dieses setzt einen frei verantwortlichen Willensentschluss, eine fehlerfreie Willensbildung und Urteilsfähigkeit, sowie eine Unmissverständlichkeit des Verlangens voraus.[207] Darüber hinaus muss das Verlangen an den Täter adressiert sein, und es muss zum Zeitpunkt der Tathandlung fortbestehen. Das ernstliche und ausdrückliche Tötungsver-

---

[205] Conradi M (2001), S.229, Habicht A (2009), S.99.
[206] § 216 StGB Tötung auf Verlangen: (1) Ist jemand durch das ausdrückliche und ernstliche Verlangen des Getöteten zur Tötung bestimmt worden, so ist auf Freiheitsstrafe von sechs Monaten bis zu fünf Jahre zu erkennen. (2) Der Versuch ist strafbar.
[207] Joecks W (2007), S.374.

langen muss den Täter zur Tat bestimmt haben, d.h. er muss aufgrund des Tötungsverlangens des Tatopfers getötet haben.[208] Der subjektive Tatbestand einer Tötung auf Verlangen wird erfüllt, wenn ein dolus directus 1. Grades vorliegt, d.h. wenn die Tötung mit Absicht, hinsichtlich des objektiven Tatbestandes, durchgeführt wurde. Somit ist das Leisten aktiver Sterbehilfe in Deutschland nach § 216 StGB strafbar.

5.1.3 Passive Sterbehilfe

Passive Sterbehilfe liegt vor, wenn bei einem Patienten in der Sterbephase, lebensverlängernde Maßnahmen entweder nicht aufgenommen, nicht weiter fortgeführt oder aber abgebrochen werden. Verschiedene höchstrichterliche Urteile haben die Rechtmäßigkeit passiver Sterbehilfe bestätigt und das erlaubte Ausmaß derselben festgelegt.[209] Grundsätzlich gilt, dass passive Sterbehilfe erst in der Sterbephase zu leisten ist; es gibt jedoch Fälle, bei denen das Grundleiden irreversibel zum Tode führen wird, wo das Leisten passiver Sterbehilfe bereits vor Eintreten in die Sterbephase zulässig ist.[210] Passive Sterbehilfe darf nur bei Patienten geleistet werden, die einen dahingehenden aktuellen oder mutmaßlichen Willen zu erkennen gegeben haben, oder ihre Wünsche im Rahmen einer Patientenverfügung festgelegt haben.

5.1.4 Indirekte Sterbehilfe

Indirekte Sterbehilfe liegt vor, wenn eine Schmerztherapie als unbeabsichtigte, in Kauf genommene Nebenwirkung, eine Lebensverkürzung verursacht. Diese Definition findet sowohl in der medizinischen als auch in der rechtswissenschaftlichen und ethischen Literatur Verwendung. Wie im medizinischen Teil dieser Arbeit dargelegt wurde, ist das Konzept der indirekten Sterbehilfe fehlerbehaftet und realitätsfern.

---

[208] Ibidem.
[209] BGHSt 40, 257, BGH 2 StR 454/09.
[210] BGH 2 StR 454/09.

Unklar ist die von indirekter Sterbehilfe umfasste zeitliche Dimension. Während die BÄK und der BGH indirekte Sterbehilfe eindeutig in den Bereich der im Sterben liegenden Patienten verorten, so befürworten bspw. die am *AE-Sterbehilfe* beteiligten Rechtswissenschaftler das Leisten indirekter Sterbehilfe auch bei Patienten mit einem inkurablen Leiden, selbst wenn diese noch nicht in die Sterbephase eingetreten sind.

Weitere terminologische Unklarheiten ergeben sich aus dem Anwendungsbereich indirekter Sterbehilfe. In der Literatur wird indirekte Sterbehilfe meist als Durchführung schmerzlindernder Maßnahmen beschrieben, die eventuell einen lebensverkürzenden Effekt haben könnten. Fraglich ist jedoch, ob die Behandlung anderer Leidenszustände, so etwa Atemnot mit Erstickungsängsten[211], ebenfalls in den Bereich indirekter Sterbehilfe fallen könnte.

5.2 Eine ärztliche Pflicht zum Leisten von indirekter Sterbehilfe?

Es ist zu prüfen, ob ein Arzt zum Leisten von indirekter Sterbehilfe verpflichtet, und ob diese Pflicht aus Gesetzestexten ableitbar ist. Allgemeine ärztliche Pflichten werden durch das ärztliche Standesrecht festgelegt. Darüber hinaus werden allgemeine Hilfeleistungspflichten im Strafrecht geregelt.

5.2.1 Standesrechtliche Hilfeleistungspflichten

Das ärztliche Standesrecht ist in den Berufsordnungen der verschiedenen Landesärztekammern verankert.[212] Durch sie werden die Aufgaben und die allgemeinen ärztlichen Pflichten geregelt. Berufsgerichte überprüfen die Einhaltung der standesrechtlichen Pflichten und sanktionieren Verstöße gegen ärztliches Standesrecht.

Als Vorlage der Berufsordnungen der einzelnen Länder dient die (Muster-) Berufsordnung (MBO)[213] der Bundesärztekammer, welche von den

---

[211] Verrel T (2006), C 32.
[212] Deutsch E (1999), S.6.
[213] Bundesärztekammer (Hg.) (2006).

einzelnen Landesärztekammern modifiziert und schließlich übernommen werden kann. Rechtsgültigkeit erhält die MBO durch die Annahme der modifizierten Version durch die Kammerversammlungen der jeweiligen Ärztekammer und die anschließende Genehmigung durch die Aufsichtsbehörde. Die standesrechtlichen Hilfeleistungspflichten eines Arztes ergeben sich aus den Vorgaben der MBO.

§ 1 II der MBO beschreibt die ärztlichen Aufgaben wie folgt:

"Aufgabe der Ärztinnen und Ärzte ist es, das Leben zu erhalten, die Gesundheit zu schützen und wiederherzustellen, Leiden zu lindern, Sterbenden Beistand zu leisten und an der Erhaltung der natürlichen Lebensgrundlagen im Hinblick auf ihre Bedeutung für die Gesundheit der Menschen mitzuwirken." [214]

Ärzte sind demnach durch ihr Standesrecht zur Sterbebegleitung und insbesondere zum Lindern von Leiden verpflichtet. Die Schmerzlinderung ist die Aufgabe, welche in der Fallgruppe indirekter Sterbehilfe im Vordergrund steht. Verstöße gegen das ärztliche Standesrecht, im Sinne von fehlender oder mangelhafter Hilfeleistung, können daher berufsrechtlich geahndet werden.

5.2.2 Strafrechtliche Hilfeleistungspflichten

Wenngleich die ärztliche Hilfeleistungspflicht in Bezug auf indirekte Sterbehilfe primär eine Standesrechtliche ist, so kann sich der Arzt auch strafrechtlich durch Unterlassen einer indizierten Schmerztherapie strafbar machen. Die Verletzung ärztlicher Berufspflichten kann jedoch nicht strafrechtlich geahndet werden:

„Die rein berufsinterne Pflicht vermag lediglich eine berufs- und disziplinarrechtliche Verantwortlichkeit gegenüber dem Berufsstand zu begründen, solange sie nicht in den Raum der allgemeinen Rechtsgemeinschaft übernommen wurde, nicht aber eine strafrechtliche Verantwortung gegenüber der Allgemeinheit." [215]

---

[214] Ibidem.
[215] Seibert M (2003), S.25.

Somit kann nur eine Unterlassung der Hilfe nach allgemeinen Strafrechtsnormen bestraft werden. Fraglich ist, ob der Arzt aufgrund allgemeiner Strafrechtsnormen zu einer Schmerztherapie verpflichtet ist. Durch das Verweigern bzw. das Unterlassen einer Schmerztherapie könnte sich ein Arzt bspw. gemäß § 223 StGB (Körperverletzung)[216] oder gemäß § 323c StGB (unterlassene Hilfeleistung)[217] strafbar machen.

Das im Rahmen des § 223 StGB zu schützende Rechtsgut ist die „körperliche Integrität einer anderen Person."[218] Dieses Rechtsgut kann gemäß § 223 StGB durch zwei verschiedene Tatmodalitäten beeinträchtigt werden: durch eine körperliche Misshandlung (§ 223 StGB Abs.1 1.Alt.) bzw. durch eine Gesundheitsschädigung (§ 223 StGB Abs.1 2.Alt.). Dabei versteht man unter einer körperlichen Misshandlung eine üble, unangemessene Behandlung, durch welche die körperliche Unversehrtheit und/oder das körperliche Wohlbefinden erheblich beeinträchtigt werden.[219] Körperliche Misshandlungen liegen insbesondere vor, wenn durch die fraglichen Handlungen Substanzschäden, Substanzeinbußen, körperliche Verunstaltungen oder körperliche Funktionseinschränkungen hervorgerufen werden.[220] Hierbei muss jedoch die Erheblichkeitsschwelle überschritten werden. Unter einer Gesundheitsschädigung dagegen versteht man das Steigern oder Hervorrufen eines pathologischen körperlichen Zustandes.[221] Hierbei müssen die körperlichen Funktionen nachteilig vom körperlichen Normalzustand abweichen; es muss eine pathologische Funktion vorliegen. Im Rahmen indirekter Sterbehilfe besteht die Möglichkeit, dass es durch die verabreichten Medikamente zu Nebenwirkungen (s. medizinischer Teil) kommt. Diese können als Gesundheitsschädigung[222] (§223 StGB Abs.1 2.Alt.) gewertet werden. Die tatbestandsmäßige Körperverletzung durch die Aufnahme einer Schmerztherapie kann jedoch durch die (mutmaßliche) Einwil-

---

[216] §223 StGB Körperverletzung: (1) Wer eine andere Person körperlich misshandelt oder an der Gesundheit schädigt, wird mit Freiheitsstrafe bis zu fünf Jahren oder mit Geldstrafe bestraft. (2) Der Versuch ist strafbar.
[217] §323c StGB Unterlassene Hilfeleistung: Wer bei Unglücksfällen oder gemeiner Gefahr oder Not nicht Hilfe leistet, obwohl dies erforderlich und ihm den Umständen nach zuzumuten, insbesondere ohne erhebliche eigene Gefahr und ohne Verletzung anderer wichtiger Pflichten möglich ist, wird mit Freiheitsstrafe bis zu einem Jahr oder mit Geldstrafe bestraft.
[218] Joecks W (2007), S.403.
[219] Dölling D (2008), S.1163.
[220] Wessels J/Hettinger M (2004), S.74.
[221] Joecks W (2008), S.404.
[222] „Hervorrufen oder Steigern eines krankhaften Zustands" (Joecks W (2007), S.404).

ligung des Patienten gerechtfertigt werden. Auf der Rechtfertigungsebene ist das Vorgehen des Arztes demnach straflos.

Der Tatbestand der Körperverletzung kann auch durch Unterlassen erfüllt werden, wenn eine Garantenstellung des Unterlassenden im Sinne des § 13 StGB zu bejahen ist.[223] In Bezug auf die Definition der Garantenstellung des Arztes gibt es verschiedene Ansätze. Einer Ansicht nach hat der Arzt nach Bestallung und nach Niederlassung die Garantenpflicht wahrzunehmen. Eine weitere Ansicht postuliert die Garantenpflicht des Arztes aufgrund seiner Stellung als behandelnder Arzt.[224] Die Behandlungsübernahme sowie ein konkludent geschlossener Behandlungsvertrag würden somit die Garantenstellung bedingen.[225] Die Garantenstellung ist unstrittig, sobald ein Arzt in einem Krankenhaus angestellt ist.[226] Verweigert der Arzt einem Patienten also eine Schmerztherapie, bzw. führt er diese nicht kunstgerecht durch (im Sinne einer mangelhaften Schmerztherapie), so kann er sich einer Körperverletzung durch Unterlassen schuldig machen.

Wenn der Arzt sich nicht in einer Garantenstellung hinsichtlich des Patienten befindet, so greift die allgemeine Hilfspflicht (§ 323c StGB), aufgrund derer ein Arzt Hilfe zu leisten hat. Im Rahmen des § 323c StGB sind Individualrechtsgüter (bspw. Leben, Gesundheit, Freiheit und Eigentum) geschützt. Die den Tatbestand konstituierenden Situationen können Unglücksfälle, gemeine Gefahr oder gemeine Not beinhalten. Die Tatsituationen gemeine Gefahr und gemeine Not sind im Falle indirekter Sterbehilfe unerheblich.[227] Relevanz kann in diesem Zusammenhang jedoch der Tatbestand des Unglücksfalls erlangen. Ein Unglücksfall ist ein Ereignis, welches plötzlich auftritt und droht oder im Begriff ist nicht unerhebliche Gefahren für Sachen oder Menschen hervorzurufen.[228] Bei einer Krankheit kann ein Unglücksfall dann gegeben sein, wenn es zu einer plötzlichen Verschlech-

---

[223] §13 StGB Begehen durch Unterlassen: (1) Wer es unterlässt, einen Erfolg abzuwenden, der zum Tatbestand des Strafgesetzes gehört, ist nach diesem Gesetz nur dann strafbar, wenn er rechtlich dafür einzustehen hat, dass der Erfolg nicht eintritt, und wenn das Unterlassen der Verwirklichung des gesetzlichen Tatbestandes durch ein Tun entspricht. (2) Die Strafe kann nach §49 Abs. 1 gemildert werden.
[224] Bockelmann P (1968), S.19, Von Dellingshausen U (1981), S.25.
[225] Grauer T (2006), S.89.
[226] Seibert M (2003), S.26.
[227] Die Tatbestände der gemeinen Not und der gemeinen Gefahr überschneiden sich. Gemeine Gefahr ist eine eindeutige Gefahr für Leib und Leben einer erheblichen Anzahl von Menschen oder für nicht unerhebliche Sachwerte, vgl. Joecks W (2008), S.766.
[228] Ibidem.

terung des Zustandes des Patienten kommt.[229] Dies kann beispielsweise bei akut aufgetretenen starken Schmerzzuständen der Fall sein, die den Beginn einer Schmerztherapie erfordern. Tatbestandsmäßiges Verhalten im Sinne des § 323c StGB ist das Unterlassen einer Hilfeleistung welche erforderlich, möglich sowie zumutbar ist.

Die oben angeführten Paragraphen belegen, dass ein Arzt auch im Sinne des Strafrechts zur Hilfeleistung verpflichtet ist, und eine Schmerztherapie, wenn sie medizinisch geboten ist, zu verordnen hat. Andernfalls macht er sich aufgrund einer Körperverletzung durch Unterlassen (§ 223 StGB) oder einer unterlassenen Hilfeleistung (§ 323c StGB) strafbar.[230]

5.3 Entscheidungen des BGH zu indirekter Sterbehilfe

5.3.1 Urteil des BGH vom 15. November 1996 (BGHSt 42, 301)

Im sogenannten *Dolantin-Fall* wurde ein Ärztehepaar, eine Anästhesistin und ein Orthopäde, wegen Mordes und Totschlags an einer 88jährigen Dame angeklagt. Der Kontakt zu dem Ehepaar war zustande gekommen, als die Dame die Praxis des Orthopäden aufgrund von Knieschmerzen aufsuchte.[231] Der Kontakt zu dem Ärztehepaar intensivierte sich in der Folgezeit und die ältere Dame wendete dem Ehepaar erhebliche Vermögenswerte zu.[232] Als die Patientin schwer erkrankte, wurde sie nicht im Krankenhaus, sondern in der Wohnung des Ehepaares betreut und behandelt. Aufgrund von starken Schmerzen wurde die Patientin mit Dolantin (Wirkstoff: Pethidin) therapiert. Im Verlauf kam es zur Entstehung eines Lungenödems. Die Lunge der Patientin wurde von der Anästhesistin wiederholt abgesaugt und die Dolantintherapie fortgesetzt.

Erstinstanzlich (LG Kiel) wurde festgestellt, dass das Ehepaar sowie der behandelnde Internist wohl zur Überzeugung gelangt waren, dass es besser sei, die Patientin mit einer Überdosis Dolantin zu töten, als sie ins Kran-

---

[229] Dölling D (2008), S.1713.
[230] Andererseits erfüllt das Leisten von indirekter Sterbehilfe, da ein Eingriff in die körperliche Integrität des Patienten erfolgt, immer den Tatbestand einer Körperverletzung. Dieser Eingriff kann jedoch durch die Einwilligung des Patienten gerechtfertigt werden.
[231] Verrel T (1996), S.248.
[232] Ibidem.

kenhaus zu überweisen.[233] Der Orthopäde spekulierte auf den Tod der Patientin, da er diese mit Hilfe eines gefälschten Testaments so schnell als möglich beerben wollte. Nach der Infusion von 300 mg Dolantin innerhalb von 55 Minuten trat der Tod der Patientin aufgrund eines Atemstillstandes ein.[234] Die erstinstanzliche Verurteilung des Angeklagten wegen Mordes wurde vom BGH aufgehoben, da die Frage des Tötungsvorsatzes sowie die Todesursächlichkeit der Dolantingabe nicht abschließend geklärt werden konnte. Aus denselben Gründen wurde die Anklage der Anästhesistin wegen mittäterschafticher Tötung fallengelassen. Der BGH wies darauf hin, dass in diesem Fall die Voraussetzungen der straflosen indirekten Sterbehilfe gegeben seien.[235]

In diesem Urteil wurde indirekte Sterbehilfe vom BGH wie folgt definiert: „Eine (erlaubte) indirekte Sterbehilfe liegt vor, wenn eine ärztlich gebotene schmerzlindernde Medikation bei einem sterbenden Patienten als unbeabsichtigte, aber in Kauf genommene unvermeidbare Nebenfolge den Todeseintritt beschleunigen kann.“[236] Hiermit zeigt der BGH die zeitlich erlaubte Dimension des Leistens von indirekter Sterbehilfe auf – es wird auf Sterbende begrenzt.[237] Es findet keine Ausweitung auf Patienten mit inkurablen Leiden, d.h. Patienten, deren Erkrankung einen irreversibel tödlichen Verlauf angenommen hat, die sich aber noch nicht in der Sterbephase befinden, statt.

Laut dem BGH darf der Täter hinsichtlich des Taterfolgs, Tod des Patienten, nur mit Eventualvorsatz[238] handeln, indem die Beschleunigung des Todeseintritts als unbeabsichtigt, aber in Kauf genommen beschrieben wird. Das sichere Wissen um einen verfrühten Todeseintritt, im Sinne des dolus directus 2. Grades, wird also ausgeklammert. Nur wenn der Täter im subjektiven Tatbestand mit dolus eventualis handelt ist die indirekte Sterbehilfe laut BGH straflos.[239]

In seinem Urteil bestätigt der BGH auch das Primat des Patientenwillens: „die Ermöglichung eines Todes in Würde und Schmerzfreiheit gemäß dem erklärten oder mutmaßlichen Patientenwillen ist ein höherwertiges Rechtsgut als die Aussicht, unter schwersten Vernichtungsschmerzen noch

---

[233] Ibidem, Schell W (2002), S.107.
[234] Ibidem.
[235] Verrel T (1996), S.249.
[236] BGHSt 42, 301 (305).
[237] Duttge G (2006b), S.53.
[238] Schöch H (1997), S.411.
[239] Ibidem.

kurze Zeit länger leben zu müssen.“[240] Diese Aussage bekräftigt die oft geäußerte Forderung verstärkt auf die Wünsche der Patienten zu achten und
ihnen, soweit die erbetene Behandlung indiziert ist, zu folgen.

Das BGH-Urteil klärt einige strittige Punkte, wie zum Beispiel die erlaubte Vorsatzform, und es bestätigt das Primat des Patientenwillens. Weitere
Vorgaben, die bei indirekter Sterbehilfe zu beachten seien, wie z.b. eine
verstärkte Dokumentationspflicht, die eine bessere Abgrenzbarkeit indirekter von aktiver Sterbehilfe ermöglichen würde, sind darin jedoch nicht enthalten. Der BGH legt auch kein erforderliches Niveau forensischer Nach-
weisbarkeit fest, anhand dessen zwischen indirekter und aktiver Sterbehilfe
unterschieden werden könnte. Forensisch ist schwer belegbar, ob eine bestimmte Dosis an Schmerztherapeutika ursächlich den Tod des Patienten
bedingt hat. Folglich besteht nach Vorgaben des BGH nur noch die Möglichkeit, eine Abgrenzung aktiver von indirekter Sterbehilfe über die Vorsatzform zu erreichen.

5.3.2 Urteil des BGH vom 07. Februar 2001 (BGHSt 46, 279)

Eine an multipler Sklerose leidende, ehemalige Ärztin, die 1997 schon ei-
nen Suizidversuch vorgenommen hatte, wandte sich an eine Schweizer
Sterbehilfeorganisation, mit der Bitte ihr Natrium-Pentobarbital zu verschaf-
fen, damit sie ihr Leben auf diese Weise beenden könne. Der progrediente
Verlauf der Krankheit hatte eine weitgehende Bewegungsunfähigkeit von
Frau Dr. T. verursacht. Der Angeklagte, Gründer und Mitglied besagter
Sterbehilfeorganisation, überzeugte sich von ihrem ernsthaften und wiederholt geäußerten Todeswunsch. Schließlich führte der Angeklagte unerlaub-
terweise 10g Natrium-Pentobarbital (Natrium-Pentobarbital unterliegt dem
Betäubungsmittelgesetz) nach Deutschland ein, um es Frau Dr. T. zu über-
geben. Nach selbstständiger Einnahme des Natrium-Pentobarbitals ver-
starb sie binnen einer halben Stunde. Im Rahmen dieses Falles nimmt der
BGH erneut zu indirekter Sterbehilfe Stellung:

"dabei wird unter indirekter Sterbehilfe verstanden, daß die ärztlich gebotene
schmerzlindernde Medikation beim tödlich Kranken nicht dadurch unzulässig
wird, daß sie als unbeabsichtigte, aber unvermeidbare Nebenfolge den Todes-

---

[240] BGHSt 42, 301 (305).

eintritt beschleunigen kann. Soweit eine solche Medikation den Tatbestand eines Tötungsdeliktes durch bedingt vorsätzliche Verursachung eines früheren
Todes verwirklicht, ist das Handeln des Arztes nach § 34 StGB gerechtfertigt,
sofern es nicht – ausnahmsweise – dem erklärten oder mutmaßlichen Willen
des Patienten widerspricht."[241]

Somit bekräftigt der BGH die Straflosigkeit indirekter Sterbehilfe durch einen Rückgriff auf den rechtfertigenden Notstand, § 34 StGB. Darüber hinaus geht der BGH erneut auf die zulässige Vorsatzform ein, die des dolus
eventualis. Eine unter Schmerztherapie stattfindende Lebensverkürzung
erfüllt demnach laut BGH den Tatbestand eines Tötungsdeliktes, wobei die
Handlung durch § 34 StGB gerechtfertigt sein kann, wenn der Arzt die Lebensverkürzung nicht intendiert, diese unvermeidbar ist und wenn eine
Einwilligung des Patienten in die Behandlung vorliegt.

5.4 Regelungsvorschläge für indirekte Sterbehilfe

5.4.1 Vorschläge des 66. Deutschen Juristentags[242] (2006)

Das Thema Sterbehilfe wurde, aufgrund des unter Rechtswissenschaftlern
weit verbreiteten Wunsches nach einer umfassenden Regelung, während
des 66. Deutschen Juristentags (DJT) diskutiert.[243] Der 66. DJT empfiehlt in
seinen Beschlüssen die strafgesetzliche Regelung[244] indirekter Sterbehilfe.[245] Jedoch wird der Begriff indirekte Sterbehilfe hierbei durch Leidenslinderung bei Gefahr der Lebensverkürzung ersetzt, was ein begrüßenswerter
terminologischer Klarstellungsversuch ist. Diese Abgrenzung ermöglicht

---

[241] BGHSt 46, 279.

[242] Der Deutsche Juristentag ist ein eingetragener Verein, der als gemeinnützig anerkannt
ist und dessen Mitglieder Juristen sind. Alle zwei Jahre findet die Mitgliederversammlung
statt, die ebenfalls als Deutscher Juristentag bezeichnet wird und als Kongress veranstal-
tet wird, welcher rechtspolitisches Gewicht besitzt. Zielsetzung des Deutschen Juristentags ist unter anderem die Weiterentwicklung des Rechts. Auch weist der Kongress auf
rechtliche Missstände hin, und entwickelt Vorschläge für Gesetzesänderungen. Die vom
DJT vertretenen Meinungen spiegeln allerdings weder die Ansichten des Gesetzgebers
noch die gesamtgesellschaftliche Sicht der Thematik wieder.

[243] Verrel T (2008), S.9.

[244] „Die Voraussetzungen für die Straflosigkeit einer nach den Regeln der medizinischen
Wissenschaft erfolgenden Leidenslinderung bei Gefahr der Lebensverkürzung sollten gesetzlich geregelt werden." (Deutscher Juristentag (Hg.) (2006), S.11).

[245] Deutscher Juristentag (Hg.) (2006), S.11.

eine Distanzierung von § 216 StGB, da die lebensverkürzende Wirkung einer Schmerztherapie nicht vom Wirkbereich dieses Paragraphen erfasst wird.

Des Weiteren plädiert der 66. DJT nicht nur für die Straflosigkeit indirekter Sterbehilfe in Bezug auf Sterbende, sondern auch bei tödlich Kranken. Darüber hinaus wird eine Straflosigkeit des indirekte Sterbehilfe vornehmenden Arztes auch bei sicherem Wissen (dolus directus 2. Grades) um die herbeigeführte Lebensverkürzung – solange diese unbeabsichtigt ist – gefordert.[246] Eine absichtliche Lebensverkürzung (dolus directus 1. Grades) soll daher auch nach diesem Vorschlag nicht straffrei gestellt werden. Um dem möglichen Missbrauch einer Schmerztherapie entgegenzuwirken, plädiert der 66. DJT für eine verschärfte ärztliche Dokumentationspflicht. Diese soll, im Fall einer Vernachlässigung, bußgeldbewehrt sein.[247]

5.4.2 Alternativ-Entwurf Sterbehilfe (AE-Sterbehilfe), 1986

Der *Alternativ-Entwurf Sterbehilfe (AE-Sterbehilfe)* wurde 1986 von einem Arbeitskreis Deutscher und Schweizer Strafrechtsprofessoren verfasst, mit dem Ziel die Gesetzeslage im Themenkomplex der Sterbehilfe eindeutiger zu gestalten. Unter anderem sah der *AE-Sterbehilfe* durch die Einführung eines § 214a StGB die gesetzliche Regelung indirekter Sterbehilfe vor.[248] Der neu entwickelte Paragraph hätte die Straflosigkeit indirekter Sterbehilfe festgelegt, sofern die Schmerztherapie mit Einwilligung des Patienten vorgenommen worden wäre und wenn der daraus resultierende verfrühte Todeseintritt unvermeidbar gewesen wäre. Die Festlegung der erlaubten Vorsatzform wird bei diesem Entwurf ausgeklammert, was die Frage eröffnet, ob die Alternativ-Professoren nicht nur für die Straffreiheit des dolus eventualis plädieren, sondern auch für die des dolus directus 2. Grades.

---

[246] Duttge G (2006b), S.53.
[247] „Um den Missbrauchsgefahren bei leidenslindernden Medikationen entgegenzuwirken, ist eine bußgeldbewehrte Verpflichtung des Arztes zur Dokumentation des Behandlungsverlaufs einzuführen." (Deutscher Juristentag (Hg.) (2006), S.11).
[248] *AE-Sterbehilfe*, 1986, §214a Leidensmindernde Maßnahmen: Wer als Arzt oder mit ärztlicher Ermächtigung bei einem tödlich Kranken mit dessen ausdrücklichen oder mutmaßlichem Einverständnis Maßnahmen zur Linderung schwerer, anders nicht zu behebender Leidenszustände trifft, handelt nicht rechtswidrig, auch wenn dadurch als nicht vermeidbare Nebenwirkung der Eintritt des Todes beschleunigt wird.

Die zeitliche Dimension indirekter Sterbehilfe wäre mit diesem Vorschlag auch auf Patienten mit inkurablen Leiden („tödlich Kranke") ausgedehnt worden, ohne dass diese bereits in die Sterbensphase eingetreten wären. Diese Erweiterung des Anwendungsbereichs indirekter Sterbehilfe stellt sich insofern als problematisch dar, als dadurch das Leben von Patienten, die noch nicht im Sterben liegen, und die potentiell noch länger bzw. lange leben könnten, stark verkürzt würde. Der Schutzbereich der §§ 211 StGB ff. würde dadurch eingeschränkt werden.

5.4.3 *Alternativ-Entwurf Sterbebegleitung (AE-StB)*, 2005

Trotz der großen Beachtung, die dem *AE-Sterbehilfe* zuteil wurde, folgten dem Vorschlag keine gesetzgeberischen Reaktionen und somit ergaben sich daraus keine Konsequenzen. 2005 stellten die sog. Alternativ-Professoren einen überarbeiteten Entwurf vor (*Alternativ-Entwurf Sterbebegleitung*). Besonders hervorgehoben wurde darin der verfassungsrechtliche Rang des Selbstbestimmungsrechts eines entscheidungsfähigen Patienten[249] sowie die wichtige Rolle der Schmerztherapie bei der Behandlung Sterbender.[250] Ein weiteres Anliegen war die Reform der althergebrachten Sterbehilfe-Terminologie.

Wie im *AE-Sterbehilfe* sollte indirekte Sterbehilfe nicht nur denjenigen Patienten ermöglicht werden die schwerste Schmerzen erleiden sondern auch solchen die „anders nicht zu behebende Leidenszustände" ertragen müssen. Indirekte Sterbehilfe sollte demnach nicht auf Patienten mit physischen Schmerzen beschränkt bleiben, sondern auch Patienten zuteil werden, die bspw. an psychiatrischen Erkrankungen leiden. Mit dieser Formulierung spricht der *AE-Sterbehilfe* eine mögliche Subform der indirekten Sterbehilfe an – die terminale Sedierung.

In Bezug auf indirekte Sterbehilfe ergaben sich noch weitere Veränderungen: beispielsweise wurde in den vorgeschlagenen § 214a StGB[251] die

---

[249] Schöch H/Verrel T (2005), S.558.
[250] Ibidem.
[251] *AE-Sterbebegleitung*, 2005, §214a StGB Vorschlag: Wer als Arzt oder mit ärztlicher Ermächtigung bei einem tödlich Kranken mit dessen ausdrücklicher Einwilligung oder aufgrund des in einer wirksamen schriftlichen Patientenverfügung geäußerten Willens oder gemäß mutmaßlicher Einwilligung nach den Regeln der medizinischen Wissenschaft Maßnahmen zur Linderung schwerer nicht anders zu behebender Leidenszustände trifft,

Möglichkeit einer wirksamen Willenserklärung durch eine Patientenverfügung aufgenommen. Im Gegensatz zu dem Entwurf von 1986 wird nun auch die Vorsatzform beim Leisten indirekter Sterbehilfe angesprochen. Schöch und Verrel plädieren für die „Einbeziehung des sicheren Wissens [dolus directes 2. Grades], da die objektive Rechtfertigung nicht von den Unsicherheiten bei der schmerztherapeutisch erforderlichen Dosierung abhängen darf."[252] Demnach wäre eine Schmerztherapie auch dann gerechtfertigt, wenn der verfrühte Todeseintritt sicher voraussehbar ist, aber nicht beabsichtigt wurde. Laut den Alternativ-Professoren ist allein die positive Intention des Arztes ausschlaggebend, und Sicherheit genug, um eine schlüssige Abgrenzung zur aktiven Sterbehilfe zu ermöglichen.

Der AE-StB bearbeitet die Fallgruppe der indirekten Sterbehilfe auch im Hinblick auf Neugeborene. Eine spezielle Regelung für Neugeborene wird allerdings nicht gefordert, da nicht-lebensfähige Neugeborene in die Fallgruppe der „tödlich Kranken" eingeordnet werden könnten. Indirekte Sterbehilfe soll also nach Meinung der Alternativ-Professoren auch bei nicht-lebensfähigen Neugeborenen vorgenommen werden.

Des Weiteren fordert der AE-StB eine (Neu-)Regelung der ärztlichen Dokumentationspflicht, sowie die Aufnahme „objektiver Kriterien in die Zulässigkeitsvoraussetzungen der indirekten Sterbehilfe."[253] Als objektives Kriterium soll bspw. herangezogen werden, ob die Durchführung der Schmerztherapie den vorherrschenden wissenschaftlichen Standards entsprach. Die forensische Überprüfbarkeit der Therapie soll anhand von spezifischen Parametern gegeben sein, so zum Beispiel, ob die Schmerztherapie einschleichend begonnen wurde, ob langsame Dosissteigerungen erfolgt sind und ob die Dosis der Medikamente gemäß der Schmerzintensität auftitriert wurde. Es ist jedoch fraglich, ob diese Parameter forensisch verwertbar sind, da es interindividuell meist große Unterschiede zwischen der benötigten Dosis sowie des adäquaten Therapieschemas gibt. Als weiteres objektives Bewertungskriterium könnten, laut AE-StB, Gutachten von Sachverständigen herangezogen werden, die den Fall nach wissenschaftlichen Standards bewerten. Jedoch tendieren die Meinungen Sachverständiger meist zu großer Divergenz und befördern nicht notwendigerweise die Objektivierung des Sachverhaltes.

---

handelt, wenn dadurch als nicht vermeidbare und nicht beabsichtigte Nebenwirkung der Eintritt des Todes beschleunigt wird, nicht rechtswidrig.
[252] Schöch H/Verrel T (2005), S.575ff.
[253] Schöch H/Verrel T (2005), S.577.

Der *AE-StB* bietet einige Diskussionspunkte. So ist beispielsweise fraglich, ob in der Rechtsgüterabwägung von Leben und Patientenautonomie
(Wunsch nach Schmerzlinderung) unzweifelhaft das Primat der Autonomie
gilt[254] und daher der Schmerztherapie mit möglicher oder wahrscheinlicher
Lebensverkürzung unbedingt Vorrang vor dem Lebensschutz eingeräumt
werden müsste. Wenn dieses gelten soll und von dem (mutmaßlichen) Willen des Patienten abhängig ist, wird die Frage aufgeworfen, „warum die
Legitimation nicht sogleich bei der (mutmaßlichen) Einwilligung gesucht
wird."[255] Wenn auf § 216 StGB verwiesen wird, wird dieses Argument keine
ausreichende Rechtfertigung bieten können, da dieser Paragraph den Patientenwillen gerade nicht als Rechtfertigungsgrund gelten lässt.

Weiterhin schlägt der *AE-StB* eine Kombination aus Einwilligung und
Notstand vor, um indirekte Sterbehilfe zu rechtfertigen. Laut Duttge ist jedoch fraglich, ob zwei Rechtfertigungsgründe, welche für sich betrachtet
keine ausreichende Legitimation bieten würden, durch Addition eine gültige
Rechtfertigung möglich machen könnten.[256] Wenn ein Rechtfertigungsgrund, für sich genommen, keine ausreichende Legitimation für eine Handlung darstelle, wie solle dieser dann in Kombination mit einem weiteren, für
sich genommen, ebenfalls nicht ausreichenden Rechtfertigungsgrund eine
hinlängliche Legitimationsgrundlage für eine Handlung bilden?[257] Aus diesem Grunde kann dem Lösungsvorschlag des *AE-StB* nicht gefolgt werden.

5.5 Bericht der Arbeitsgruppe *Patientenautonomie am Lebensende*

Im September 2003 wurde vom Bundesministerium für Justiz eine interdisziplinäre Arbeitsgruppe eingesetzt, welche sich mit dem Thema *Patientenautonomie am Lebensende* befasst hat. Diese Arbeitsgruppe schlägt in ihrem Bericht unter anderem auch eine Ergänzung des § 216 StGB um den
folgenden Absatz 3 vor:

---

[254] Duttge G (2006a), S.578.
[255] Ibidem.
[256] Ibidem.
[257] Ibidem.

„(3) Nicht strafbar ist 1. die Anwendung einer medizinisch angezeigten leidmindernden Maßnahme, die das Leben als nicht beabsichtigte Nebenwirkung verkürzt, 2. das Unterlassen oder Beenden einer lebenserhaltenden medizinischen Maßnahme, wenn dies dem Willen des Patienten entspricht."[258]

Diese Veränderung des § 216 StGB würde laut der Arbeitsgruppe für mehr Rechtsklarheit, mehr Rechtssicherheit sowie für eine Stärkung der Patientenautonomie sorgen.[259] Voraussetzungen für die Straffreiheit wären, dass die mögliche Lebensverkürzung vom behandelnden Arzt nicht beabsichtigt, und dass eine medizinische Indikation für die gewählte Therapie gegeben sei. Dann könne eine Strafbarkeit wegen eines Tötungsdeliktes entfallen.[260] Auch plädiert die Arbeitsgruppe dafür, dass indirekte Sterbehilfe denjenigen zuteil werden sollte, die unter „anderen schweren Symptomen und Unruhezuständen"[261] leiden.

5.6 Der verfassungsrechtliche Rahmen der indirekten Sterbehilfe

Bevor eine strafrechtliche Bewertung indirekter Sterbehilfe vorgenommen werden kann, muss geprüft werden, ob auf verfassungsrechtlicher Ebene eine zwingende Vorgabe für diese Fallgruppe enthalten ist.[262] Daher ist zu analysieren, ob es verfassungsrechtliche Anhaltspunkte für eine Zulässigkeit oder ein Verbot indirekter Sterbehilfe gibt. Diese kann sich dann als verfassungsrechtliches Problem darstellen, wenn eine Kollision mit dem Gebot des Lebensschutzes zu befürchten wäre. Es gilt zwischen Schmerzfreiheit und einem dadurch bedingten verfrühten Todeseintritt sowie der Verpflichtung des Staates, den Lebensschutz des Einzelnen zu garantieren, abzuwägen. Falls eine klare Position des Grundgesetzes in Bezug auf indirekte Sterbehilfe erkennbar ist, müsste sich diese im einfachen Recht, bspw. im Strafrecht, widerspiegeln.

---

[258] Arbeitsgruppe „Patientenautonomie am Lebensende" (Hg.) (2004), S.50.
[259] Arbeitsgruppe „Patientenautonomie am Lebensende" (Hg.) (2004), S.51.
[260] Arbeitsgruppe „Patientenautonomie am Lebensende" (Hg.) (2004), S.50.
[261] Ibidem.
[262] Grauer T (2006), S.138.

5.6.1 Schutz der Menschenwürde (Art. 1 I GG)

Der Schutz der Menschenwürde ist eines der zentralen Anliegen des Grundgesetzes. Jedoch ist das Konzept der Menschenwürde relativ diffus und schwer greifbar. Menschenwürde kann im Sinne des GG wie folgt definiert werden: „Würde haben heißt, [...], Rechtssubjekt sein, ausgestattet mit einem Mindestbestand an Rechten."[263] Nach dem wohl einflussreichsten dogmatischen Konkretisierungsversuch ist die Menschenwürde i. S. des Art. 1 I GG dann angetastet, „wenn der konkrete Mensch zum Objekt, zu einem bloßen Mittel, zur vertretbaren Größe herabgewürdigt wird."[264] Es stellt sich die Frage inwieweit der Schutz der Menschenwürde zum Leisten von indirekter Sterbehilfe verpflichtet. Großes Leiden, bzw. starke Schmerzen könnten möglicherweise einen Eingriff in die Menschenwürde darstellen. Dies könnte durch eine Schmerztherapie mit der möglichen Folge einer Lebensverkürzung verhindert werden. Im Gegensatz dazu könnte aber auch durch eine Schmerztherapie, wenn diese eine Lebensverkürzung verursachen würde, die Menschenwürde eingeschränkt werden.

Grundsätzlich gilt, dass schweres Leiden nicht notwendigerweise die Menschenwürde tangiert. Objektiv gesehen wird die Würde eines Menschen nicht dadurch beeinträchtigt, dass dieser unter starken Schmerzen leidet. In der Praxis wird die Situation, dass ein Patient klagt, unter menschenunwürdigen Schmerzen zu leiden, jedoch häufig vorhanden sein. Trotzdem können nur bestimmte Formen von Schmerzen, beispielsweise solche, die durch Folter oder archaische Strafsanktionen[265] hervorgerufen werden, auch als Eingriffe in die Menschenwürde gewertet werden. Eine restriktive Auslegung von Art. 1 I GG in Bezug auf indirekte Sterbehilfe scheint erforderlich, da sonst der Verweis auf die Menschenwürde herangezogen werden würde, um auch unpassende Sachverhalte damit zu stützen. Eine zu große Ausweitung des Schutzbereiches des GG ist zu vermeiden.[266]

Eine Handlung, wie zum Beispiel indirekte Sterbehilfe mit der Gefahr einer Lebensverkürzung, die einen Konflikt mit der Prämisse des Lebensschutzes zur Folge hat, kann nicht durch den Rückgriff auf das Gebot der Menschenwürde gerechtfertigt werden. Das Leisten indirekter Sterbehilfe

---

[263] Hillgruber C (2006), S.80.
[264] Düring G (1976), Rn.28, 15.
[265] Seibert M (2003), S.79.
[266] Seibert M (2003), S.81.

wird nicht vom Schutzbereich des Art. 1 I GG erfasst und ist demnach nicht bereits durch das GG straflos gestellt.

5.6.2 Recht auf freie Entfaltung der Persönlichkeit (Art. 2 I GG)

Das Recht auf freie Entfaltung der Persönlichkeit beinhaltet als zentrale Punkte die allgemeine Handlungsfreiheit[267] und das Selbstbestimmungsrecht. Die allgemeine Handlungsfreiheit kann lediglich durch die verfassungsmäßige Ordnung beschränkt werden[268]: „darunter ist die Gesamtheit aller Normen zu verstehen, die formell und materiell mit der Verfassung in Einklang stehen."[269] Um diese Ordnung zu wahren, kann der Staat unter Umständen Maßnahmen ergreifen, welche die Handlungsfreiheit des Einzelnen eingrenzen. Bei der Sterbehilfe wird die Freiheit eines Bürgers insoweit vom Staat eingeschränkt werden, als dieses nötig ist, um den Lebensschutz des Einzelnen zu gewährleisten.

Art. 2 I GG ermöglicht dem Patienten die Einwilligung oder die Ablehnung medizinisch indizierter Maßnahmen. Allerdings erwächst ihm durch die Berufung auf seine Autonomie kein Anspruch auf eine bestimmte Behandlung. Der Patient darf zwar keine Behandlung erhalten, in die er nicht eingewilligt hat; jedoch darf er ebenso wenig eine Behandlung einfordern, die medizinisch nicht indiziert ist.

In Fällen indirekter Sterbehilfe mit verfrühtem Todeseintritt weicht die Selbstbestimmung der Fremdbestimmung, da die Tötungshandlung in gewisser Weise von dem behandelnden Arzt beherrscht wird. Darüber hinaus wird dem Patienten durch einen möglicherweise verfrühten Todeseintritt sein Selbstbestimmungsrecht sowie seine allgemeine Handlungsfreiheit vorzeitig entzogen. Das von der Verfassung für die Ausübung der Selbstbestimmung vorausgesetzte Rechtsgut, das Leben, existiert nicht mehr. Somit ist eine Berufung auf Art. 2 I GG, um das Leisten von Sterbehilfe auf verfassungsrechtlicher Basis zu rechtfertigen, wenig aussichtsreich.

---

[267] Hillgruber C (2006), S.71.
[268] Seibert M (2003), S.76.
[269] Ibidem, BVerfGE 6, 32 (38).

5.6.3 Recht auf Leben und körperliche Unversehrtheit (Art. 2 II GG)

Das Grundgesetz bekräftigt den positiven Wert eines jeden Menschenlebens[270] (unabhängig von der subjektiven Bewertung durch den Einzelnen) und stellt ein Recht *auf* Leben fest. Dieses Recht ist hauptsächlich ein Abwehrrecht, da das Leben dadurch vor Eingriffen bzw. vor Angriffen von außen geschützt werden soll.

Zu keiner Zeit begründet es jedoch ein Verfügungsrecht über das Leben[271], ebenso wenig wie es einen Anspruch des Patienten auf selbstbestimmtes Sterben festschreibt; bzw. kein Recht des Patienten seinen Todeszeitpunkt zu bestimmen: "es ist [...] ausgeschlossen, aus dem Recht auf Leben ein – gar leistungsrechtlich verstandenes – Recht auf den eigenen Tod herzuleiten."[272] Gegen den Staat kann kein dahingehender Anspruch geltend gemacht werden; d.h. der Staat ist nicht verpflichtet, seinen Bürgern das vorzeitige Sterben zu ermöglichen.

Es ist jedoch darauf zu achten, dass das Recht auf Leben nicht dahingehend interpretiert wird, dass ein Verfügungsverbot über das Leben bestünde. Diese Interpretation würde eine Pflicht zum Leben vorschreiben.[273] Diese ist nicht aus dem GG ableitbar, sondern vielmehr auf ein religiös geprägtes Verständnis eines absoluten Lebensschutzes zurückzuführen.

Das Recht auf körperliche Unversehrtheit beinhaltet nicht nur ein Abwehrrecht auf schädliche Einflüsse von außen, sondern konstituiert auch eine Schutzpflicht des Staates. Aus dieser Schutzpflicht ist jedoch kein Anspruch auf medizinische Versorgung[274] ableitbar; insbesondere dann nicht, wenn diese, wie im Fall indirekter Sterbehilfe, potentiell lebensverkürzend sein könnte.[275]

Wie bereits in Verbindung mit Art. 1 I GG erwähnt wurde, besitzt das menschliche Leben aus verfassungsrechtlicher Sicht allerhöchsten Stellenwert.[276] Das Recht auf körperliche Unversehrtheit kann somit nicht höher veranschlagt werden, als das Recht auf Leben. Demnach kann eine lebensverkürzende Schmerztherapie, im weitesten Sinne zum Schutz oder

---

[270] Ingelfinger R (2004), S.339.
[271] Grauer T (2006), S.138.
[272] Hillgruber C (2006), S.73.
[273] Seibert M (2003), S.68.
[274] Grauer T (2006), S.139.
[275] Seibert M (2003), S.71.
[276] BVerfGE 46, 160 (164), BVerfGE 49, 24 (53).

Wiedererhalt der körperlichen Unversehrtheit, nicht Vorrang vor dem Lebensschutz haben. Somit ist aus Art. 2 II GG ebenso wenig eine zwingende
verfassungsrechtliche Vorgabe zur Vornahme von indirekter Sterbehilfe
abzuleiten.[277]

5.6.4 Fazit

Aufgrund der angeführten Argumente ist festzustellen, dass sich aus dem
GG keine Vorgaben zum Verbot oder einer Erlaubnis indirekter Sterbehilfe
ableiten lassen, und die Fallgruppe der indirekten Sterbehilfe somit auf der
Ebene des einfachen Rechts, insbesondere auf der des Strafrechts, zu diskutieren ist.

5.7 Der strafrechtliche Rahmen der indirekten Sterbehilfe

5.7.1 Einführung

Die Straflosigkeit des Leistens von indirekter Sterbehilfe gilt als unumstritten und wurde auch in verschiedenen höchstrichterlichen Entscheidungen
bestätigt. Einstimmigkeit herrscht ebenfalls darüber, dass vor Aufnahme
einer Schmerztherapie unbedingt die Einwilligung des Patienten eingeholt
werden muss. Diskutiert wird jedoch über die Begründung der Straflosigkeit
von indirekter Sterbehilfe. Im Folgenden sollen die verschiedenen Begründungen aufgezeigt und ein Lösungsansatz vorgestellt werden.

5.7.2 Einwilligung/mutmaßliche Einwilligung

Es wird unterschieden zwischen einer rechtfertigenden Einwilligung und
einer tatbestandsausschließenden Einwilligung, welche dem Einverständnis gleichkommt. „Das Einverständnis ist rein tatsächlicher Natur; die natürliche Willensfähigkeit des Betroffenen ist ausreichend."[278] Ausschlagge-

---

[277] Seibert M (2003), S.71.
[278] Joecks W (2007), S.149.

bend ist, dass die Zustimmung freiwillig gegeben wurde. Demgegenüber ist die rechtfertigende Einwilligung deutlich komplexer, da sie sich aus mehreren Merkmalen zusammensetzt. Diese sind die Disponibilität des in Frage stehenden Rechtsgutes, die Form der Zustimmung, die Einsichts- und Urteilsfähigkeit des Patienten sowie der Ausschluss von Willensmängeln und Sittenwidrigkeit.

In Bezug auf eine wirksame Einwilligung stellt sich zuallererst die Frage ob der Patient überhaupt über das Rechtsgut verfügen kann (Disponibilität des Rechtsguts).[279] Beim Leisten indirekter Sterbehilfe ist dies der Fall, da der Patient in die Behandlung (Schmerztherapie) einwilligen kann. Der Patient willigt nicht in eine Lebensverkürzung ein; er kann jedoch der Verletzung seiner körperlichen Unversehrtheit[280] zustimmen. Des Weiteren muss der Rechtsgutsträger dispositionsbefugt sein. In der Regel ist der Rechtsgutsträger zur Disposition über das ihm eigene Rechtsgut befugt. In manchen Fällen kann dieser auch in der Entscheidung von anderen vertreten werden.[281]

Umstritten ist, in welcher Form der Patient seine Zustimmung kundgetan haben muss. Ist die *innere Gewissheit* der Einwilligung ausreichend oder muss diese verbalisiert werden? Teils wird in der Literatur auf einer ausdrücklichen Erklärung der Einwilligung bestanden, teils wird diese für entbehrlich gehalten.[282]

Die subjektiven Voraussetzungen der Einwilligungsfähigkeit beim Patienten sind zahlreich. Der Patient muss sich der Tragweite seiner Entscheidung bewusst sein, also einsichts- und urteilsfähig sein.[283] Des Weiteren muss der Patient das nötige Verständnis der Sachlage besitzen, um seine Entscheidung korrekt treffen zu können. Dies erfordert mithin eine ausführliche und für den Laien verständliche Aufklärung durch den Arzt (informed consent). Bei Zweifeln über die Einwilligungsfähigkeit eines Patienten ist zur Klärung ein psychiatrisches Gutachten anzufordern.

Weitere Voraussetzungen für eine rechtsgültige Einwilligung sind der Ausschluss von Willensmängeln und Sittenwidrigkeit. Die Bedeutung von

---

[279] „Disponibel sind Individualrechtsgüter mit Ausnahme des Lebens" (Joecks W (2007), S.149).
[280] Die körperliche Unversehrtheit ist ein disponibles Rechtsgut.
[281] Wessels J/Beulke W (2006), Rn.373.
[282] Joecks W (2007), S.150.
[283] Ibidem.

Willensmängeln sowie Sittenwidrigkeit[284] (§ 228 StGB Einwilligung) ist in der Literatur sehr umstritten.[285] Grundsätzlich sind diese bei einer Einwilligung in eine Schmerztherapie nicht anzunehmen. Bzgl. des Argumentes der Sittenwidrigkeit ist festzuhalten, dass das Konzept der guten Sitten relativ diffus und schwer greifbar ist. Teilweise wird in der Literatur vertreten, dass die Köperverletzung je nach Gewicht des tatbestandlichen Rechtsgutangriffs[286] sittenwidrig sein könnte.

Eine weitere Form der Willenserklärung ist die mutmaßliche Einwilligung. Diese kann angenommen werden, wenn der Eingriff des Arztes im Interesse des Patienten erfolgt. Ein Patient kann zu einem Zeitpunkt aus diversen Gründen nicht zu einer Einwilligung, bzw. zu einer rechtsgültigen Willensbekundung fähig sein (z.B. bei Bewusstlosigkeit). Dann wird versucht, den mutmaßlichen Willen des Patienten zu ermitteln. Voraussetzungen einer mutmaßlichen Einwilligung sind die bereits genannten Erfordernisse einer gültigen Einwilligung. Es wird jedoch auf die Verbalisierung des Patientenwillens seitens des Patienten verzichtet. Der nicht ermittelbare tatsächliche Wille des Rechtsgutinhabers wird hier durch seinen mutmaßlichen Willen ersetzt (es liegt eine ex-ante Beurteilung vor).

Bei der Willensfindung ist der Rückgriff auf verschiedene Indizien erforderlich. Dazu können beispielsweise die Wertvorstellungen, Wünsche sowie die individuellen Interessen des Patienten herangezogen werden; eine Befragung der Angehörigen kann hilfreich sein. Darüber hinaus ist ein „Konsens zwischen Behandlungsteam und Bezugspersonen"[287] wünschenswert.

Zusammenfassend ist zu festzuhalten, dass die Voraussetzung für die Aufnahme einer Schmerztherapie, im Anschluss an die medizinische Indikationsstellung, die Einwilligung des Patienten ist. Denn nur so kann die durch die Durchführung einer Schmerztherapie entstehende Körperverletzung gerechtfertigt werden. Problembehaftet ist jedoch die Reichweite der Einwilligung, da der Patient nicht in seinen Tod einwilligen kann. Nichtsdestotrotz wäre dies erforderlich, da eine Schmerztherapie als (Neben-)Folge einen verfrühten Todeseintritt verursachen könnte. Der einzig gangbare

---

[284] §228 StGB Einwilligung: Wer eine Körperverletzung mit Einwilligung der verletzten Person vornimmt, handelt nur dann rechtswidrig, wenn die Tat trotz der Einwilligung gegen die guten Sitten verstößt.
[285] Joecks W (2007), S.151.
[286] Joecks W (2007), S.425.
[287] Arbeitsgruppe „Patientenautonomie am Lebensende" (Hg.) (2004), S.9.

Weg ist in diesem Fall die umfassende Aufklärung über die Therapie und die möglichen Nebenwirkungen. Der Patient muss insbesondere über die Möglichkeit eines verfrühten Todeseintritts aufgeklärt werden, und im Wissen um die möglichen Nebenwirkungen einer Schmerztherapie dem Beginn einer solchen zustimmen.

5.8 Lösungsvorschläge

Zur Begründung der Straflosigkeit indirekter Sterbehilfe muss eine Prüfung der Handlung des Arztes anhand des dreistufigen Deliktaufbaus erfolgen. Bei der Prüfung eines Deliktes müssen die drei Bewertungsstufen (Tatbestandsmäßigkeit, Rechtswidrigkeit und schließlich Schuld des Täters) untersucht werden, bevor die Strafbarkeit bzw. die Straflosigkeit einer Tat festgestellt werden kann.[288] Die ersten beiden Bewertungsstufen begründen ein „sozialethisches Unwerturteil der Rechtsordnung über die Tat"[289] und letztere einen „sozialethischen Tadel"[290]gegen den Täter.

Der herrschende Meinung schlägt eine Lösung über den rechtfertigenden Notstand (§ 34 StGB) auf der Rechtfertigungsebene vor. Im Folgenden werden die unterschiedlichen Lösungsvorschläge dargestellt und diskutiert werden. Hierbei kann es teilweise zu Überschneidungen der verschiedenen Theorien kommen.

5.8.1 Tatbestandsebene (objektiver/subjektiver Tatbestand)

Durch Strafgesetze werden Verbote sowie in Ausnahmefällen Gebote normiert. „Nur solche Normverstöße, die alle Merkmale eines Straftatbestandes erfüllen, können Straftaten sein."[291] Wenn kein Rechtfertigungsgrund vorhanden ist, ist ein tatbestandsmäßiges Verhalten rechtswidrig, d.h. die Tatbestandsmäßigkeit einer Handlung indiziert ihre Rechtswidrigkeit.

Der objektive Tatbestand wird durch folgende Merkmale konstituiert: Es muss ein tatbestandsmäßiger Erfolg eingetreten sein, ein Tatsubjekt (d.h.

---

[288] Krey V (2003), S.2.
[289] Krey V (2003), S.12.
[290] Ibidem.
[291] Krey V (2003), S.8.

ein Täter) muss vorhanden sein, eine Handlung muss stattgefunden haben und schließlich muss der Erfolg der Handlung dem Täter objektiv zurechenbar sein.[292]

„Subjektive (innere) Tatbestandsmerkmale sind Umstände, die dem psychisch-seelischen Bereich und der Vorstellungswelt des Täters angehören."[293] Die Lehre rechnet zum Unrechtstatbestand diejenigen subjektiven Tatbestandsmerkmale welche den Handlungsunwert bzw. das Handlungsunrecht der Tat aufzeigen.[294] Die neuere Lehre rechnet darüber hinaus den Vorsatz dem subjektiven Tatbestand zu, wenngleich diese Ansicht durchaus noch umstritten ist.

Vorsatz ist „der Wille zur Verwirklichung eines Straftatbestandes in Kenntnis aller seiner objektiven Tatumstände."[295] Der Tatbestandsvorsatz enthält ein Wissens- und ein Willenselement. Diese erfahren je nach Vorsatzform eine unterschiedliche Ausprägung. Die Absicht (dolus directus 1. Grades) in Bezug auf den Handlungserfolg liegt vor, wenn der Handelnde gerade diesen Erfolg, dieses Ergebnis herbeiführen will (Betonung des Willenselements). Ein direkter Vorsatz (dolus directus 2. Grades) liegt vor, wenn der Handelnde zwar den Erfolg seiner Tat als sicher voraussehen kann, das Eintreten des Erfolges jedoch nicht unbedingt beabsichtigt[296] (Betonung des Wissenselements). Die dritte Vorsatzform ist der Eventualvorsatz (auch als dolus eventualis oder bedingter Vorsatz bezeichnet). Hierbei ist sich der Handelnde eines möglichen Erfolgseintrittes bewusst und nimmt diese Möglichkeit in Kauf, ohne sie aber herbeiführen zu wollen.

5.8.1.1 Tatbestandsverneinung durch den Verweis auf den Heilbehandlungscharakter indirekter Sterbehilfe

Teilweise[297] wird in der Literatur, um die Straflosigkeit indirekter Sterbehilfe zu begründen, eine Verneinung des Tatbestandes im Sinne der Tötungshandlungen der §§ 211 StGB ff. durch den Bezug auf eine lege artis durchgeführte Heilbehandlung vorgenommen. Binding argumentiert, dass bei in-

---

[292] Krey V (2003), S.28.
[293] Wessels J/Beulke W (2007), S.49.
[294] Ibidem.
[295] Wessels J/Beulke W (2007), S.79.
[296] Wessels J/Beulke W (2007), S.82.
[297] Binding K/Hoche A (1920), S.18 sowie Engisch K (1948), S.5.

direkter Sterbehilfe die „Verdrängung der schmerzhaften, vielleicht auch noch länger dauernden, in der Krankheit wurzelnden Todesursache durch eine schmerzlosere andere"[298] nicht als tatbestandsmäßige Tötungshandlung betrachtet werden könne, sondern als reine Heilbehandlung gesehen werden muss.

Engisch verneint, Binding folgend, ebenfalls die Tatbestandsmäßigkeit indirekter Sterbehilfe, da er diese als Heilbehandlung klassifiziert sehen will: „die Schmerzlinderung wird, wie schon bemerkt, umfasst vom Begriff der Heilbehandlung. Bei jeder Heilbehandlung und speziell jeder Narkotisierung zu Heilzwecken dürfen um des guten Zweckes willen gewisse Gefahren und Nachteile in Kauf genommen werden."[299] Ärztliche Behandlungen, die lege artis durchgeführt würden und indiziert seien, sollten demnach nicht als Körperverletzung geahndet werden, sondern sollten per se als Heilbehandlung zu betrachten sein, auch wenn sie zu einer Lebensverkürzung führen würden.

Das Risiko einer Lebensverkürzung sei, aufgrund der Absicht des Arztes eine Schmerzlinderung zu erzielen, in Kauf zu nehmen. Eine, wenn auch risikoreiche, Schmerztherapie könne niemals den Tatbestand einer Körperverletzung oder einer Tötungshandlung erfüllen. Weiter führt Engisch aus, dass Handlungen, welche nach dem Güterabwägungsprinzip übergeordnete Interessen wahren würden, nicht rechtswidrig sein könnten. Engisch kommt zu dem Schluss, dass eine „zufällige" Todesverursachung „keine ‚Tötung' im Sinne des Strafgesetzes"[300] sei und folglich nicht den Tatbestand einer Tötungshandlung erfülle.

Der Meinung Bindings sowie Engischs kann nicht gefolgt werden, da beide in ihrer Argumentation weder die Absicht des Arztes noch den Willen des Patienten berücksichtigen. Sowohl die vorliegende Vorsatzform als auch die Einwilligung des Patienten sind jedoch Aspekte, die in der Diskussion um die Straflosigkeit indirekter Sterbehilfe nicht vernachlässigt werden dürfen. Darüber hinaus ist die Klassifizierung indirekter Sterbehilfe als Heilbehandlung höchst umstritten, und ein Tatbestandsausschluss ist auf diesem Weg nicht zu erreichen.[301]

---

[298] Binding K/Hoche A (1920), S.17.
[299] Engisch K (1948), S.5.
[300] Engisch K (1948), S.6.
[301] Seibert M (2003), S.112.

5.8.1.2 Gesamtsinn der Handlung

Wessels[302] stellt, Bezug nehmend auf die von ihm vertretene soziale Handlungslehre[303], auf den Gesamtsinn der Handlung ab, um eine rechtliche Erlaubnis indirekter Sterbehilfe zu begründen. Dabei erachtet er den Kausalzusammenhang nicht als ausschlaggebend für die Erfüllung eines Tötungstatbestandes, sondern bringt den „sozialen Sinn- und Bedeutungsgehalt"[304] der Handlung im Gesamtzusammenhang in die Diskussion ein. Nach Wessels liegt eine Handlung im Sinne des Strafrechts nur dann vor, wenn diese sozialerheblich ist.[305]

Wessels argumentiert, dass „die Behandlung eines unheilbar Kranken oder Sterbenden zur Linderung von Schmerzen und zur Vermeidung unnötiger Todesqualen unter Inkaufnahme lebensverkürzender Nebenwirkungen [...] ihrem sozialen Gesamtsinn nach aber etwas ganz anderes als eine „Tötungshandlung" iS des §212"[306] sei. „Sie richtet sich nämlich nicht gegen das Leben, sondern bietet die einzige und letzte Möglichkeit, mit deren Hilfe der Arzt dem ohnehin verlöschenden Leben noch dienen und es für den leidenden Patienten erträglich gestalten kann."[307]

Ähnliche wie Wessels führen Dreher und Tröndle aus:

> „denn der Schutzzweck der Strafnormen der §§ 211 ff., 223 ff. greift in den Fällen erlaubter Sterbehilfe nicht ein, da in diesen Fällen nicht auf die Kausalität des Handelns im Hinblick auf den Todeseintritt, sondern entscheidend auf den Sinn- und Bedeutungsgehalt des Verhaltens des Sterbehilfeleistenden im gesamten abzustellen ist."[308]

Wiederum wird also darauf verwiesen, dass das Leisten indirekter Sterbehilfe dem Sinngehalt nach keinen Tötungstatbestand erfülle.

Der Argumentation Wessels sowie Drehers und Tröndles kann nicht gefolgt werden, da das Konzept des Gesamtsinns der Handlung zu diffus und auf zu diverse Konstellationen anwendbar ist, als das es eine plausible Begründung der Tatbestandslosigkeit einer Tötungshandlung beim Leisten von

---

[302] Wessels J (1997), S.7.
[303] Von Dellingshausen U (1981), S.120.
[304] Wessels J (1997), S.7.
[305] Von Dellingshausen U (1981), S.120.
[306] Wessels J (1997), S.7.
[307] Ibidem.
[308] Dreher E/Tröndle H (1995), S.1014.

indirekter Sterbehilfe ermöglichen würde.[309] Um zu einer gewissen Plausibilität, bzw. zu einem schlüssigen sozialen Sinngehalt zu gelangen, müssten die positive (Schmerzlinderung) sowie die negative (verfrühter Todeseintritt) Folge der Handlung gegeneinander abgewogen werden.[310] In seiner Argumentation beruft sich Wessels aber nur auf die positive Folge der Handlung und erklärt daran anknüpfend, dass das Leisten indirekter Sterbehilfe nicht den Tatbestand eines Tötungsdelikts erfülle.

5.8.1.3 Fehlender Bezug zum Schutzbereich der §§ 211 StGB ff.

Laut Krey wird „das Verhalten eines Arztes, der die qualvollen Schmerzen eines Moribunden lindert und dabei als Nebenfolge eine lebensverkürzende Wirkung in Kauf nimmt, nicht vom Schutzbereich der §§ 211 StGB ff. erfasst."[311] Es könne nicht Sinn und Zweck der strafrechtlichen Normen sein, eine indizierte Schmerztherapie bei einem Leidenden zu unterlassen, weil diese das Risiko einer geringfügigen Lebensverkürzung mit sich bringe.[312] Durch diese Begründung entfällt nach Kreys Meinung der Tatbestand einer Tötungshandlung bei indirekter Sterbehilfe.

Der Auffassung Kreys kann insoweit gefolgt werden, als der Schutzbereich der Normen der §§ 211 StGB ff. nicht dahin führen sollte, dass eine Schmerztherapie bei einem Sterbenden nicht durchgeführt werden kann. Durch einen verfrühten Todeseintritt unter einer Schmerztherapie wird aber sehr wohl der Tatbestand einer Tötungshandlung erfüllt.[313] Die Begründung Kreys der Tatbestandslosigkeit indirekter Sterbehilfe ist also mangelhaft.

5.8.1.4 Erlaubtes Risiko/Sozialadäquanz

Eine Mindermeinung verneint den Tatbestand einer Tötungshandlung bei verfrüht eingetretenem Tod in Zusammenhang mit einer Schmerztherapie

---

[309] Ingelfinger R (2004), S.263.
[310] Ingelfinger R (2004), S.264.
[311] Krey V (2008), S.8.
[312] Ibidem.
[313] Otto H (2002), S.48.

mit der Begründung durch die Rechtsfiguren der Sozialadäquanz bzw. des unverbotenen oder des erlaubten Risikos.[314] Grundlage dieser Rechtsfiguren ist Welzels Lehre der sozialen Adäquanz.[315] Solange Handlungen innerhalb der sozialethischen Ordnung stattfänden und sozialadäquat seien, könnten diese keinen strafbaren Tatbestand erfüllen.[316] In der Literatur ist jedoch umstritten ob diese Rechtsfiguren schon tatbestandsausschließend sind oder erst eine Rechtfertigung der Handlung anbieten.[317]

Eine risikoreiche Handlung sei dann erlaubt bzw. unverboten, wenn ein genereller Sorgfaltsmaßstab eingehalten würde. Durch diesen Sorgfaltsmaßstab gilt es diejenigen Situationen zu vermeiden, die das Leben anderer gefährden könnten; jedoch hat dieser Maßstab nicht in allen Lebensbereichen die gleiche Bedeutung.[318] Vielmehr ist danach zu fragen, welche Sorgfalt in der konkreten Situation anzuwenden ist, so dass sich die Handlung im Bereich des Erlaubten befindet. Wenn sich jemand im Bereich eines erhöhten Risikos befindet, kann er auch nur erwarten, dass die Sorgfalt, die angewandt wird, diejenige ist, die in diesem konkreten Bereich möglich und zumutbar ist.[319]

Auf die Tatbestandsebene der indirekten Sterbehilfe angewandt heißt dies, laut einer Mindermeinung, dass die Tatbestandslosigkeit dadurch begründbar sei, dass bei einer ex-ante Betrachtung die positive Wirkung der Therapie wahrscheinlicher sei als eine Lebensverkürzung.[320] „Der Arzt, der seiner Verpflichtung zur Schmerzlinderung nachkommt, die allseits als geboten angesehen wird, darf wegen des sozialen Nutzens dieser Handlung das Risiko ihres Fehlschlagens eingehen."[321]

Problembehaftet ist dieser Lösungsvorschlag insofern, als dass diejenigen Fälle, bei denen eine Lebensverkürzung wahrscheinlich bzw. sicher ist, nicht darüber gelöst werden können.[322] Deswegen nehmen Befürworter dieses Lösungsweges bei Fällen, in denen eine Lebensverkürzung (fast) gewiss ist, regelmäßig eine Lösung über den rechtfertigenden Notstand

---

[314] Von Dellingshausen U (1981), S.141, Möllering J (1977), S.15.
[315] Seibert M (2003), S.103.
[316] Welzel H (1975), S.151.
[317] Seibert M (2003), S.104.
[318] Möllering J (1977), S.16.
[319] Von Dellingshausen U (1981), S.142.
[320] Von Dellingshausen U (1981), S.142.
[321] Antoine J (2004), S.55.
[322] Ingelfinger R (2004), S.265.

an.[323] Des Weiteren begründet dieser Vorschlag nicht ausreichend, warum sich ausgerechnet die lebensverkürzende Wirkung einer Schmerztherapie im Bereich des Erlaubten befinde.[324] Um indirekte Sterbehilfe über die Rechtsfigur des erlaubten Risikos zu lösen, müsste der Bereich des Erlaubten definiert werden und vor allem begründet werden, warum das Eingehen des Risikos in diesem Fall erlaubt wäre.

5.8.1.5 subjektiver Tatbestand – Vorsatz

Eine weitere Mindermeinung verneint die Erfüllung des Tatbestands der Tötungsdelikte aufgrund des vermeintlichen Fehlens eines Tötungsvorsatzes. Bockelmann verneint den Tötungsvorsatz des Arztes:

> „wo noch Rettung möglich ist, darf der Arzt freilich das Leben des Patienten nicht aufs Spiel setzen, nur um ihm Leiden zu ersparen. Wo keine Rettung möglich ist, Leidminderung aber dringend geboten ist, handelt der Arzt, der schmerzstillende Mittel zu geben wagt, im Rechtssinne nicht mit Tötungsvorsatz."[325]

Der subjektive Tatbestand einer Tötungshandlung wird also laut Bockelmann nicht erfüllt. Der Arzt handele zwar bei einer Schmerztherapie mit dem Risiko das Leben des Patienten zu verkürzen, jedoch hoffe er darauf, dass dieser Fall nicht eintreten möge.[326] Die Schmerztherapie werde von dem Arzt in der Hoffnung begonnen, die Leiden des Patienten zu lindern, und das Handeln des Arztes sei nicht darauf gerichtet, das Leben zu verkürzen.

Dieser Meinung kann nicht gefolgt werden, da Bockelmann außer Acht lässt, dass bei Erfüllung des subjektiven Tatbestand die Kenntnis des Erfolgs oder des Ergebnisses durch den Täter ausschlaggebend ist: entweder weiß der Arzt (dolus directus 2) oder er vermutet (dolus eventualis), dass

---

[323] Von Dellingshausen U (1981), S.236, sowie Möllering J (1977), S.33, Eser A (1977), S.90.
[324] Ingelfinger R (2004), S.266.
[325] Bockelmann P (1968), S.25.
[326] Bockelmann P (1968), S.70.

die Schmerztherapie lebensverkürzend sein könnte.[327] Insofern liegt ein (Tötungs-)Vorsatz vor.

5.8.2 Rechtswidrigkeitsebene

Auf die Prüfung der Tatbestandsmäßigkeit einer Handlung erfolgt die Prüfung der Rechtswidrigkeit. Diese Prüfung ist ein rein negativer Vorgang, da geprüft wird, ob ein Rechtfertigungsgrund vorliegt, der die Rechtswidrigkeit der vorgenommenen Handlung verneint. Die Feststellung der Rechtswidrigkeit muss nicht zwingend im Rahmen des Strafrechts geschehen. Zur Rechtfertigung einer Handlung können auch Erlaubnissätze aus der Gesamtrechtsordnung herangezogen werden.[328]

5.8.2.1 Rechtfertigender Notstand[329] (§ 34 StGB)

Die herrschende Meinung in der Literatur sowie die höchstrichterliche Rechtsprechung[330] schlagen als Lösungsweg den rechtfertigenden Notstand vor.[331] In der Fallgruppe indirekter Sterbehilfe kollidiert das Schmerzlinderungsgebot mit dem Tötungsverbot. Das Schmerzlinderungsgebot impliziert ein Handeln des Arztes im Sinne der Aufnahme einer Schmerztherapie. Das Tötungsverbot ergibt sich aus den §§ 211 StGB ff.; die aktive Herbeiführung des Todes eines Patienten ist somit strafbar. Da hier eine Handlungspflicht mit einer Unterlassenspflicht kollidiert, ist der Bereich des § 34 StGB grundsätzlich als eröffnet zu sehen.[332] Normalerweise ist § 34 StGB anzuwenden, wenn ein Konflikt zwischen den Rechtsgütern verschiedener

---

[327] Uffelmann M (1975), S.164.
[328] Krey V (2003), S.10.
[329] § 34 StGB Rechtfertigender Notstand: Wer in einer gegenwärtigen, nicht anders abwendbaren Gefahr für Leben, Leib, Freiheit, Ehre, Eigentum oder ein anderes Rechtsgut eine Tat begeht, um die Gefahr von sich oder einem anderen abzuwenden, handelt nicht rechtswidrig, wenn bei Abwägung der widerstreitenden Interessen, namentlich der betroffenen Rechtsgüter und des Grades der ihnen drohenden Gefahren, das geschützte Interesse das beeinträchtigte wesentlich überwiegt. Dies gilt jedoch nur, soweit die Tat ein angemessenes Mittel ist, die Gefahr abzuwenden.
[330] BGHSt 42, 301 (305), BGHSt 46, 279 (284).
[331] Antoine J (2004), S.55.
[332] Ingelfinger R (2004), S.267.

Rechtsgutträger vorliegt. Im Bereich indirekter Sterbehilfe ist allerdings ein intrapersonaler Konflikt vorhanden. Hier ist der Grundsatz a maiore ad minus anzuwenden[333]: wenn zum Wohle einer Person sogar die Verletzung eines Rechtsgut einer anderen Person gerechtfertigt sein kann, dann kann die Rechtfertigung umso überzeugender zum Tragen kommen, wenn es sich um konkurrierende Rechtsgüter einer einzigen Person handelt.[334]

Um die Notstandslösung anwenden zu können, ist eine Abwägung der konkurrierenden Interessen erforderlich. Im Falle indirekter Sterbehilfe handelt es sich darum das Interesse des Patienten an einer Schmerzlinderung gegen eine möglicherweise eintretende Lebensverkürzung abzuwägen.[335] Dies ist insofern problematisch, als dass das menschliche Leben in der Rechtsordnung grundsätzlich allerhöchsten Stellenwert besitzt und einer Abwägung eigentlich nie zugänglich ist.[336] Trotz dieses Grundsatzes sind jedoch Fälle denkbar, wo sehr wohl eine Abwägung erfolgen kann, und einem anderen Interesse als dem Leben der Vorrang gewährt wird.[337] Dies geschieht z.B. „in den Fällen [...], in denen einer konkreten akuten Gefahr für die Körperintegrität eine nur abstrakte potentielle Gefahr für das Leben gegenübersteht"[338] oder bei der sogenannten Perforation[339] bzw. beim Geburtshelfer-Fall (bei einer Geburt kann die Situation auftreten, dass der Kopf des Kindes im Geburtskanal stecken bleibt und der Geburtshelfer abwägen muss, ob er die Mutter rettet, indem er den Kopf des Kindes zertrümmert und die Geburt durch die dadurch mögliche Extraktion des Kindes zu Ende führt, oder ob er das Leben des Kindes rettet und dabei den Tod der Mutter verursacht).

Im Fall indirekter Sterbehilfe ist also danach zu fragen, ob in der konkreten Situation die Schutzwürdigkeit des Lebens höher zu bewerten ist, als das Lindern von Leiden durch eine Schmerztherapie. Daher müssen die hinter dem Tötungsverbot stehenden Interessen analysiert werden, um festzustellen, ob im Falle der indirekten Sterbehilfe, trotz des Höchstwertes des Lebens, eine Abwägung zu Gunsten der Schmerztherapie vorgenommen werden darf.

---

[333] Seibert M (2003), S.135.
[334] Ibidem.
[335] Antoine J (2004), S.56.
[336] Von Dellingshausen U (1981), S.197.
[337] Von Dellingshausen U (1981), S.198.
[338] Ibidem.
[339] Ibidem.

Für das Tötungsverbot werden folgende Gründe angeführt: das Interesse des Staates am Leben des Einzelnen bzw. das Leben als Rechtsgut der Allgemeinheit, der Schutz des Individuums vor sich selbst sowie der Schutz des Lebens als Selbstzweck. Die einzelnen Begründungen für oder gegen die Validität dieser Interessen sollen hier nicht weiter ausgeführt werden.[340] Jedoch ist festzuhalten, dass weder das Leben als Rechtsgut der Allgemeinheit noch der Schutz des Individuums[341] sowie der Schutz des Lebens an sich ausreichende Gründe bieten, um eine Abwägung zugunsten der Schmerztherapie zu verhindern.

Dem Lösungsvorschlag über § 34 StGB ist zu folgen, da dieser eine Abwägung zwischen einem längeren schmerzreichen Leben und einem evtl. kürzeren, aber schmerzlosen Lebensrest[342] ermöglicht, und da die hinter dem Tötungsverbot stehenden Begründungen im Fall indirekter Sterbehilfe nicht einschlägig sind. „Die Achtung der menschlichen Würde [legitimiert] die lebensverkürzende Schmerztherapie.“[343] Das höhere, vom Arzt wahrzunehmende Interesse ist in diesem Fall die Schmerztherapie, selbst wenn diese eine mögliche Lebensverkürzung bedingt.[344]

Wenn der Patient noch einwilligungsfähig ist, so ist vor Beginn der Schmerztherapie dessen Einwilligung einzuholen. Die Einwilligungssperre des § 216 StGB greift in diesem Falle insofern nicht, als dass der Patient mit einer Einwilligung in eine indizierte Schmerztherapie nicht in seinen Tod einwilligt bzw. einwilligen kann, da eine Lebensverkürzung zwar möglich, aber nicht gesichert ist. Darüber hinaus kann der Patient nicht nach einer Schmerztherapie verlangen, solange diese nicht indiziert ist. Eine Tötung auf Verlangen findet demnach im Rahmen indirekter Sterbehilfe nicht statt, es sei denn diese ist von ärztlicher Seite intendiert.

5.8.3 Schuldebene

Um zu einem Urteil über die Schuld des Täters zu gelangen, muss zunächst eine tatbestandsmäßige und rechtswidrige Tat vorhanden sein. Es kann zwar Unrecht ohne Schuld vorliegen, jedoch nicht Schuld ohne Tat-

---

[340] ausführlich: Von Dellingshausen U (1981), S.202 sowie Möllering J (1977), S.23.
[341] Möllering J (1977), S.27.
[342] Roxin C (2007), S.324.
[343] Otto H (2002), S.48.
[344] Ibidem.

bestandsmäßigkeit und Rechtswidrigkeit.[345] Der Schuldbegriff beinhaltet, dass die tatbestandsmäßige und rechtswidrige Tat dem Handelnden individuell zum Vorwurf gemacht werden kann, bzw. dass der Täter hätte anders handeln können.

Fast die gesamte Literatur bietet Lösungsvorschläge auf der Tatbestandsebene sowie auf der Rechtswidrigkeitsebene im Sinne einer Rechtfertigung an. Sollte keinem der bisher vorgeschlagenen Lösungswege gefolgt werden, so ließe sich der Konflikt eventuell über den entschuldigenden Notstand (§ 35 StGB), über eine Entschuldigung aufgrund der vorhandenen Konfliktlage[346] oder über eine Entschuldigung wegen Unzumutbarkeit normgemäßen Verhaltens[347] lösen.

5.8.4 Fazit

Die vorgestellten Lösungsvorschläge zeigen die große Bandbreite der Begründungsversuche der Straflosigkeit indirekter Sterbehilfe. In der gegenwärtigen Debatte ist eine weitgehende Einigung auf einen Lösungsvorschlag jedoch nicht absehbar. Nicht nur aus diesem Grund wird der schon seit langer Zeit vorhandene Ruf nach gesetzlicher Klarstellung, bzw. einer einheitlichen Begründung immer lauter. Aufgrund der im medizinischen Teil dieser Arbeit zusammengetragenen Evidenz erscheint die Notwendigkeit einer Regelung jedoch fragwürdig und ist daher zu diskutieren. Diese Diskussion wird nach der Darstellung des zivilrechtlichen Rahmens indirekter Sterbehilfe und eines Rechtsvergleiches erfolgen.

5.9 Zivilrechtlicher Rahmen der indirekten Sterbehilfe

Der zivilrechtliche Rahmen der Sterbehilfe im Allgemeinen und der indirekten Sterbehilfe im Speziellen beinhaltet als Hauptpunkte die vor kurzem erfolgte Änderung des Betreuungsrechts bzw. die neuerfolgte Regelung der Patientenverfügung. Im Rahmen einer Patientenverfügung kann vom Pati-

---

[345] Krey V (2003), S.12.
[346] Seibert M (2003), S.171.
[347] Seibert M (2003), S.172ff.

enten bspw. festgelegt werden, welche Maßnahmen im Krankheitsfall oder bei Todesnähe unterlassen oder aber fortgeführt werden sollen.

5.9.1 Die Patientenverfügung

Zum 1. September 2009 traten die teils neuen sowie die teils veränderten Bestimmungen der §§ 1901a, 1901b und 1904 BGB in Kraft. Von den drei vorgestellten Entwürfen für das Patientenverfügungsgesetz war schließlich der Entwurf des SPD-Abgeordneten Stünker angenommen worden. Die anderen Entwürfe waren von den Abgeordneten Bosbach (CDU) und Zöller (CSU) vorgelegt worden.[348]

Im Patientenverfügungsgesetz wurde festgelegt, dass bei der Abfassung einer Patientenverfügung verschiedene formale Voraussetzungen erfüllt werden müssen. Die Verfügung muss in Schriftform vorliegen, mit der Unterschrift des Verfügenden versehen sein, und darf nur von Volljährigen angefertigt werden. Der formlose (mündliche) Widerruf einer Verfügung ist jederzeit möglich. Um rechtsgültig zu sein, ist eine notarielle Beglaubigung der Verfügung nicht erforderlich, ebenso wenig wie eine vorangegangene Beratung durch einen Arzt. Mündliche Äußerungen können jedoch nicht als Patientenverfügung wirksam und rechtlich bindend sein. Die Gültigkeit einer Patientenverfügung erfährt keine Reichweitenbeschränkung[349]; sie ist also auch dann zu berücksichtigen, wenn der Patient nicht an einer Krankheit mit irreversibel tödlichem Verlauf leidet[350], bzw. wenn er sich noch nicht in der Sterbephase befindet.

Bevor der Rückgriff auf eine Patientenverfügung erfolgen kann, muss der behandelnde Arzt die medizinische Indikation einer Behandlung gestellt haben. Erst dann gilt es anhand der Patientenverfügung festzustellen, ob die vorzunehmende Behandlung oder der Eingriff vom Patienten erwünscht gewesen wäre oder nicht. Wenn die Patientenverfügung die vorzunehmende Behandlung abdeckt und zwischen Arzt und Bevollmächtigtem oder Betreuer Einverständnis darüber herrscht, ist die medizinisch indizierte Behandlung vorzunehmen und in ausreichendem Umfang zu dokumentieren.

---

[348] Borasio G et al. (2009), S.1952.
[349] Beckmann R (2009), S.582.
[350] Ibidem.

Fraglich ist inwieweit eine Patientenverfügung für die Fallgruppe der indirekten Sterbehilfe relevant ist. Bei derzeit nicht zur Willensäußerung fähigen Patienten ist das Vorliegen einer Patientenverfügung wünschenswert, da dadurch der Willen des Patienten ermittelt werden kann, bzw. daraus ableitbar ist, ob der Patient, wenn er zu einer Willensäußerung fähig wäre, in die indizierte Behandlung einwilligen würde. Wenn bei einem Patienten absehbar ist, dass eine Einwilligungsunfähigkeit im Verlauf seiner Erkrankung eintreten wird, so sollte ihm das Verfassen einer Patientenverfügung angeraten werden. Im Grunde ist jedoch das Vorliegen einer Patientenverfügung in der Fallgruppe der passiven Sterbehilfe wichtiger als bei dem Patientenkollektiv, welches eine Schmerztherapie am Lebensende benötigt.

5.10 Rechtsvergleichende Betrachtung

5.10.1 Belgien

In Belgien geht die herrschende Meinung ebenfalls von einer Straflosigkeit des Leistens von indirekter Sterbehilfe aus. Die verbreitete Ansicht ist, dass der Arzt zwischen Schmerzlinderung und einer eventuellen Lebensverkürzung wählen muss. Wenn es nur die Möglichkeit gibt, unter Inkaufnahme eines eventuell früheren Todeseintrittes die Schmerzen des Patienten zu lindern, ist die Schmerztherapie unter Berufung auf den rechtfertigenden Notstand durchführbar.[351]

5.10.2 Frankreich

In Frankreich geht die herrschende Meinung, ebenso wie in Belgien, von einem Dilemma des Arztes zwischen Schmerzlinderung und verfrühtem Todeseintritt, als Nebenwirkung einer Schmerztherapie, aus. Die verbreitete Meinung, welche indirekte Sterbehilfe als straflos einstuft, stellt auf den rechtfertigenden Notstand ab.[352] Die französische Legislative nimmt im *Gesetz zur Garantie des Rechts auf palliativmedizinische Leistungen*[353] indi-

---

[351] Locher-Linn M/Oudijk J (1991), S.255.
[352] Spaniol M (1991), S.295.
[353] Loi n° 99-477 du 9 juin 1999 visant à garantir le droit à l'access aux soins palliatifs.

rekte Sterbehilfe insofern in den Blick, als die Durchführung einer Schmerzlinderung explizit als Teil einer palliativmedizinischen Behandlung erwähnt
wird. Da eine palliativmedizinische Therapie bis zum Tode andauern und
eine Schmerztherapie beinhalten kann, wird somit indirekte Sterbehilfe implizit für straflos erklärt.[354]

Durch das *Gesetz über die Rechte der Kranken und das Lebensende*[355]
wird der Arzt, der feststellt, dass sich sein Patient in der terminalen Phase
befindet, und die Schmerztherapie eine eventuelle Lebensverkürzung herbeiführen könnte, dazu verpflichtet, dem Patienten dies mitzuteilen und es in
der Patientenakte zu vermerken.[356] Durch die Dokumentations- und Aufklä-
rungspflicht des Arztes über die möglichen Nebenwirkungen der Schmerztherapie wird indirekte Sterbehilfe wiederum implizit für zulässig erklärt.

5.10.3 Griechenland

Die Straflosigkeit des Leistens indirekter Sterbehilfe ist in Griechenland bis-
lang umstritten.[357] In der Literatur wird diskutiert, ob ein Arzt, der im Rahmen einer Schmerztherapie den verfrühten Tod eines Patienten herbeifüh-
re, sich der vorsätzlichen Tötung, oder, sofern der Patient um die Schmerztherapie, in der Hoffnung auf die lebensverkürzende Wirkung derselben,
gebeten hat, sich der Tötung auf Verlangen schuldig mache. Das Abstellen
auf den rechtfertigenden Notstand sei nicht tragbar, da die Verletzung
menschlichen Lebens nicht zu rechtfertigen sei. Eine weitere Meinung beschreibt indirekte Sterbehilfe als gerechtfertigten Totschlag, wenn sich die
ärztlichen Handlungen im Bereich des erlaubten Risikos befinden.[358]

---

[354] Grauer T (2006), S.192.
[355] Loi n° 2005-370 du 22 avril 2005 relative aux droits des malades et à la fin de vie.
[356] Grauer T (2006), S.192.
[357] Grauer T (2006), S.197.
[358] Kantianis A (2005), S.192.

5.10.4 Großbritannien

Das englische Case Law beinhaltet keine spezifische Regelung der Sterbehilfe (euthanasia oder mercy killing)[359]; beides wird als Mord geahndet. In einem Fall[360], der wohl dem Sachverhalt nach indirekter Sterbehilfe nahe zu kommen scheint, urteilte das Gericht wie folgt: „If the first purpose of medicine, the restoration of health, can no longer be achieved there is still much for a doctor to do, and he is entitled to do all that is proper and necessary to relieve pain and suffering, even if the measures he takes may incidentally shorten life."[361] Seit diesem Urteil, und somit der Aufnahme in geltendes Recht, ist indirekte Sterbehilfe in Großbritannien als straflos zu werten.

5.10.5 Kanada

Aus dem kanadischen Criminal Code ist ableitbar, dass „the provision of potentially life-shortening palliative treatment" strafbar ist, „if it demonstrates wanton or reckless disregard for life or if the person providing it means to cause death."[362] Im kanadischen Case Law wurden Ärzte in verschiedenen Fällen von indirekter Sterbehilfe freigesprochen; jedoch ist die rechtliche Lage weiterhin höchst unklar, da nicht feststellbar ist, unter welchen Prämissen das Leisten indirekter Sterbehilfe mit Sicherheit straffrei wäre. „The case law may take us to the conclusion that **some** provision of potentially life-shortening palliative treatment does not demonstrate wanton and reckless disrespect for life (for some, it implies, is legal) and that people who provide it do not always mean to cause death."[363] Wenn indirekte Sterbehilfe doch als strafbewehrt angesehen werden würde, so würden mögliche Anklagen auf „criminal negligence, criminal negligence causing death, and/or culpable homicide"[364]lauten.

---

[359] Fischer G/Lilie H (1999), S.147.
[360] Fall des Dr. Bodkin Adams: R v. Adams (1957), Crim LR 365.
[361] Huber B (1991), S.344.
[362] Downie J (2000), S.207.
[363] Ibidem.
[364] Ibidem.

5.10.6 Niederlande

Unter Beachtung definierter Sorgfaltskriterien ist aktive Sterbehilfe in den Niederlanden zulässig. Bezogen auf indirekte Sterbehilfe heißt dies, dass wenn aktive Sterbehilfe straffrei ist, diese ebenfalls zulässig ist. In dem Urteil des Bezirksgerichts Leeuwarden vom 21. Januar 1973[365] wird explizit beschrieben, dass das Lindern von Schmerzen derart im Vordergrund stehen kann, dass das Verabreichen von lebensverkürzenden Medikamenten zulässig ist.[366]

5.10.7 Österreich

Die in Österreich herrschende Lehre bekräftigt, dass eine Heilbehandlung, unter die eine Schmerztherapie am Lebensende subsumiert werden kann, keine tatbestandliche Körperverletzung ist, selbst wenn diese erfolglos bleibt. Somit entfällt eine Strafbarkeit, da der Tatbestand der Körperverletzung nicht erfüllt wird. Jedoch ist in jedem Falle eine Einwilligung des Patienten in die vorzunehmende Schmerztherapie von Nöten, da sonst der Straftatbestand der eigenmächtigen Heilbehandlung gemäß § 110 öStGB zum Tragen kommt.

In Österreich wird das Leisten indirekter Sterbehilfe grundsätzlich als straflos angesehen. Die Begründungen für die Straflosigkeit sind jedoch divers. Einer Ansicht nach soll indirekte Sterbehilfe durch Anwendung des Prinzips der Sozialadäquanz, da die objektive Zurechenbarkeit des Erfolges nicht gegeben ist, zulässig sein.[367] Als Maßstab zur Unterscheidung zwischen indirekter und aktiver Sterbehilfe wird die Intention des Arztes herangezogen.

---

[365] NJ 1973,183.
[366] „Danach ist es zulässig, dem Patienten steigende Dosen Morphin, Psychopharmaka oder andere Mittel zu verabreichen, um das Leiden des Patienten ganz oder soviel wie möglich zu lindern, auch wenn dies sein Leben verkürzt." (Grauer T (2006), S.195).
[367] Dearing A/Schwarz O (1991), S.560.

5.10.8 Schweiz

In der Schweiz wird indirekte Sterbehilfe zumeist als zulässig erachtet.[368] Die Inkaufnahme einer möglichen Lebensverkürzung durch Vergabe schmerzlindernder Medikamente erfüllt zwar nach Schweizer Recht den Tatbestand eines Tötungsdeliktes, jedoch ist dieses nach § 32 schwStGB rechtfertigbar, da eine Handlung, die aufgrund von Amts- oder Berufspflichten durchzuführen ist, nicht als Vergehen oder Verbrechen verfolgt und geahndet werden kann.[369] Weitere Ansichten halten indirekte Sterbehilfe aufgrund eines rechtfertigenden Notstandes oder aufgrund des verfassungsrechtlichen Argumentes, dass die Patientenautonomie bzw. das Verbot einer menschenunwürdigen Behandlung gegen die Pflicht der Lebenserhaltung abzuwägen sei und in diesem Falle unter Umständen dem Selbstbestimmungsrecht des Patienten Vorrang zu gewähren sei, für rechtens.[370]

5.10.9 Spanien

In Spanien ist indirekte Sterbehilfe ebenfalls straflos. Solange der Arzt gemäß der medizinischen Indikation und lege artis gehandelt hat ist sein Handeln gerechtfertigt, auch wenn fraglich ist, inwieweit die Schmerztherapie kausal den Tod bedingt hat.[371] Diese Rechtfertigung ergibt sich aus dem Argument, dass der Wert der Schmerzlinderung, die dem Patienten durch die Schmerztherapie zuteil werden könnte, höher zu veranschlagen ist, als das potentielle Risiko einer Lebensverkürzung. Auch hier findet eine Güterabwägung von Schmerzfreiheit gegenüber einer potentiellen Lebensverkürzung statt.

---

[368] Heine G (1991), S.595.
[369] Grauer T (2006), S.195.
[370] Grauer T (2006), S.196.
[371] Fischer G/Lilie H (1999), S.148.

5.10.10 Vereinigte Staaten von Amerika

Eine ausdrückliche gesetzliche Regelung der indirekten Sterbehilfe ist in den meisten US-amerikanischen Staaten nicht vorhanden.[372] Nach dem ethischen Kodex ist ein Arzt grundsätzlich zur Schmerztherapie verpflichtet. Basierend auf dem PDE wird indirekte Sterbehilfe für zulässig erachtet. Darüber hinaus muss die durch die Schmerztherapie erfolgte Linderung der Schmerzen in einem angemessenen Verhältnis zu der möglichen Lebensverkürzung stehen[373]; wenn dies nicht gewährleistet ist, dann könnte ein Fall direkt aktiver Sterbehilfe vorliegen.

5.10.11 Fazit

Die gesetzliche Lage in Bezug auf indirekte Sterbehilfe ist in den meisten Ländern ähnlich wie in Deutschland. Es gibt kaum explizite gesetzliche Regelungen zur Sterbehilfe im Allgemeinen und ebenso wenig zur indirekten Sterbehilfe im Besonderen. Daher müssen sich die Rechtswissenschaftler in den meisten Ländern ebenfalls auf die Auslegung allgemeiner Rechtsnormen stützen; hauptsächlich auf die Beurteilung spezifischer Fälle anhand der Tatbestandsmerkmale der Tötungsdelikte. In der Rechtslehre sowie in der Literatur wird die Straflosigkeit indirekter Sterbehilfe bestätigt; wie auch in Deutschland sind die Begründungen jedoch sehr unterschiedlich. Indirekte Sterbehilfe ist bis dato selten in der Rechtsprechung der untersuchten Länder thematisiert worden und es sind kaum höchstrichterliche Urteile vorhanden.[374] Die vorhandenen Fälle belegen jedoch meist die Straflosigkeit des Leistens von indirekter Sterbehilfe.

---

[372] Nussbaum A (2000), S.99.
[373] Ibidem.
[374] Grauer T (2006), S.191.

5.11 Notwendigkeit der gesetzlichen Regelung indirekter Sterbehilfe?

Eine gesetzliche Regelung indirekter Sterbehilfe würde von den Betroffenen (Patienten, Angehörigen sowie Ärzten) in vieler Hinsicht begrüßt werden. Eine gesetzliche Klarstellung der Rechtmäßigkeit indirekter Sterbehilfe würde eine Verbesserung des Arzt-Patienten Verhältnisses in Hinblick auf die vom Patienten empfundene Autonomie ermöglichen. Patienten würden von der Angst befreit werden, am Lebensende starke Schmerzen erleiden zu müssen, da eine gesetzliche Regelung Ärzten größere Rechtssicherheit im Umgang mit Schmerztherapeutika gewähren würde. Möglicherweise würden dadurch undertreatment sowie die Opioidphobie ein Ende finden.

Die Argumentation gegen eine gesetzliche Regelung indirekter Sterbehilfe folgt ähnlichen Linien wie die Debatte um die Legalisierung aktiver Sterbehilfe. Die Schaffung einer Gesetzesgrundlage für das Leisten indirekter Sterbehilfe könnte zu einer Zunahme der Fremdbestimmung von Patienten führen. Terminal Kranke, die unter starken Schmerzen leiden, könnten von Angehörigen eventuell unter Druck gesetzt werden (die Beweggründe der Angehörigen seien dahingestellt), in eine potentiell lebensverkürzende Schmerztherapie einzuwilligen. Es stellt sich ebenfalls die Frage, ob Patienten in der Sterbephase noch im Vollbesitz ihrer geistigen Kräfte sind, ob unter extremen Bedingungen, wie unerträglichen Schmerzen, eine souveräne Willensentscheidung noch möglich ist und der Patient fähig ist, eine seiner Situation angemessene Entscheidung zu treffen.

Je nachdem wie die gesetzliche Regelung indirekter Sterbehilfe gestaltet wäre, könnte diese ermöglichen, dass indirekte Sterbehilfe vom Patienten eingefordert werden könnte bzw. Patienten Anspruch darauf erheben könnten. Dies steht in einem gewichtigen Gegensatz zu der Maxime, dass erst die Indikationsstellung zu jedweder Behandlung, in diesem Falle einer Schmerztherapie, erfolgen, und der Patient erst nach einer ausführlichen Aufklärung in die Behandlung einwilligen sollte.

Die Beibehaltung des Status quo würde bedeuten, dass die derzeitige Grauzone um passive und indirekte Sterbehilfe nicht erhellt würde. Dies böte den Vorteil, dass weiterhin Klarheit in Unklarheit herrscht: dadurch, dass indirekte Sterbehilfe nicht gesetzlich geregelt ist, gibt es eine gewisse Hemmschwelle zu hohe Dosen von Schmerztherapeutika einzusetzen, da diese potentiell lebensverkürzend wirken könnten. Daher wird durch die Grauzone ein verbesserter Lebensschutz gewährleistet.

5.12 Abschließende Beurteilung der indirekten Sterbehilfe aus rechtswissenschaftlicher Sicht

Nach Darstellung der medizinischen sowie der rechtswissenschaftlichen Sicht indirekter Sterbehilfe wird deutlich, dass der aktuelle medizinische Wissensstand in der Rechtswissenschaft nicht ausreichend rezipiert wird. Bevor Vorschläge zu einer Änderung der Gesetzeslage gemacht werden, sollten die medizinischen Gegebenheiten bzw. die gängige medizinische Praxis erörtert werden, um dann als Grundlage für jedweden Vorschlag zu dienen. Fraglich ist nämlich ob indirekte Sterbehilfe überhaupt einer rechtswissenschaftlichen Debatte bedarf.

Der vorangestellte medizinische Teil verneint dieses, da indirekte Sterbehilfe, besser: eine Schmerztherapie am Lebensende, in der Regel kein früheres Versterben der Patienten verursacht. Allerdings wird die rechtswissenschaftliche Debatte um indirekte Sterbehilfe seit vielen Jahren mit ungeschwächter Vehemenz geführt. Die Gründe für die mangelnde Rezeption der medizinischen Erkenntnisse über indirekte Sterbehilfe bzw. die Beweggründe für die Aufrechterhaltung der rechtswissenschaftlichen Debatte müssen geklärt werden. Denn wenn indirekte Sterbehilfe in der medizinischen Praxis nicht stattfindet, wird die Frage aufgeworfen was mit einer gesetzlichen Regelung derselben bezweckt werden soll.

Eine einfache Erklärung für die starke Divergenz der medizinischen und rechtswissenschaftlichen Beurteilung indirekter Sterbehilfe könnte mangelnde Information bzw. Wissenstransfer von den medizinischen Disziplinen in Richtung der Rechtswissenschaft und vice versa sein. Diese Begründung greift aber vermutlich zu kurz, da der derzeitige Stand der medizinischen Entwicklung bezüglich indirekter Sterbehilfe durch Recherchen vergleichsweise schnell ermittelt werden könnte.

Die gesetzliche Regelung einer nur vermeintlich existierenden Form der Sterbehilfe wirft einige Probleme auf. Zum einen würde dadurch eine de facto nicht existierende Fallgruppe der Sterbehilfe geregelt; eine Regelung, für die es eigentlich keinen Bedarf gibt. Zum anderen würde die Erlaubnis für das Leisten indirekter Sterbehilfe wahrscheinlich zu einer Grenzverschiebung von indirekter zu aktiver Sterbehilfe führen. Wenn die Herbeiführung eines früheren Todes durch eine Schmerztherapie, bei der die ex-ante Intention des Arztes schwer nachvollziehbar ist, erlaubt würde, könnte dies zu einem Verschwimmen der Grenzen zwischen indirekter und aktiver Sterbehilfe, und dadurch zu einer Aufweichung des Tötungsverbotes füh-

ren.[375] Ein plötzlicher, verfrühter, unter Umständen intendierter, Todeseintritt könnte dadurch gerechtfertigt werden, dass der Patient lediglich eine
indizierte Schmerztherapie erhalten habe. Die Intention des Arztes ist nur
schwer nachvollziehbar; der frühere Todeseintritt könnte auch durch den
Patienten und den Arzt gewollt worden sein und aktiv durch Letzteren herbeigeführt worden sein.

Darüber hinaus ist auch die von vielen Seiten erwünschte Ausdehnung
indirekter Sterbehilfe auf (psychisches) Leid, bzw. andere schwere Leidenszustände ein Indiz dafür, dass in der Debatte nicht eine erfolgreiche
Schmerztherapie in den Vordergrund gerückt wird, sondern eher die Befreiung der Patienten von existentiellem Leid, z. B. bei Patienten mit schweren psychischen Erkrankungen. Um dies zu erreichen sei, nach Meinung
Einiger, eine Schmerzlinderung nicht ausreichend. Vielmehr wird, durch
nunmehr aktive Sterbehilfe, nach einer Beendung des Lebens verlangt.

Der Wunsch nach einer Regelung indirekter Sterbehilfe könnte auch
dem Verlangen nach einer optimalen Schmerztherapie für die Patienten
und Rechtssicherheit für die Ärzte entspringen. Jedoch kann beides auch
ohne eine gesetzliche Regelung indirekter Sterbehilfe gewährleistet werden. Die Durchführung einer effektiven Schmerztherapie ist auch im Rahmen der bestehenden Regelungen möglich; ein Arzt ist dazu verpflichtet.
Leider können jedoch etwa 5% der unter schweren Schmerzen leidenden
Patienten nicht erfolgreich therapiert werden.[376] Die oftmals als nicht vorhanden beschriebene Rechtssicherheit gibt es de facto. Ein Arzt ist zu einer indizierten Schmerztherapie verpflichtet und er macht sich, selbst bei
Abgabe von hohen Dosen von Analgetika, nicht strafbar, sofern die von ihm
durchgeführte Schmerztherapie indiziert war und er sein Vorgehen in ausreichendem Maße dokumentiert hat.

Abschließend bleibt festzuhalten, dass es keiner gesetzlichen Regelung
der indirekten Sterbehilfe bedarf. Der Status quo sollte beibehalten werden,
da eine Regelung unter Umständen zu einer Dammbruch-Situation führen
könnte. Der Beginn einer Schmerztherapie am Lebensende oder die Aufnahme einer terminalen Sedierung sind durch das Vorliegen einer medizinischen Indikation gerechtfertigt. Ein Arzt ist sowohl durch standesrechtliche als auch berufsrechtliche Hilfeleistungspflichten zur Durchführung einer

---

[375] Da in Deutschland aktive Sterbehilfe vermutlich in absehbarer Zeit nicht legalisiert werden wird, wird nun versucht, das Leisten von aktiver Sterbehilfe über den Umweg der indirekten Sterbehilfe zu ermöglichen.
[376] Ruß HG (2002), S.18.

Schmerztherapie verpflichtet. Eine Analyse der möglichen Lösungswege hat gezeigt, dass indirekte Sterbehilfe, sollte in Ausnahmefällen eine Lebensverkürzung stattfinden, und dadurch der Tatbestand eines Tötungsdeliktes erfüllt werden, über § 34 StGB rechtfertigbar ist. Die Erfüllung des Tatbestandes eines Tötungsdeliktes entfällt jedoch bei indirekter Sterbehilfe, da im Regelfall kein vorzeitiger Todeseintritt stattfindet.

6. Die indirekte Sterbehilfe aus ethischer Sicht

6.1 Einführung

Im ersten Teil der vorliegenden Arbeit ist indirekte Sterbehilfe aus medizinischer Sicht und im zweiten Teil aus juristischer Sicht dargestellt worden. Im letzten Teil soll sie aus ethischer Sicht beleuchtet und analysiert werden. Die ethische Diskussion indirekter Sterbehilfe wird am Schluss geführt, da sie einige Überschneidungen mit der juristischen sowie der medizinischen Diskussion beinhaltet. Da Ethik in gewisser Weise dem Recht übergeordnet und dem ärztlichen Handeln als Richtschnur dient, soll die ethische Diskussion eine Zusammenführung der bisher erarbeiteten Thesen und dadurch eine abschließende Bewertung indirekter Sterbehilfe ermöglichen.

Eine Beschreibung des Verhältnisses von Recht und Ethik wird von Deutsch gegeben:

„Anerkanntermaßen verlangen rechtliche Normen einen geringeren Standard als ethische Regeln; es wäre Übermaß alle ethischen Normen in das Recht zu überführen. Zwar richten sich Ethik und Recht gleichermaßen auf menschliches Verhalten, wobei es nicht angeht, der Ethik das innere, dem Recht das äußere Verhalten zuzuordnen."[377]

Ethik ist insofern dem Recht übergeordnet, als diese dem menschlichen Verhalten strengere Auflagen als das Recht vorgibt. Jedoch sollte in die ethische Bewertung des Tuns oder des Unterlassens (des Handelns) einer Person nicht nur die innere Einstellung (Intention) derselben einfließen, sondern es wird die Summe aus innerer Wertewelt und der äußerlich sichtbaren Einstellungen evaluiert.

Die Beziehung von Medizin und Ethik wird von Deutsch wie folgt beschrieben:

„Das Handeln des Arztes wird weitgehend von ethischen Erwägungen geleitet. Die Ethik als die vorherrschende Meinung vom Richtigen und Zulässigen wird in der ‚medizinischen Ethik' auf die konkreten Probleme des ärztlichen Berufes ausgerichtet. Die allgemeinen ethischen Grundsätze werden im Hinblick auf das Verhalten des Arztes geschmeidig gemacht. Es handelt sich also nicht um eine

---

[377] Deutsch E (1999), S.7.

besondere Fachethik, sondern das Berufsverhalten wird an ethischen Grundsätzen gemessen."[378]

Das ärztliche Handeln muss sich an allgemeinen ethischen Grundsätzen
orientieren und daran messen lassen. Ein von allgemeinen ethischen
Grundsätzen abweichendes ärztliches Berufsverhalten ist nicht denkbar.
Vielmehr muss sich das ärztliche Handeln stärker nach ethischen Vorgaben richten, als dies bei einem Laien der Fall wäre, allein aufgrund der moralischen Verantwortung, die der Arzt gegenüber seinen Patienten trägt.

Bevor die ethisch relevanten Aspekte indirekter Sterbehilfe dargestellt
und diskutiert werden, ist eine Abgrenzung von den anderen Formen der
Sterbehilfe notwendig sowie die Definition einiger Begriffe, die im Folgenden Verwendung finden werden. Darüber hinaus wird analysiert werden ob
aus dem hippokratischen Eid eine Verpflichtung zum Leisten von indirekter
Sterbehilfe abgeleitet werden kann. Im Anschluss soll indirekte Sterbehilfe
aus Sicht des Arztes, des Patienten sowie der Angehörigen beleuchtet
werden. Des Weiteren wird herausgearbeitet werden, ob das Leisten indirekter Sterbehilfe moralische Relevanz besitzt, bzw. ob es durch das Prinzip des doppelten Effekts (PDE) gerechtfertigt werden kann. Ebenfalls ist
zu klären, ob es einen moralischen Unterschied zwischen der Vornahme
direkt aktiver und indirekt aktiver Sterbehilfe gibt, wie die Intention des Arztes zu bewerten ist und ob bzw. inwieweit der Arzt für die indirekten Folgen
seiner Handlung verantwortlich ist. Abschließend werden hiermit assoziierte
Dammbruch-Argumente sowie deren Relevanz erörtert werden.

6.2 Definitionen und terminologische Abgrenzungen

Indirekt aktive Sterbehilfe unterscheidet sich durch zwei wichtige Merkmale
von direkt aktiver und passiver Sterbehilfe. Zum einen kann zwischen indirekt aktiver, direkt aktiver und passiver Sterbehilfe durch die Art des vorliegenden Handelns differenziert werden. Zum anderen unterscheiden sich indirekt aktive und direkt aktive Sterbehilfe durch die hinter der Handlung
stehende Intention. Indirekte Sterbehilfe beinhaltet eine aktive Handlung
(Schmerztherapie), wohingegen bei passiver Sterbehilfe der Tod des Patienten durch Unterlassen (keine Aufnahme von lebensverlängernden Maß-

---

[378] Ibidem.

nahmen, bzw. derselben) eintritt (vgl. Abb. 2). Der Patient stirbt an der seinem Leiden zugrundeliegenden Erkrankung. Es findet insofern eine Änderung des Therapieziels statt, als die Heilbehandlung des Patienten abgebrochen wird. Der Unterschied zwischen indirekt aktiver und direkt aktiver Sterbehilfe ist durch die Intention gekennzeichnet.

	Töten (aktiv)	Sterbenlassen (passiv)
Beabsichtigen **(direkt)**	[1] Eine Tötung in der klaren Absicht (ob als Mittel oder Ziel der Handlung) das Le- ben eines anderen zu been- den.	[3] Das Abbrechen oder Unterlas- sen einer Behandlung in der klaren Absicht (ob als Mittel oder Ziel der Handlung) den Menschen sterben zu lassen.
Bloß zulassen **(indirekt)**	[2] Eine nicht beabsichtigte Tötung eines Menschen, die als bloße Nebenwirkung z.B. einer Schmerzbehandlung in Kauf genommen wird.	[4] Das Abbrechen oder Unterlas- sen einer Behandlung unter In- kaufnahme eines nicht beabsichtig- ten, früher einsetzenden Sterbe- prozesses.

Abb. 2: Schema zum Verhältnis der Aktiv-Passiv- zur Direkt-Indirekt-
Unterscheidung[379]

Ein Arzt, der seinem Patienten eine Schmerztherapie zukommen lässt, und
in Kauf nimmt bzw. vorhersieht, dass diese eventuell lebensverkürzend wirken könnte, intendiert eine potentielle Lebensverkürzung nicht. Ein Arzt,
der aber den Tod seines Patienten unmittelbar, bspw. durch eine Barbitu-
rat-Injektion herbeiführt, und dieses wissentlich und willentlich tut, tötet seinen Patienten direkt und unmittelbar durch eine aktive Handlung.

Die hinter einer Handlung stehende Intention kann wie folgt definiert
werden: Die Intention, mit der eine Person handelt, ist ihre Absicht durch
diese Handlung ein bestimmtes Ziel zu erreichen. Die Intention einer Person beinhaltet demnach entweder absichtliches Tun oder eine absichtliche

---

[379] Zimmermann-Acklin M (2010), S.277.

Unterlassung.[380] Im Rahmen einer Handlung kann eine Person verschiedene - unter Umständen konkurrierende - Intentionen verfolgen. Da die Absicht des Handelnden eine höchstpersönliche „innere Angelegenheit" ist, kann sie unter Umständen schwer zu ermitteln sein, bzw. selbst der handelnden Person aus verschiedenen Gründen verborgen bleiben.[381] Die Schwierigkeiten, die der Begriff der Intention aufwirft, werden im Folgenden noch diskutiert werden.

Die unterschiedlichen Untergruppen der Sterbehilfe werfen insofern semantische Probleme auf, als die geläufigen Begriffe bereits eine Wertung der Handlung beinhalten. Die direkt/indirekt sowie die aktiv/passiv Unterscheidung suggeriert, dass indirekte bzw. passive Handlungen eher positiv zu bewerten sind, als aktive bzw. direkte Handlungen, da der Handelnde das Handlungsergebnis nicht direkt herbeigeführt habe, bzw. das Ergebnis durch Nicht-Handeln lediglich habe geschehenlassen.[382] Hierbei wird jedoch vergessen, dass bei indirekter Sterbehilfe, die zumeist als ethisch vertretbar angesehen wird, die potentielle Lebensverkürzung ebenfalls durch eine aktive Handlung, eine Schmerztherapie, herbeigeführt würde. Aufgrund der aufgezeigten sprachlichen Problematik muss zumindest kurz auf die Bewertung von Tun sowie Unterlassen eingegangen werden: „Auch Unterlassungen sind, wenn sie absichtlich geschehen, eine Form von Handlungen, die eine Intervention beinhalten. [...] Es gibt keine auf der Ebene der kausalen Verursachung allein verankerte moralische Differenz."[383]

Durch die verwendeten Begrifflichkeiten wird implizit die Frage aufgeworfen ob ein moralischer Unterschied zwischen Sterbenlassen und Töten auszumachen ist.[384] Zunächst ist zu klären ob das Ergebnis einer Handlung moralisch anders zu bewerten ist, wenn es durch Tun oder durch Unterlassen herbeigeführt wurde. In der moralischen Bewertung des Sterbenlas-

---

[380] „Die Intention oder Absicht ist nämlich weder mit dem Wunsch, dem Willen oder der Motivation des Handelnden, noch mit dem Handlungsziel selbst zu verwechseln. Sie ist vielmehr ein Brückenkriterium, das eine Verbindung zwischen der handelnden Person und dem Handlungsziel bzw. der Handlung beschreibt." (Zimmermann-Acklin M (2010), S.280).
[381] „But a person's intentions themselves are at least in part inaccessible to others, and sometimes difficult even for the acting person to articulate accurately and reflectively." (Boyle J (2004), S.58).
[382] Quante M (1998), S.213.
[383] Ibidem.
[384] Der Begriff passive Sterbehilfe ist im Gegensatz zu aktiver Sterbehilfe positiv besetzt. Durch das Gegenüberstellen der beiden Begriffe wird suggeriert, dass das Leisten passiver Sterbehilfe eher vertretbar ist, als das Leisten aktiver Sterbehilfe.

sens und des Tötens werden drei Theorien vertreten[385]: Die Äquivalenztheorie[386], die Signifikanztheorie, und die Kompromisstheorie. Die Befürworter der Äquivalenztheorie können keinen moralisch signifikanten Unterschied zwischen den verschiedenen Formen der Sterbehilfe ausmachen.
Laut der Signifikanztheorie[387] lassen sich moralisch relevante Unterschiede
bei den verschiedenen Formen der Sterbehilfe feststellen, d.h. es bestünde
immer ein moralisch relevanter Unterschied zwischen Sterbenlassen und
Töten. Vertreter der Kompromisstheorie argumentieren, dass bei verschiedenen Formen der Sterbehilfe in der Regel zwar ein moralisch relevanter
Unterschied auszumachen sei, aber auch Ausnahmefälle zu berücksichtigen seien, d.h. Fälle, in denen ein relevanter Unterschied nicht zwangsläufig nachzuweisen sei.

Verschiedene Kriterien können herangezogen werden, um einen moralisch signifikanten Unterschied zwischen den aktiven und passiven Formen
der Sterbehilfe zu begründen. Es gilt zu erfassen, welche mutmaßlichen
Folgen durch Handeln oder durch Unterlassen herbeigeführt werden („Art
und Reichweite der erwarteten oder zu erwartenden Folgen"[388]). Ein weiteres Kriterium ist die Sicherheit mit der das zu erwartende Ergebnis eintreten
wird („sicherer versus unsicherer Schadenseintritt"[389]). Bezogen auf aktive,
sei es indirekt aktive oder direkt aktive, und passive Sterbehilfe ist also
maßgeblich, ob der Tod mit an Sicherheit grenzender Wahrscheinlichkeit
(Folge) aufgrund des Handelns oder Unterlassens des Arztes einträte oder
ob nur die Möglichkeit bestünde, dass der Tod dadurch herbeigeführt würde.[390] Hierbei ist jedoch die Intention des Arztes maßgeblich.

Die Kausalität ist ebenfalls ein wichtiger Faktor in der Bewertung des
moralischen Unterschiedes der verschiedenen Formen der Sterbehilfe.
Fraglich ist, inwieweit der Todeseintritt kausal dem ärztlichen Handeln oder

---

[385] Zimmermann-Acklin M (2010), S.279.
[386] „Die ‚Äquivalenztheorie' [...] verneint einen moralischen Unterschied zwischen Tun und
Unterlassen, wenn in beiden Fällen das Ergebnis identisch ist." (Frewer A/Kaplan B
(2002), S.133).
[387] „Vertreter der ‚Signifikanztheorie' sehen [...] den entscheidenden Faktor zur moralischen Bewertung nicht in den *Folgen*, sondern in der *Motivation* der Handlung." (Frewer
A/Kaplan B (2002), S.134).
[388] Birnbacher D (1995), S.189.
[389] Ibidem.
[390] „Für die größere Folgensicherheit des (schädigenden) Handelns könnte man auch so
argumentieren: Beim Handeln nimmt der Akteur den Verlauf der Ereignisse selbst in die
Hand und steuert ihn auf das gewünschte Ergebnis zu, während er sich beim Unterlassen
zwangsläufig auf andere Agentien verlassen muß." (Birnbacher D (1995), S.190).

Unterlassen zuzurechnen ist. Nach Zimmermann-Acklin liegt der Unterschied „im unterschiedlichen kausalen Anteil, den eine Ärztin am Tod ihrer Patientin übernimmt: Während sie beim Sterbenlassen in einen kausalen Prozess (eine Ereigniskette) bewusst und willentlich nicht eingreift, obgleich sie es könnte, bringt sie im anderen Fall den zum Tod führenden kausalen Prozess selbst in Gang."[391]

Darüber hinaus ist die zeitliche Kontiguität zwischen der Vornahme der Handlung oder des Unterlassens und dem Ergebniseintritt relevant. Sowohl bei passiver als auch bei indirekt aktiver Sterbehilfe ist in der Regel eine größere zeitliche Distanz zwischen dem Handeln oder Unterlassen und dem Todeseintritt anzunehmen, als dies bei direkt aktiver Sterbehilfe der Fall wäre. Aufgrund der unterschiedlichen Ergebnisse in Bezug auf die Sicherheit des Erfolgseintritts, der Folgen der Handlungen, der Kausalitäten und der zeitlichen Kontiguität bei passiver und indirekt aktiver bzw. direkt aktiver Sterbehilfe ist ein moralischer Unterschied zwischen den aktiven und passiven Formen der Sterbehilfe begründbar - im Sinne einer moralischen Zulässigkeit passiver Sterbehilfe. „Nun wird wohl niemand den Unterschied zwischen einem *aus sich selbst heraus* sich vollziehenden Geschehen und einem *durch menschliches Eingreifen* unterbrochenen oder veränderten Geschehen bestreiten."[392] Prima facie ist jedoch kein moralischer Unterschied zwischen Tun und Unterlassen zu erkennen; die moralische Differenz kann nur durch die oben angeführten Kriterien begründet werden. Schließlich muss die moralische Relevanz des direkten oder indirekten Eintretens des Ergebnisses durch Handeln bewertet werden. Dies soll mit der Hilfe des PDE erfolgen.

6.3 Der Hippokratische Eid

„Hippokrates wird als Vater der medizinischen Ethik betrachtet. Seine Schriften beeinflussen noch heute die moderne Medizin. Die fundamentalen Thesen von Hippokrates besagen: Leiden zu verhindern, die Gewalt der Krankheit zu ver-

---

[391] Zimmermann-Acklin M (2010), S.279.
[392] Spaemann R/Fuchs T (1997), S.71.

mindern und die Verweigerung, die zu behandeln, deren Krankheit sie über-
holt."[393]

Selbst wenn der Hippokratische Eid aufgrund von neueren Forschungser-
gebnissen viel von seinem Mythos verloren hat, so besitzen Hippokrates'
Thesen heute dennoch für viele Ärzte Gültigkeit[394], und viele Ärzte fühlen
sich gerade in Bezug auf Sterbehilfe dem hippokratischen Eid verpflichtet.
Die Vorgaben des Hippokratischen Eides sollten demnach in der ethischen Beurteilung der unterschiedlichen Formen von Sterbehilfe beachtet
werden. Fraglich ist, ob sich aus dem Hippokratischen Eid bzw. dem Corpus Hippocraticum eine ärztliche Verpflichtung zum Leisten indirekter Sterbehilfe ableiten lässt, und ob diese in der heutigen Zeit noch Gültigkeit be-
säße. Die auf Sterbehilfe bezugnehmende Passage des hippokratischen
Eides lautet wie folgt:

> „Ich will diätetische Maßnahmen zum Vorteil der Kranken anwenden nach mei-
> nem Können und Urteil; ich will sie vor Schaden und Unrecht bewahren. Ich will
> weder irgend jemandem ein tödliches Medikament geben, wenn ich darum ge-
> beten werde, noch will ich in dieser Hinsicht einen Rat erteilen."[395]

Hieraus ergibt sich eine klare Ablehnung der aktiven Sterbehilfe. Des Weiteren bekräftigt der Arzt durch das Leisten des hippokratischen Eides seine
Absicht, die ihm anvertrauten Patienten „vor Schaden und Unrecht" zu be-
wahren. Da bei indirekter Sterbehilfe, das Hauptaugenmerk des Arztes
darauf gerichtet ist, die Schmerzen des Patienten zu lindern, also „Schaden" von seinen Patienten abzuwenden, ist eine Befürwortung der indirekten Sterbehilfe (i. S. einer Schmerztherapie) durch den hippokratischen Eid
anzunehmen. Da der Hippokratische Eid die Pflichten des Arztes und die
Verbote, denen er unterworfen ist, festlegt, kann aus der Befürwortung der
Schmerzlinderung eine Pflicht zur Schmerzlinderung bzw. zur Vornahme
von indirekter Sterbehilfe abgeleitet werden. Sofern der Hippokratische Eid
von Ärzten in der heutigen Zeit als wegweisend für ihre Berufsausübung

---

[393] Wöbker G/Bock W (2000), S.274.
[394] In einer im Juli 2010 durchgeführten Repräsentativbefragung des Institutes für Demo-
graphie Allensbach gaben bspw. 65% der befragten Ärzte an, dass (ärztliche) Hilfe beim
Suizid ein Verstoß gegen den hippokratischen Eid sei.
http://www.bundesaerztekammer.de/page.asp?his=0.6.5048, gelesen am 25.10.2010.
[395] Eckart W (2009), S.35.

anerkannt wird, kann dadurch eine ärztliche Verpflichtung zum Leisten indirekter Sterbehilfe begründet werden.

6.4 Indirekte Sterbehilfe aus der Sicht des Arztes

Zuallererst stellt sich die Frage, wie bzw. ob das Leisten indirekter Sterbehilfe mit der Rolle des Arztes vereinbar ist und welche ethischen Grundsätze zur Begründung dessen herangezogen werden können. Fraglich ist, ob ein Arzt, abgesehen von standesrechtlichen bzw. strafrechtlichen Forderungen, aus ethischer Sicht zum Leisten indirekter Sterbehilfe verpflichtet sein könnte. Aus der Analyse der relevanten Passage des Eid des Hippokrates lässt sich ableiten, dass der Arzt zu indirekter Sterbehilfe verpflichtet ist, wenn er den Eid des Hippokrates als Richtschnur für seine Berufsausübung betrachtet. Darüber hinaus soll untersucht werden, welche weiteren Argumente zur Begründung einer ethischen Pflicht des Arztes zum Leisten von indirekter Sterbehilfe gefunden werden können.

Zunächst gilt es den Begriff des ärztlichen (Berufs-)Ethos zu definieren und zu evaluieren welche Verpflichtungen sich daraus in Bezug auf das ärztliche Handeln ergeben. „Der Begriff ‚Ethos' leitet sich von dem griechischen Wort ethos [...] ab und bezeichnet die persönliche Lebenseinstellung oder die bewusst gelebte Grundhaltung von einzelnen oder Gruppen."[396] Ein (Berufs-)Ethos[397] beinhaltet demnach moralische Grundsätze, die im Idealfall von einer spezifischen Profession als verpflichtend angesehen werden. Ethik[398] hingegen wird definiert als „Theorie der menschlichen Lebensführung oder die kritische Reflexion unserer Vorstellungen vom guten Leben und richtigen Handeln."[399] Wie bereits hervorgehoben, sollte sich „das ärztliche Ethos [...] ja von einer allgemeinen Ethik her rechtfertigen müssen und nicht umgekehrt."[400] Es gibt also kein aus sich selbst heraus begründbares oder zu rechtfertigendes ärztliches Ethos. Es leitet sich, eben-

---

[396] Schockenhoff E (2007), S.19.
[397] „Das Berufsethos der medizinischen Berufe ist um die eine zentrale Pflicht herumgestaltet, menschliches Leben zu erhalten und zu schützen. Auf dieser Berufspflicht baut schließlich das grundlegende Vertrauen der Patienten auf, menschenwürdig behandelt zu werden." (Kopfensteiner T (2000), S.196).
[398] „Ethics is a generic term covering several different ways of examining and understanding moral life." (Beauchamp T/Childress J (2009), S.1).
[399] Schockenhoff E (2007), S.17.
[400] Düwell M (2008), S.183.

so wie das Ethos anderer Berufe von einer allgemeinen Ethik ab. Die Grundlagen der ethischen Verpflichtungen eines Arztes müssen also in allgemeinen ethischen Normen gesucht werden.

Konsensuelles moralisches Verhalten in einer Gesellschaft aufgrund von allgemeinen ethischen Normen wird von Beauchamp und Childress wie folgt beschrieben: „The common morality is the set of norms shared by all persons committed to morality."[401] Beispiele für diese Normen sind verschiedene Verbote und Gebote: niemanden zu töten, niemandem Schaden zuzufügen, die Wahrheit zu sagen, nicht zu stehlen sowie dem Gesetz Folge zu leisten.[402] Das ärztliche Handeln sollte einerseits von den in einer Gesellschaft allgemein anerkannten moralischen Normen geleitet werden. Andererseits gibt es darüber hinausgehende Normen, die in einem stärkeren Maße für ärztliches Handeln gelten, als für das Handeln von medizinischen Laien, beispielsweise die, nicht nur rechtliche, sondern auch ethische, Hilfeleistungspflicht des Arztes.[403]

Innerhalb einer allgemeinen Ethik, also auch in der medizinischen Ethik, sind verschiedene Handlungsmodalitäten definiert.[404] Für die Thematik der Sterbehilfe sind insbesondere „gebotene oder pflichtgemäße" sowie „erlaubte" Handlungen relevant. Erlaubte Handlungen dürfen unterlassen werden, da sowohl ihre Durchführung als auch ihr Unterlassen moralisch indifferent zu bewerten wären.[405] Gebotene oder pflichtgemäße Handlungen sind Handlungen, deren Vollzug aufgrund des „durchschnittliche[n] moralische[n] Handlungsvermögen eines Menschen"[406] erwartet werden kann. Durch ein Unterlassen würde sich der Handelnde hingegen schuldig machen.[407]

Aus gebotenen oder pflichtgemäßen Handlungen lassen sich positive Handlungspflichten und negative Verbotsnormen ableiten, beispielsweise die (positive) Verpflichtung des Arztes Schmerzen zu lindern bzw. die (negative) Verbotsnorm einen Patienten zu töten. Generell gilt, dass eine positive Handlungspflicht vorliegt, wenn das Handeln von der involvierten Per-

---

[401] Beauchamp T/Childress J (2009), S.3.
[402] Ibidem.
[403] Kreß H (2009), S.5.
[404] Schockenhoff E (2007), S.475.
[405] „Nicht alle Handlungen haben eine moralische Bedeutung. Sofern einige menschliche Tätigkeiten von sich aus, aufgrund dessen, was durch ihren äußeren Vollzug getan wird, noch keine Beziehung zur Ordnung der Vernunft aufweisen, sind sie sittlich indifferent." (Schockenhoff E (2007), S.473).
[406] Schockenhoff E (2007), S.475.
[407] Ibidem.

son erwartet werden kann, und sie auch die dazu notwendigen psychischen und physischen Fähigkeiten besitzt. Eine negative Verbotsnorm begründet eine Unterlassungspflicht für eine Person und ist in jeder auf diese Norm zutreffenden Situation gültig.[408] Positive Handlungsnormen hingegen definieren nicht die Art und Weise wie das erwünschte Ergebnis zu erreichen ist, sondern definieren das Ziel, das es zu erreichen gilt:

> „Gebotene Handlungen lassen sich daher *in concreto* nicht durch generelle Handlungsnormen vorschreiben, wie dies bei einigen verbotenen Handlungsweisen durch die absoluten Verbotsnormen möglich ist, die ausnahmslose Unterlassungspflichten benennen."[409]

In Fällen, in denen positive Handlungspflichten und negative Verbotsnormen kollidieren, gilt das Prinzip primum nil nocere (zuerst nicht schaden)[410] bzw. das principle of nonmaleficence[411] (Nicht-Schadensprinzip). „Dieser Grundsatz der allgemeinen Ethik findet in der Medizinethik und im ärztlichen Berufsethos eine Entsprechung darin, dass dem Nicht-Schadensprinzip *(principle of nonmaleficence)* der Vorrang gegenüber dem Prinzip des Wohltuns *(principle of beneficence)* zukommt."[412] Das principle of nonmaleficence ist insbesondere bzgl. indirekter Sterbehilfe von großer Bedeutung. Hier gilt es abzuwägen, inwieweit die Hilfspflicht des Arztes - also im Fall indirekter Sterbehilfe die Pflicht des Arztes zur Schmerzlinderung - mit dem Tötungsverbot kollidiert. Die Verpflichtung des Arztes zur Schmerzlinderung wird durch das principle of beneficence begründet. Fraglich ist, ob das principle of nonmaleficence eine ungewollte, lediglich in Kauf genommene Lebensverkürzung durch eine Schmerztherapie zulässt.

Das principle of nonmaleficence wird von Beauchamp und Childress durch fünf Regeln definiert[413]:

1. Do not kill
2. Do not cause pain or suffering
3. Do not incapacitate

---

[408] Schockenhoff E (2007), S.476.
[409] Schockenhoff E (2007), S.478.
[410] Schockenhoff E (2007), S.480.
[411] „The principle of nonmaleficence imposes an obligation not to inflict harm on others." (Beauchamp T/Childress J (2009), S.149).
[412] Schockenhoff E (2007), S.480.
[413] Beauchamp T/Childress J (2009), S.153.

4. Do not cause offense
5. Do not deprive others of the goods of life

Der Rechtfertigung einer, laut der Definition indirekter Sterbehilfe, möglichen Lebensverkürzung, durch das principle of nonmaleficence, liegt der
Gedanke zugrunde, dass durch ärztliches Handeln (die Durchführung einer
Schmerztherapie) eine weitere Reduzierung der Lebensqualität des Patienten vermieden kann (die korrespondierende negative Verbotsform würde
lauten: das Unterlassen von Hilfeleistung (Schmerzlinderung) bei einem
leidenden Patienten ist unzulässig). Gemäß der Regel Nr. 2 (Do not cause
pain or suffering) muss eine Hilfeleistung im Sinne einer adäquaten
Schmerztherapie erfolgen. Die Regel Nr. 1 (Do not kill) ist hinsichtlich indirekter Sterbehilfe nicht relevant, da diese von einer intentionalen Tötung
ausgeht und eine solche bei indirekter Sterbehilfe nicht stattfindet. In der
Diskussion um das PDE werden die Vorgaben des principle of nonmaleficence präzisiert werden.

Im Anschluss an die Diskussion des principle of nonmaleficence sollen
drei weitere ethische Grundsätze, die für ärztliches Handeln ebenfalls von
großer Bedeutung sind (Abb. 3), dargestellt werden. Der Grundsatz des
salus aegroti suprema lex (die Gesundheit des Kranken als oberstes Gebot) bzw. das principle of beneficence war für die Grundlegung und die weitere Entwicklung der Medizinethik maßgeblich. Durch dieses Prinzip wurde
festgelegt, dass sich das ärztliche Handeln zuallererst am Wohl bzw. der
Gesundheit des Kranken zu orientieren habe. Das Streben des Arztes sollte sich vornehmlich danach richten dem Patienten Leben, Gesundheit sowie Lebensqualität zu ermöglichen.[414]

---

[414] Müller-Busch HC (2001), S.12.

• **Voluntas aegroti** Kompetenz, Selbstbestimmungsfähigkeit, Willen **(Autonomy)**
• **Salus aegroti** Leben, Gesundheit, Lebensqualität **(Beneficence)**
• **Nil nocere** Nutzen/Risiko-Relation, individuelle Werte **(Nonmaleficence)**
• **Justitia** Gleichheit, Gerechtigkeit, Angemessenheit **(Justice)**

Abb. 3: Allgemein akzeptierte ethische Prinzipien in der Medizin[415]

Aus dem principle of beneficence kann in Bezug auf indirekte Sterbehilfe die Verpflichtung des Arztes zur Aufnahme einer Schmerztherapie abgeleitet werden. Die durch dieses Prinzip vorgegebenen Verhaltensregeln sind nach Beauchamp und Childress wie folgt definiert[416]:

1. One ought to prevent evil or harm
2. One ought to remove evil or harm
3. One ought to do or promote good

Wenn vorausgesetzt wird, dass diese drei Vorgaben erfüllt werden müssen, damit eine Handlung dem principle of beneficence gerecht wird, so kann das Handeln des Arztes beim Leisten indirekter Sterbehilfe durch dieses Prinzip ethisch gerechtfertigt werden. Der Arzt ordnet die Schmerztherapie mit der Absicht an, weitere Schmerzen zu verhindern, die bestehenden Schmerzen zu lindern und dem Patienten Gutes zu tun, indem er ihm durch die Schmerzfreiheit mehr Lebensqualität verschafft.

In den letzten Jahrzehnten hat eine Weiterentwicklung des Grundsatzes salus aegroti suprema lex zu dem Prinzip des voluntas aegroti suprema lex (der Wille des Kranken als oberstes Gebot) bzw. des principle of autonomy (Autonomieprinzips)[417] stattgefunden.[418] Dieser Prozess trägt der Aufkün-

---

[415] Ibidem.
[416] Beauchamp T/Childress J (2009), S.150.
[417] „The word *autonomy,* derived from the Greek *autos* (‚self') and *nomos* (‚rule', ‚governance' or ‚law'), originally referred to the self-rule or self-governance of independent city

digung des ehemals in der Medizin vorherrschenden, und zum Teil heute noch verbreiteten Paternalismus Rechnung.[419] Das in der heutigen Zeit dominierende Autonomieprinzip unterstreicht die dem Patienten eigene Kompetenz in der Entscheidungsfindung, seine Selbstbestimmungsfähigkeit sowie seine Fähigkeit zur freien Willensbildung und zur Bekundung desselben.[420]

Der medizinethische Grundsatz justitia (Gerechtigkeit) bzw. das principle of justice ist im Fall von indirekter Sterbehilfe von untergeordneter Bedeutung, da dieser prima facie nicht darauf angewendet werden, bzw. nicht herangezogen werden kann, um die ärztliche Verpflichtung zu indirekter Sterbehilfe zu begründen. Das Gerechtigkeitsprinzip bezieht sich in der Medizinethik vornehmlich auf Probleme in der Verteilung medizinischen Ressourcen oder das Fehlen eines flächendeckenden Zugangs zu medizinischer Versorgung, um nur einige Beispiele zu nennen.[421]

Darüber hinaus ist die Intention bei der Diskussion indirekter Sterbehilfe aus ärztlicher Sicht ebenfalls zu berücksichtigen, auch wenn die hinter den ärztlichen Handlungen stehende Intention im Rahmen des PDE detaillierter untersucht werden wird. Die der Schmerztherapie zugrunde liegende Intention des Arztes ist der Faktor, der sein Handeln definieren wird. Die ärztliche Absicht gibt den Ausschlag ob es sich bei seinem Handeln um indirekt aktive oder direkt aktive Sterbehilfe handelt. Es ist demnach zu klären, ob der Arzt die Schmerzfreiheit des Patienten durch dessen Tod – der Tod dient als Mittel – herbeiführen will, oder aber ob eine Linderung der Schmerzen erwünscht ist, ohne dass der Todeseintritt beschleunigt wird.

---

states. Autonomy has since been extended to individuals but the precise meaning of the term is disputed. Personal autonomy encompasses, at a minimum, self-rule that is free from both controlling interference by others and from certain limitations such as an inadequate understanding that prevents meaningful choice. The autonomous individual acts freely in accordance with a self-chosen plan, analogous to the way an independent government manages and establishes its policies." (Beauchamp T/Childress J (2009), S.99).

[418] „An die Stelle der tradierten Konzeption des Arzt-Patienten-Verhältnisses tritt die Vorstellung der Interaktion zwischen autonomem Patienten und Arzt, die sich in der Priorität des Modells der informierten Zustimmung zu medizinischen Maßnahmen manifestiert." (Siep L/Quante M (2000), S.40).

[419] „Traditionally, physicians relied almost exclusively on their own judgements about their patients' needs for information and treatment. However, over the last few decades, medicine has increasingly confronted assertions of patients' rights to make independent judgements. As assertions of autonomy rights increased, the problem of paternalism loomed larger." (Beauchamp T/Childress J (2009), S.207).

[420] Müller-Busch HC (2001), S.12.

[421] Beauchamp T/Childress J (2009), S.241.

Abschließend ist in Bezug auf indirekte Sterbehilfe aus Sicht des Arztes zu bemerken, dass die im Rahmen indirekter Sterbehilfe vorgenommenen Handlungen durch die ethischen Prinzipien von beneficence und nonmaleficence gerechtfertigt werden können. Das principle of autonomy begrenzt den Handlungsfreiraum des Arztes in dem Maße, in dem es den des Patienten erweitert. Durch seine Einwilligung (informed consent) in eine Therapie, bzw. deren Widerruf kann der Patient, die an ihm vorzunehmenden Maßnahmen steuern bzw. begrenzen.

6.5 Indirekte Sterbehilfe aus der Sicht des Patienten

Indirekte Sterbehilfe wird von Patienten nicht notwendigerweise als eine Form der Sterbehilfe wahrgenommen. Vielmehr steht die, bei einem unter starken Schmerzen leidenden Patienten, durchgeführte Schmerztherapie im Vordergrund. Im Regelfall wird ein solcher Patient den Arzt entweder um eine Linderung seiner Schmerzen bitten, oder aber im Extremfall, sofern die Schmerzen ihm unerträglich erscheinen und er sein Leben unter den gegebenen Umständen als sinnlos, bzw. nicht mehr lebenswert ansieht, diesen um aktive Sterbehilfe ersuchen. Aus Sicht des Patienten sind demnach entweder eine Linderung der Schmerzen oder aber ein schnell eintretender Tod erwünscht. Der Patient wird den Arzt daher nicht um indirekte Sterbehilfe bitten. Aus diesem Grund ist das theoretische Konzept indirekter Sterbehilfe aus Patientensicht nicht unbedingt relevant.

In einer Palliativsituation, in der sich die meisten Patienten der Fallgruppe der indirekten Sterbehilfe befinden, muss das Hauptaugenmerk des Arztes darauf gerichtet sein, medizinisch Mögliches mit den persönlichen Würdevorstellungen des Patienten in Einklang zu bringen. Es gilt Schmerzen und Leiden des Patienten zu mindern, ihm Lebensqualität zu schenken und ihm ein würdevolles sowie, im Rahmen des Möglichen, selbstbestimmtes Sterben zu ermöglichen. Schmerzpatienten haben große Angst, ihre Schmerzen nicht mehr ertragen und nicht in Würde sterben zu können. Der Angst vor unerträglichen Schmerzen kann mit einer effektiven Schmerztherapie begegnet werden. Die Sorge des Patienten vor einem, aus seiner Sicht, würdelosen Tod, muss mit diesem erörtert werden, damit das jeweils spezifische Verständnis von Menschenwürde geklärt werden kann. Daraufhin können Maßnahmen ergriffen werden, um dem Patienten eine nach seinen Vorstellungen gestaltete Sterbebegleitung und ein würdiges Sterben zu ermöglichen.

Weiterer Leidensdruck ergibt sich für Palliativpatienten oftmals durch das Gefühl eines Autonomieverlustes. Dieses wird einerseits durch starke Schmerzen und der unter Umständen nicht vollständigen Schmerzlinderung hervorgerufen. Andererseits ist der Wunsch von Patienten, nach einem selbstbestimmten Leben, auch einen selbstbestimmten Tod sterben zu können, weit verbreitet. Dieses ist jedoch durch indirekte Sterbehilfe, im Gegensatz zu aktiver Sterbehilfe oder PAS, nicht möglich. Die Schmerzen der Patienten können in den meisten Fällen zwar gelindert werden, ein termingenaues Herbeiführen des Todes ist jedoch bei indirekter Sterbehilfe weder erwünscht, noch beabsichtigt.

In Fällen indirekter Sterbehilfe hat die Herstellung einer größtmöglichen verbleibenden Lebensqualität Vorrang. Die Definition indirekter Sterbehilfe räumt die Möglichkeit ein, Lebensqualität durch Schmerzfreiheit zu schaffen, selbst wenn dieses unter Umständen zu Lasten der verbleibenden Lebensdauer geht. Eine (kurzzeitige) Verbesserung der Lebensqualität muss gegen einen möglicherweise früher eintretenden Tod abgewogen werden. Im medizinischen Teil wurde gezeigt, dass eine Lebensverkürzung im Regelfall nicht stattfindet. Vielmehr wird dem Patienten durch die Schmerztherapie eine Zunahme an Lebensqualität sowie, unter Umständen, auch an Lebensdauer gegeben.

Die ethischen Bedingungen für die Vornahme indirekter Sterbehilfe unterscheiden sich nur geringfügig von den medizinischen und den juristischen Vorgaben. Um dem Autonomieprinzip gerecht zu werden, muss der Patient in der Lage sein, eine selbstbestimmte Entscheidung bzgl. der vorzunehmenden Therapie zu treffen. Dies setzt eine umfassende Aufklärung über die positiven Wirkungen der Schmerztherapie sowie deren Nebenwirkungen voraus. Im Anschluss daran muss der Patient in die vorzunehmende Behandlung einwilligen (informed consent). Eine weitere Voraussetzung für eine wirksame Einwilligung ist, dass der Patient *einwilligungsfähig* ist. Ist dies nicht der Fall, so kann unter Umständen die mutmaßliche Einwilligung des Patienten angenommen werden und die Behandlung trotzdem begonnen werden. Ein wichtiger ethischer Aspekt ist die Beratung der Patienten nach dem bereits angesprochenen Grundsatz voluntas aegroti suprema lex. Die Entscheidung für oder gegen eine Therapie wird durch den aufgeklärten Patienten getroffen. Ein paternalistisch geprägter Ansatz des Arztes in der Patientenbetreuung ist nicht überzeugend, da dem Patienten dadurch teilweise die Mündigkeit bzw. die Entscheidungsfähigkeit abgesprochen wird.[422]

Im medizinischen Teil ist terminale Sedierung als mögliche Unterform indirekter Sterbehilfe angesprochen worden. Die Bewusstseinsdämpfung, welche dadurch hervorgerufen wird, erfordert besondere Beachtung. Aus der Sicht des Patienten ist der Beginn einer tiefen, dauerhaften Sedierung (ohne Aufnahme oder Fortführung künstlicher Nahrungs- und Flüssigkeitszufuhr), welche mit der Absicht eingeleitet wird, diese bis zum Todeseintritt fortzuführen, gleichbedeutend mit dem faktischen Todeseintritt. In dem das Bewusstsein des Patienten in einem Maße reduziert wird, in dem er seine Umwelt nicht mehr wahrnimmt, verliert dieser Patient einen konstituierenden Teil seines Lebens: das Bewusstsein zu leben. Aus diesem Grunde sollte eine terminale Sedierung nur als ultima ratio angestrebt werden, wenn alle anderen therapeutischen Mittel versagt haben. Auch sollte die Sedierung so flach wie möglich gehalten werden, damit Bewusstsein und Kommunikationsfähigkeit des Patienten weitgehend erhalten bleiben.

Es stellt sich ebenfalls die Frage nach einem guten Tod durch eine terminale Sedierung. Ein guter, würdevoller Tod wird mit jeder Art der Sterbehilfe, sei es nun Hilfe *zum* Sterben oder Hilfe *im* Sterben, so auch in den Fällen terminaler Sedierung, angestrebt. Ist ein Bewusstseinsverlust, der eventuell mehrere Stunden oder Tage bevor der physische Tod stattfindet, und bis zum Tod anhält, bzw. in den Tod übergeht, ein guter, ein erstrebenswerter Tod? Es ist sicherlich ein würdevollerer Tod, als unter unmenschlichen Schmerzen zu sterben. Jedoch ist das Bewusstsein eine Entität, die einen Teil des Menschseins, bzw. des Personseins ausmacht. Bewusstlos aus dem Leben zu gehen, ist für einige Personen schwer vorstellbar, da ein Bewusstseinsverlust für sie gleichbedeutend mit einem Autonomieverlust ist. Für andere Personen ist der Bewusstseinsverlust jedoch ein Autonomiegewinn, da sie ihrer Ansicht nach durch die bewusste Entscheidung für eine terminale Sedierung, also für eine Schmerzkontrolle sowie die Linderung anderer Symptome, die Entscheidung für einen würdevollen Tod getroffen haben. Hier gilt es aus Sicht der Patienten sowie der Ärzte abzuwä-

---

[422] „Throughout the history of medical ethics both the principle of nonmaleficence and beneficence have been invoked as a basis for paternalistic actions towards patients. For example, physicians traditionally held that disclosing certain kinds of information can cause harm to patients under their care and that medical ethics obliges them not to cause such harm." (Beauchamp T/Childress J (2009), S.209).

gen zwischen dem Vorteil des bewussten Erlebens einer schmerzerfüllten (Rest-)Lebensdauer und einem schmerzfreien, sedierten Zustand.

6.6 Indirekte Sterbehilfe aus der Sicht der Angehörigen

Ebenso wie die Patienten nehmen deren Angehörige indirekte Sterbehilfe tendenziell eher als Schmerzlinderung wahr und nicht als eine Form der Sterbehilfe. Aus Sicht der Angehörigen ist indirekte Sterbehilfe insofern positiv zu werten, als es durch die Schmerztherapie zu einer meist effektiven Linderung der Schmerzen des Patienten kommt, und dem Patient dadurch eine bessere Lebensqualität ermöglicht wird. Eine weitgehende Schmerzfreiheit des Patienten erspart den Angehörigen die zusätzliche emotionale Belastung dem Leiden des Patienten gänzlich hilflos gegenüberzustehen. Die Schmerzkomponente wird zumindest reduziert oder entfällt.

Die theoretisch mögliche Lebensverkürzung, laut der gängigen Definition indirekter Sterbehilfe, könnte von Angehörigen ebenfalls als positiver Nebeneffekt wahrgenommen werden. Die Leidensphase der Patienten sowie die (Mit-)Leidensphase der Angehörigen, würde dadurch verkürzt werden. Eine durch den früheren Todeseintritt eventuell verkürzte Pflegephase könnte für die Angehörigen eine geringere psychische bzw. physische Belastung darstellen. Finanzielle Kosten würden durch eine reduzierte Pflegezeit ebenfalls geringer. Diese können bei langer Krankheit eine nicht unerhebliche Belastung der Angehörigen darstellen.

6.7 Die Anwendung des Prinzip des doppelten Effektes (PDE) auf indirekte Sterbehilfe

6.7.1 Einführung

Um die ethische Zulässigkeit des Leistens indirekter Sterbehilfe zu begründen und eine Rechtfertigung für einen möglichen früheren Todeseintritt zu finden, soll die Anwendbarkeit des PDE auf indirekte Sterbehilfe überprüft werden. Bereits der Konstruktion des Begriffes indirekte Sterbehilfe liegt das PDE zugrunde. Die Definition indirekter Sterbehilfe beinhaltet, dass die

Vornahme einer Schmerztherapie sowohl positive (Schmerzlinderung) als auch negative (eventuell früherer Todeseintritt) Folgen haben kann. Der Begriff des doppelten Effektes wurde von Thomas von Aquin[423] (1225-1275) geprägt, um den Unterschied zwischen beabsichtigten und nicht beabsichtigten Folgen einer Handlung zu beschreiben.[424] Der doppelte Effekt besagt, dass die guten Folgen einer Handlung ihre schlechten Folgen aufwiegen können. Diese Regel wurde von Thomas von Aquin angewendet um das Handeln einer Person, die sich bei einem Angriff verteidigt, und dadurch möglicherweise den Tod des Angreifers verursacht (Töten aus Notwehr zur Selbstverteidigung), zu rechtfertigen.[425] Der Tod des Angreifers sei zu keiner Zeit intendiert, beabsichtigt sei die Selbstverteidigung. Der Tod des Angreifers würde als Nebeneffekt der Selbstverteidigung in Kauf genommen. Thomas von Aquin vertrat also die Theorie, dass ein moralischer Unterschied zwischen dem intendierten Ergebnis und dem unbeabsichtigten Nebeneffekt einer Handlung bestünde.[426]

In der katholischen Moraltheologie wurde das Konzept des doppelte Effektes einer Handlung über die Jahrhunderte weiterentwickelt, unter anderem durch den Hl. Antonius von Florenz (1389-1459), durch Franciscus de Vitoria (ca. 1492-1546), Francisco Suaréz (1548-1617) sowie durch den Hl. Alfons Maria von Liguori (1696-1787).[427] Im 19. Jahrhundert wurde Thomas von Aquins' Theorie des doppelten Effektes durch den jesuitischen Moraltheologen Jean-Pierre Gury (1801-1866) in eine Reihe von Regeln überführt, die fortan als allgemein anwendbares Prinzip des doppelten Effektes (PDE) bezeichnet wurden.[428] Während des Zweiten Vatikanischen Konzils wurde das PDE zum Ansatzpunkt für die Bewertung und Klärung ethischer Fragestellungen bestimmt.[429]

In der medizinischen Ethik wird das PDE angewendet, um einen moralischen Unterschied zwischen bestimmten Handlungspaaren (standard cases) aufzuzeigen und dadurch eine Erlaubnis bzw. ein Verbot der Handlung zu begründen. Beispiele für diese Fälle sind unter anderem die Abwägung

---

[423] Thomas v. Aquin gehörte dem katholischen Orden der Dominikaner an, und war einer der bedeutendsten Kirchenväter. Er zählt zu den einflussreichsten Theologen und Philosophen in der Geschichte des Abendlandes.
[424] Scholz R (2002), S.305.
[425] Cavanaugh T (2006), S.1.
[426] Boyle J (2004), S.52.
[427] Cavanaugh T (2006), S.2.
[428] Boyle J (2004), S.53.
[429] Zimmermann-Acklin M (2010), S.277.

der Zulässigkeit von strategischen Bombenabwürfen (SB) gegenüber terrorisierenden Bombenabwürfen (TB) im Kriegsfall, die Frage nach der Zulässigkeit einer Hysterektomie bei einer Schwangeren mit Uteruskarzinom im Gegensatz zu einer Kraniotomie bei einem Feten, dessen Kopf im Geburtskanal steckengeblieben ist (Geburtshelfer-Fall)[430], Fälle von Organtransplantation bei Herzstillstand sowie die Trennung von siamesischen Zwillingen.[431]

Das PDE hat seinen Platz innerhalb einer deontologischen Ethik.[432] Die „Deontologie bezeichnet im Zusammenhang mit der normativen Ethik eine Theorie, die von absoluten Pflichten ausgeht, d.h. von Normen, denen ohne Rücksicht auf die Folgen einer Handlung unbedingt und unter allen Umständen zu folgen ist."[433] Die Verquickung von Deontologie und PDE können wie folgt beschrieben werden: das PDE ist „[...] in einer ethischen Tradition beheimatet [...], die *absolut gültige Verbote* kennt."[434] Voraussetzung für die Anwendung des PDE ist also, dass von absolut gültigen Verboten oder Normen ausgegangen werden kann, bspw. einem absoluten Tötungsverbot. Innerhalb einer deontologischen Ethik kann das PDE dann angewendet werden, um Ausnahmen von einem absoluten Tötungsverbot zu begründen (z.B. Notwehr mit Todesfolge für den Angreifer).[435]

Es müssen bestimmte Prämissen erfüllt werden, damit eine Handlung sowie ihre Folgen moralisch gebilligt werden können. Eine Handlung, die sowohl positive als auch negative Folgen hat, ist nach dem PDE erlaubt, wenn gilt[436]:

1. Die Handlung an sich ist gut oder zumindest indifferent.
2. Ausschließlich der gute Effekt wird intendiert. Der negative Effekt darf nur in Kauf genommen werden, er darf jedoch nicht beabsichtigt werden.

---

[430] Cavanaugh T (2006), S.74, Birnbacher D (1995), S.194.
[431] Aulisio M (2005), S.25.
[432] „Eine *deontologische Ethik* beurteilt die sittliche Richtigkeit einer Handlung danach, ob sie einem anerkannten moralischen Prinzip folgt, ungeachtet der Konsequenzen, die die Handlung verursacht." (Oduncu F (2007b), S.130).
[433] Zimmermann-Acklin M (2002), S.283.
[434] Scholz R (2002), S.306.
[435] Ibidem.
[436] Cavanaugh T (2006), S.26, Scholz R (2002), S.302, Holderegger A (2000), S.131, Beauchamp T/Childress J (2009), S.163, Zimmermann-Acklin M (2010), S.276, Frey R (2008), S.464, Schockenhoff E (2007), S.462.

3. Der positive Effekt darf nicht durch den negativen Effekt herbeigeführt werden. Die schlechte Wirkung darf also nicht Mittel zur Herbeiführung des positiven Effektes sein.

4. Der Grund, weswegen die Handlung ausgeführt wird, ist gewichtig und wiegt den negativen Effekt auf.

Alle vier Konditionen müssen zwingend erfüllt werden, damit eine Handlung, die sowohl positive als auch negative Folgen hat, durchgeführt werden darf.[437] Im Folgenden soll überprüft werden, ob das PDE auf indirekte Sterbehilfe angewendet werden kann, und ob es verwendet werden kann um die ethische Zulässigkeit des Leistens von indirekter Sterbehilfe zu begründen. Zunächst sollen die vier Konditionen des PDE näher erläutert werden.

6.7.2 Die 1. Bedingung des PDE

Die erste Kondition des PDE bezieht sich ausschließlich auf die stattfindende Handlung an sich.[438] Wenn das PDE angewendet werden soll, um die ethische Zulässigkeit einer Handlung mit positiven und negativen Effekten zu ermitteln, muss zuerst deren Moralität bewertet werden – die Handlung an sich muss gut oder zumindest indifferent sein.[439] Eine Handlung, die an sich schlecht ist, mögen ihre Folgen positiv sein oder negativ sein, kann durch das PDE nicht gerechtfertigt werden; somit entfällt die Untersuchung ob die drei weiteren Bedingungen auf diese Handlung zutreffen.

Um die Moralität einer Handlung zu ermitteln sind klassischerweise drei Aspekte dieser zu bewerten[440]:

1. Gegenstand der Handlung, Objekt der Handlung oder Handlungsziel (finis operis),

2. Absicht oder Ziel des Handelnden (finis operantis),

---

[437] Cavanaugh T (2006), S.26.

[438] 1. Kondition des PDE: Die Handlung an sich ist gut oder zumindest indifferent.

[439] „Indifferente Handlungen sind [...] weder gut noch schlecht, da sie nicht unter die Grunddifferenz von Gut und Böse fallen und somit durch das oberste Prinzip der praktischen Vernunft *bonum faciendum malum vitandum* nicht erfasst werden." (Schockenhoff E (2007), S.473).

[440] Scholz R (2002), S.303.

3. Umstände der Handlung (circumstantiae).[441]

Die Bewertung einer Handlung kann auch durch die Beantwortung verschiedener Fragestellungen erfolgen: Die Fragen „warum?" und „wie?" zielen auf die Ermittlung der Intention oder der Absicht des Handelnden bzw. des Ziels des Handelnden ab. „Was?" fragt nach dem Gegenstand oder Objekt der Handlung, und die Fragewörter „wo, wann, womit, wodurch, etc." werden eingesetzt, um die Umstände der Handlung zu ergründen.[442] Durch die Feststellung und Bewertung von Handlungsgegenstand/-ziel, Handlungsabsicht und Handlungsumständen kann zu einem Handlungsurteil gelangt werden.[443] Wenn die Handlung als gut oder zumindest indifferent beurteilt wird, kann evaluiert werden ob diese Handlung und ihre Ergebnisse auch die anderen Konditionen des PDE erfüllen.

Die Bedeutung der Handlungsabsicht (die Absicht oder das Ziel des Handelnden) wird im Rahmen der 2. Kondition des PDE näher erörtert werden. Für den Handlungsgegenstand (Objekt der Handlung oder Handlungsziel) sowie die Handlungsumstände gilt, dass diese nicht schlecht sein dürfen. Das Konzept von in sich schlechten Handlungen (actus intrinsece mali)[444] wurde von der katholischen Moraltheologie geprägt und wird weiterhin von der katholischen Kirche vertreten.[445] Von einer in sich schlechten Handlung kann gesprochen werden, wenn diese aus sich selbst heraus, bzw. aufgrund ihres Objektes (finis operis) oder ihrer Umstände als „sittlich falsch zu beurteilen ist."[446] Die Umstände der Handlung (s. Abb. 4) müssen beschrieben werden, um eine über das Handlungsobjekt hinausgehende Bewertung dieser zu ermöglichen. Die Umstände, unter denen eine Handlung vorgenommen wird, können weiteren Aufschluss über die Moralität der Handlung liefern. Auch können sie Hinweise auf die vom Handelnden gehegte Intention geben. Demnach werden durch die 1. Kondition des PDE Handlungen verboten, die als in sich schlecht beurteilt werden. Es gilt nun zu klären ob dieser Fall in Bezug auf indirekte Sterbehilfe vorliegt.

---

[441] Ibidem, Zimmermann-Acklin M (2002), S.293.

[442] Cavanaugh T (2006), S.28, Schockenhoff E (2007), S.471.

[443] Schockenhoff E (2007), S.450.

[444] Zimmermann-Acklin M (2002), S.282, „Orthodox catholic moral theology, however, holds that acts can be judged as wrong in themselves, or as intrinsically wrong." (Cavanaugh T (2006), S. 39).

[445] Als actus intrinsece mali werden beispielsweise direkte Tötungen von Unschuldigen bezeichnet, vgl. Zimmermann-Acklin M (2002), S.282; des weiteren auch „Mord, Völkermord, Vergewaltigung, Prostitution, Sklaverei" (Zimmermann-Acklin M (2002), S.297).

[446] Zimmermann-Acklin M (2002), S.297, Frey R (2008), S.465.

Gegenstand der Handlung ist bei indirekter Sterbehilfe die Verabreichung einer Schmerztherapie (s. Abb. 4), um bspw. die Schmerzen eines Tumorpatienten in der Sterbephase zu lindern. Handlungsziel (jedoch nicht die Intention, s. 2. Kondition des PDE) ist das Herbeiführen von Schmerzfreiheit (s. Abb. 4). Folgende Handlungsumstände können erfasst werden: die Stärke der Schmerzen des Patienten, in welcher Situation eine Schmerztherapie begonnen wurde, ob der Patient schon im Sterben lag, der Zeitpunkt des Todeseintritts nach Therapiebeginn sowie Art und Dosis (-steigerungen) der verabreichten Pharmaka. Nach Beurteilung der verschiedenen Handlungselementen, die das Leisten indirekter Sterbehilfe beinhaltet, kann festgestellt werden, dass die Durchführung einer Schmerztherapie keine Handlung ist, die als in sich schlecht zu charakterisieren wäre, da die ihr zugrunde liegenden Handlungselemente positiv zu bewerten sind.[447]

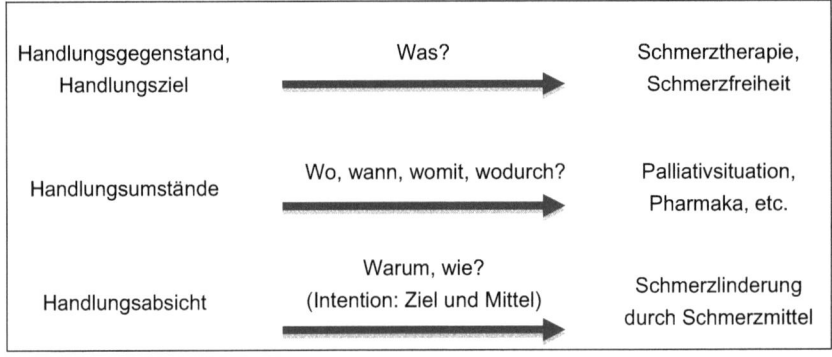

Abb. 4: Handlungsbeurteilung des Leistens indirekter Sterbehilfe

---

[447] Boyle J (2004), S.54.

6.7.3 Die 2. Bedingung des PDE

Die 2. Kondition des PDE bezieht sich auf die Intention des Handelnden (finis operantis), im Fall indirekter Sterbehilfe auf die vom Arzt verfolgten Absichten oder Ziele.[448] Eine Definition der Intention wird von Holderegger gegeben:

> „Zur Handlungsintention gehört zumindest in groben Umrissen die Vorstellung, wie Handlungen realisiert werden sollen und welches Ziel damit verfolgt werden soll. Und damit gehört das intendierte Ergebnis notwendigerweise zum Handlungsobjekt. Das bedeutet, dass die Handlungsabsicht zur Beurteilung der Handlung belangvoll ist und ein *moralisch relevantes Kriterium* in der Beurteilung einer objektiv beschreibbaren Tat darstellen kann."[449]

Die in einer Handlung verfolgte Intention ist ein moralisch relevanter Aspekt für ihre Beurteilung.[450] Zwischen Handlungen, denen trotz des gleichen Ergebnisses unterschiedliche Intentionen zugrunde liegen, kann eine moralische Differenz bestehen. Die Intention des Arztes, der seinem Patienten eine Schmerztherapie verabreicht, um diesen dadurch zu töten, ist eine andere als die eines Arztes, der einem Patienten eine Schmerztherapie verabreicht, um sein Leid zu lindern. Selbst wenn in beiden Fällen aufgrund der erfolgten Therapie der Tod des Patienten eintreten sollte, so konstituiert die vom Arzt gehegte Intention einen Unterschied zwischen den Handlungen. Sofern der Arzt den Todeseintritt intendiert, wird er Maßnahmen treffen, um diesen zu erreichen. Wenn er jedoch eine reine Schmerzlinderung beabsichtigt, wird er nichts unternehmen, um den Tod seines Patienten herbeizuführen.

Der Bezug der Intention (Handlungsabsicht) zum Handlungsobjekt schafft die Verbindung zur ersten Bedingung des PDE. In der zweiten Bedingung wird nach dem „warum?" und dem „wie?" des Handelnden gefragt. Es werden demnach Ziel, bzw. Absicht des Handelnden analysiert; warum führt er die Handlung aus und welches Ziel verfolgt er? Die Intention des Handelnden bestimmt auch die Mittel, die dieser zum Erreichen des Ziels einsetzen wird. Somit müssen auch die verwendeten Mittel („wie?") in Be-

---

[448] 2. Kondition des PDE: Ausschließlich der gute Effekt wird intendiert. Der negative Effekt darf nur in Kauf genommen werden, er darf jedoch nicht beabsichtigt werden.
[449] Holderegger A (2000), S.130.
[450] „The distinction between the intended and the side-effect is *morally* significant." (Finnis J (1997), S.28), Cavanaugh T (2006), S.8.

tracht gezogen werden. Die Bedeutung der Mittel, die der Handelnde einsetzt, um seine Absicht zu verwirklichen, leiten zur dritten Bedingung des PDE über, die im Folgenden erläutert werden wird.

Die oben aufgeführten Regeln des principle of nonmaleficence werden durch die zweite Bedingung des PDE weiter spezifiziert, da diese zwischen den intendierten und vorhergesehenen Folgen einer Handlung unterscheidet.[451] Es wird also nicht nur die Handlung selbst (ob dadurch Schaden oder Nutzen entsteht), sondern auch die Einstellung des Handelnden dazu berücksichtigt. Negative Folgen einer Handlung, die entweder vorausgesehen oder aber vom Handelnden in Kauf genommen werden, können, selbst wenn sie die Handlungskriterien (Regeln) des principle of nonmaleficence brechen, durch das PDE gerechtfertigt werden. Wenn die negativen Folgen einer Handlung jedoch einerseits die Regeln des principle of nonmaleficence verletzen, und andererseits vom Handelnden intendiert wurden, so können sie weder durch das Nicht-Schadensprinzip noch durch das PDE zulässig erklärt werden.

Im Zuge einer besseren Differenzierung des Intentionskonzeptes muss zwischen Absicht, Wunsch und Voraussicht der Folgen einer Handlung durch den Akteur unterschieden werden. Einen Wunsch nach etwas zu hegen bedeutet nicht zwangsläufig, dass das Ergebnis einer damit verknüpften Handlung beabsichtigt wurde: „so kann ein Arzt durchaus den baldigen Tod und die damit verbundene Erlösung wünschen, ohne dies bei seiner Schmerzbekämpfung zu intendieren."[452] Oft wünscht man etwas, was man zu tun beabsichtigt, jedoch beabsichtigt man auch das Eintreten von Ereignissen, die man nicht wünscht, oder man wünscht etwas, dass man nicht beabsichtigt (s. Abb. 5).[453] In Bezug auf Vorhergesehenes und Beabsichtigtes gilt ähnliches. Man kann das Eintreten eines Ereignisses voraussehen, ohne zu beabsichtigen es herbeizuführen. Ebenso ist es möglich, zu beabsichtigen ein bestimmtes Handlungsergebnis zu erreichen, ohne dieses zu vorauszusehen (s. Abb. 5). Ferner können auch die Folgen einer intendierten Handlung vorausgesehen werden und umgekehrt.[454]

---

[451] Beauchamp T/Childress J (2009), S.155.
[452] Scholz R (2002), S.317.
[453] Scholz R (2002), S.308.
[454] Keown J (2002), S.18.

Intention: Die Absicht ein Ziel zu erreichen, beinhaltet weder zwangsläufig den Wunsch dieses Ziel zu erreichen noch die Voraussicht, dass das Ziel tatsächlich erreicht werden wird.

Wunsch: Der Wunsch ein Ziel zu erreichen, beinhaltet weder zwangsläufig die Absicht das Ziel zu verwirklichen noch die Voraussicht, dass das Ziel tatsächlich erreicht werden wird.

Voraussicht: Die Voraussicht, dass ein gesetztes Ziel erreicht werden wird, beinhaltet weder zwangsläufig die Absicht noch den Wunsch das Ziel zu verwirklichen.

Abb. 5: Differenzierung zwischen Intention, Wunsch und Voraussicht

Quinn trifft die Differenzierung zwischen Beabsichtigtem und Nicht-Beabsichtigtem wie folgt: „All aspects of an action or inaction that do not in the strictest sense contribute to an agent's goal will be trimmed away as unintentional."[455] Er gibt bzgl. des Handlungsziels keine weitere Unterteilung in Wunsch oder Voraussicht vor, sondern bezieht sich einzig auf die verfolgte Absicht. Demnach würden lediglich die Aspekte einer Handlung, die Ziel oder Mittel sind, intendiert werden. Nebenwirkungen oder Nebenfolgen wären von der Intention ausgenommen, sofern sie nicht (als Mittel) zum Erreichen des Ziels beitragen würden. Fraglich ist, ob die Trennlinie so eindeutig gezogen werden kann. Zweifellos können Nebenwirkungen von der Intention ausgeschlossen werden, wenn sie nicht als Mittel zum Erreichen des Ziels dienen. Andererseits kann ein Handelnder im Zuge einer Handlung mehrere Intentionen verfolgen, welche nicht notwendigerweise auf das (Haupt-)Handlungsziel gerichtet sind, sondern auf multiple Ziele, welche mit dem Hauptziel kollidieren können; bspw. im Falle eines Arztes, der bestrebt ist, die Schmerzen seines Patienten zu lindern. Die Schmerzfreiheit ist das Ziel oder die Hauptintention des Arztes. Eine weitere Intention des Arztes ist, das Leben seines Patienten, solange wie erdenklich, zu erhalten. Trotzdem erscheint es dem Arzt nur möglich, die Schmerzen des Patienten durch Herbeiführung des Todes zu lindern. Eine Lebensverlängerung wird von diesem Arzt intendiert, obwohl sie nicht zum Ziel der Handlung beiträgt

---

[455] Quinn W (1994), S.182.

und mit der Annahme des Arztes, dass die Schmerzen nur durch Herbeiführung des Todes zu lindern seien, kollidiert.

Vorhergesehene oder in Kauf genommene Effekte können, im Gegensatz zu beabsichtigten Ergebnissen einer Handlung, als praeter intentionem (beyond intention) beschrieben werden. Praeter intentionem ist nach
Thomas von Aquin mit per accidens (aus Versehen) gleichzusetzen.[456] Die
Nebenwirkung tritt versehentlich auf; sie befindet sich außerhalb der Intention und ist in keiner Weise beabsichtigt.[457] Es gibt zwei Erscheinungsformen der nicht beabsichtigten Nebenfolgen einer Handlung. Während das
beabsichtigte Ergebnis durch die Handlung herbeigeführt wird, können die
Nebenfolgen entweder vorhergesehen oder in Kauf genommen werden
(das Ergebnis wird jedoch *nicht* mittels der Nebenwirkungen herbeigeführt).

Vorhergesehene Folgen einer Handlung sind Effekte deren Eintreten
oder Vorkommen zu Beginn der Handlung angenommen werden kann. Allerdings ist der Grad der Wahrscheinlichkeit mit dem diese Folgen auftreten
werden unklar; die Möglichkeit ist jedoch gegeben. Demnach gilt es zwischen vorhersehbaren Folgen, deren Auftreten sehr wahrscheinlich ist und
vorhersehbaren Folgen, deren Auftreten eher unwahrscheinlich ist, sowie
den Möglichkeiten des Ergebniseintritts, die zwischen beiden Extremen
liegen, zu unterscheiden. Demgegenüber ist das Auftreten von *in Kauf ge-*
nommenen Ergebnissen einer Handlung zwar a priori möglich, jedoch besteht bei Aufnahme der Handlung nur eine theoretische Eintretenswahr-
scheinlichkeit bzw. -möglichkeit. Es kann davon ausgegangen werden,
dass dem Handelnden bewusst ist, gewisse Nebenwirkungen tolerieren zu
müssen, um die Handlung erfolgreich durchführen zu können, bzw. dass er
die Handlung trotz der Nebenwirkungen durchführen würde. In Kauf genommene und vorhergesehene Folgen haben die Gemeinsamkeit, dass
beide erst nach Abschluss der Handlung, und ihrem Auftreten (oder Fehlen), abschließend überprüft bzw. beurteilt werden können. Vorhergesehene und in Kauf genommene Folgen unterscheiden sich dadurch, dass Ers-
tere vor oder bei Aufnahme der Handlung bereits in der Wahrnehmung des
Handelnden als Erfolgsmöglichkeit präsent sind, Letztere jedoch nur insofern, als sich der Handelnde bewusst ist, dass er diese als Nebeneffekt
zum Erreichen des Ziels tolerieren würde, ihr Eintreten jedoch nicht als
wahrscheinlich erachtet.

---

[456] Cavanaugh T (2006), S.7.
[457] Cavanaugh T (2006), S.43.

Nun stellt sich die Frage, wie beabsichtigte von vorhergesehenen, bzw. in Kauf genommenen Ergebnissen einer Handlung unterschieden werden können. Es wurde bereits erläutert, dass beabsichtigte, vorhergesehene und in Kauf genommene Folgen in der Wahrnehmung des Handelnden entweder koinzidieren oder isoliert auftreten können. Cavanaugh trifft die Unterscheidung wie folgt:

> „Intention is an agent's volitional commitment to effecting a goal as planned. Foresight is a cognitive realization of what will occur given certain causal relations. Intent differs from foresight as a volitional commitment to a plan of action that takes advantage of certain causal relations to effect a goal differs from knowledge of causal relations."[458]

Cavanaughs' schlüssige Beschreibung der Unterschiede zwischen Intention und Voraussicht ist allerdings in Bezug auf die Eintreffenswahrscheinlichkeit des Vorhergesehenen in Frage zu stellen, da ein Kausalzusammenhang zwischen zwei Handlungen oder Ergebnissen nicht zwangsläufig zu dem sicheren Eintritt des jeweils Anderen führt. Die Wahrscheinlichkeit eines Erfolgseintrittes ist gegeben; dieser ist jedoch nicht zwingend.

Einerseits ist fraglich, inwiefern der Handelnde selbst zwischen Intention und Voraussicht unterscheiden kann. Andererseits ist zu klären, wie Intentionen objektiviert werden können. Die Intentionen einer Person und ihr Umgang mit ihnen sind von verschiedenen Faktoren abhängig. Die Intentionsbildung wird durch die Wertewelt und das soziale Umfeld des Handelnden sowie den moralischen und rechtlichen Normen, denen er unterworfen ist, stark beeinflusst. Die Absicht eines Arztes seinen Patienten auf dessen Verlangen hin zu töten, wird erst dann entstehen, wenn bspw. die persönlichen Werte dieses Arztes eine Tötung auf Verlangen erlauben und er sein Vorgehen vor sich selbst rechtfertigen kann. Dieses Beispiel zeigt eine Situation, in der die Intention des Arztes verhältnismäßig eindeutig ist. Anders ist dies jedoch gelagert, wenn ein Arzt eine Schmerzlinderung intendiert, welche die Möglichkeit einer Lebensverkürzung in sich birgt. Eine klare Unterscheidung zwischen einer ausschließlich auf Schmerzlinderung beschränkten Intention und einer Absicht, welche neben der Schmerzlinderung auch zu einem geringen Anteil eine Lebensverkürzung beinhaltet, ist schwierig zu treffen.

---

[458] Cavanaugh T (2006), S.97.

Die Perzeption der eigenen Intentionen mag punktuell eindeutig erscheinen, jedoch sind sowohl sie selbst als auch deren Wahrnehmung dem Verlauf der Zeit unterworfen. Auch ist die Erinnerung an Absichten, die im Rahmen einer Handlung verfolgt wurden, im Nachhinein meist nicht eindeutig. Weitere Probleme der Beurteilung ergeben sich dadurch, dass im Rahmen einer Handlung multiple, unter Umständen miteinander kollidierende Intentionen verfolgt werden können. Darüber hinaus ist einerseits der persönliche Zugang zu den eigenen Intentionen schwierig, da viele Entscheidungsfindungen im Unbewussten stattfinden[459], andererseits ist die Zuverlässigkeit der Angabe von Intentionen (auf Anfrage von Dritten) fraglich.[460] The Select Committee on Medical Ethics (Walton Committee), das als Gutachter im Bland-Fall[461] bestellt wurde, beschreibt die Problematik die Intention eines Handelnden zu bestimmen, wie folgt: „Some may suggest that intention ist not readily ascertainable. But juries are asked every day to assess intention in all sorts of cases."[462] In der Tat ist die sichere Feststellung der Intentionen einer Person nicht einfach, jedoch gibt es für Außenstehende im Regelfall Indizien, um diese zu ermitteln.

Nach Finnis läuft der Prozess, in dem eine Intention entwickelt wird, wie folgt ab: „Forming an intention, in choosing freely, is not a matter of having an internal feeling or impression; it is a matter of *setting oneself* to do something."[463] Ab dem Moment, in dem die Entscheidung für eine Intention getroffen wird, werden Schritte unternommen, um sie zu verwirklichen. Die, auf die Festlegung der Intention folgenden, Teilschritte der Handlung dienen ihrer Verwirklichung und damit der Realisierung des Ziels:

> „Intention is a tough, sophisticated and serviceable concept, well worthy of its central role in moral deliberation, analysis and judgement, because it picks out the central realities of deliberation and choice: The linking of means and ends in a plan or proposal-for-action adopted by choice in preference to alternative proposals (including: to do nothing)."[464]

---

[459] „Menschen können nämlich Dinge mit bestimmten Intentionen tun, ohne sich dieser Intentionen zu irgendeinem Zeitpunkt bewusst zu sein." (den Hartog GA (2004), S.382).
[460] „Handelnde haben keinen privilegierten Zugang zu ihren eigenen Intentionen, sie können auch von anderen überzeugt werden, dass sie sich darüber täuschen." (den Hartog GA (2004), S.382).
[461] Airedale NHS Trust vs. Bland (1993).
[462] Finnis J (1997), S.25.
[463] Finnis J (1997), S.28.
[464] Finnis J (1997), S.26.

Indem der Handelnde (oder Dritte) den Zweck der von ihm vorzunehmenden oder vorgenommenen Schritte analysiert, ist ein Rückschluss auf die von ihm gesetzte bzw. verfolgte Intention möglich. Darüber hinaus können auch die nach außen sichtbaren Indizien betrachtet werden, um die vom Handelnden verfolgte Intention zu bestimmen.[465] Da die innere Einstellung, d.h. die Intention des Handelnden, nur diesem selbst zugänglich ist, und auf Anfrage von Dritten verfälscht wiedergegeben werden kann, muss sich die Ermittlung der Intention auf objektivierbare Parameter stützen. Das Gesamtbild, das Fakten ergeben, definiert die Absicht des Handelnden.

Eine weitere Möglichkeit, um zwischen intendierten und vorhergesehenen bzw. in Kauf genommenen Folgen einer Handlung zu unterscheiden, ist der sog. counter-factual test[466] - eine Testfrage. Diese wird von Uniacke wie folgt gestellt: „Would the agent's end or aim in any way be thwarted if the bad effect did not occur?"[467] Durch die Testfrage soll ermittelt werden ob das Ziel des Handelnden nicht erreicht würde, bzw. seine Absicht nicht verwirklicht würde, wenn die negativen Nebenfolgen nicht einträten. Jedoch würde der Handelnde bei negativen Folgen seines Handelns, welche gesellschaftlich unerwünscht bzw. gesetzlich verboten sind, die Vereitelung seines Ziels nicht zwangsläufig offenlegen.

Der Nutzen dieses Tests ist fragwürdig[468] und das dadurch dargestellte Szenario unrealistisch. Der Test kann nicht Aufschluss darüber geben ob die negativen Folgen der unternommenen Handlung intendiert oder vorhergesehen bzw. in Kauf genommen wurden.[469] Wenn ein Arzt einem Patienten eine Schmerztherapie verabreicht, so kann er dies tun, um dessen Schmerzen zu lindern, ohne dabei zu intendieren dadurch dessen Tod herbeizuführen, oder er kann intendieren die Schmerzen durch die Herbeiführung des Todes zu lindern (direkt aktive Sterbehilfe). Beim Leisten von direkt aktiver Sterbehilfe beabsichtigt der Arzt den Tod des Patienten herbeizuführen; ein mögliches Motiv wäre, wie bereits erwähnt, eine vermeintlich

---

[465] „Es mag sehr seltene Einzelfälle geben, in welchen von außen nicht erkennbar ist, ob es sich um eine direkte oder indirekte aktive Sterbehilfe gehandelt hat, ob also das Sterben des Patienten beabsichtigt war oder lediglich als eine unvermeidbare Nebenwirkung einer beabsichtigten Schmerzlinderung in Kauf genommen wurde; auf die Dauer allerdings wird das aufgrund des gesamten Handlungsplans einer Ärztin auch von außen deutlich erkennbar." (Zimmermann-Acklin M (2010), S.281).
[466] Chan D (2000), S.419.
[467] Uniacke S (1996), S.106.
[468] Cavanaugh T (2006), S.88.
[469] Zimmermann-Acklin M (2002), S.311.

nur durch das Sterben des Patienten zu erreichende Schmerzlinderung. Wenn hierbei die Schmerzen gelindert werden, und der Patient nicht durch die vom Arzt verabreichte mutmaßlich tödliche Dosis stirbt, ist der negative beabsichtigte Effekt nicht eingetreten, aber die Schmerzen sind gelindert worden. Der Arzt würde nach erfolgter Schmerzlinderung ohne Todeseintritt seinen Patienten nicht töten, obgleich er dessen Tod, um die Schmerzen zu lindern, intendiert hatte. Da die Absicht des Arztes die Schmerzen zu lindern nicht vereitelt wurde, müsste die Testfrage hier verneint werden. Dies würde laut Testfrage dazu führen, dass die ehemals vorherrschende Absicht den Patienten zu töten, um die Schmerzlinderung zu erreichen, ebenfalls verneint würde.[470]

Intendierte Folgen können durch verschiedene Merkmale von vorhergesehen, bzw. in Kauf genommenen Folgen abgegrenzt werden. Im Gegensatz zu vorhergesehenen oder in Kauf genommenen Konsequenzen wird bei intendierten Folgen zunächst die Absicht diese zu erreichen entstehen, bzw. aktiv von dem Handelnden gebildet („forming an intention"[471]). Währenddessen nimmt der Handelnde seine Intention bereits als solche wahr. Schließlich bemüht sich der Handelnde aktiv um die Verwirklichung seines Ziels; um die Erfüllung seiner Intention. Indem der Handelnde Schritte unternimmt, um zu seinem Ziel zu gelangen, wird die Intention nach außen hin sichtbar und kann durch Indizien ermittelt werden. Ob die Folgen einer Handlung vorhergesehen oder in Kauf genommen wurden, kann hingegen erst nach Abschluss der Handlung definitiv beurteilt werden.

Schließlich muss erörtert werden, inwiefern der Handelnde für die Konsequenzen seiner Handlung verantwortlich zu halten ist. Jede *Neben*wirkung ist definitionsgemäß auch eine *Wirkung* der stattgehabten Handlung. Die moralische Verantwortung, die der Handelnde für die intendierte Wirkung oder Folgen seiner Handlung trägt, gilt auch für die unerwünschten Effekte (vorhergesehene oder in Kauf genommene Folgen) einer Handlung: „das Prinzip der Handlungen mit Doppelwirkung besagt nicht, dass der Handelnde für nichtintendierte Folgen nicht *verantwortlich* sei."[472] Harris unterscheidet diesbezüglich zwischen positiver und negativer Verantwortung[473]:

---

[470] Ibidem.
[471] Finnis J (1997), S.28.
[472] Scholz R (2002), S.302.
[473] Harris bezieht sich hier auf die bereits thematisierte Problematik der Unterscheidung von Tun und Unterlassen.

„Wo etwas sich ereignet oder ein bestimmter Zustand gegeben ist, weil jemand etwas getan hat, werde ich sagen, dass der Handelnde dafür positiv verantwortlich ist; und wo ein bestimmter Zustand gegeben ist oder etwas geschieht, weil ein Handelnder nichts getan hat, werde ich sagen, dass der Handelnde dafür negativ verantwortlich ist."[474]

Der Handelnde ist sowohl für die Folgen seines positiven als auch negativen Handelns *verantwortlich*.[475] Wenn eine Person für die Folgen seiner Handlungen verantwortlich zeichnet, stellt sich, sofern durch die Handlung Schaden entstanden ist, die Frage nach der (moralischen) Schuld des Handelnden. Uniacke bewertet die Schuldhaftigkeit des Handelnden folgendermaßen: „Während der Akteur im Fall einer Handlung mit doppelter Wirkung sowohl für die gute (intendierte) als auch für die schlechte (bloß zugelassene) Folge moralisch *verantwortlich* zeichne, sei er lediglich für die im Sinne des PDW's [Prinzip der doppelten Wirkung] intendierten Folgen moralisch *schuldig*."[476] Um moralisch schuldig zu werden, muss man einerseits für die Folgen seiner Handlung verantwortlich sein, andererseits muss die Handlung, bzw. die dahinterstehende Intention falsch („wrongdoing")[477], bzw. schlecht gewesen sein, d.h. sie hätte nicht durchgeführt werden sollen. Auf indirekte Sterbehilfe bezogen bedeutet dies, dass der Arzt sowohl für die intendierten Folgen als auch für die Nebenwirkungen der Schmerztherapie verantwortlich zeichnet. Er würde aber nur dann moralisch schuldig werden, wenn er den Tod seines Patienten als Nebenfolge intendieren würde.

In Bezug auf indirekte Sterbehilfe sind einige Parameter verfügbar, um beabsichtigte und vorhergesehene, bzw. in Kauf genommene Ergebnisse (faktisch) voneinander zu unterscheiden: „Evidence of physician intent can be found in notations on the patient's chart and in the recorded dosages and titration of analgesics."[478] Es empfehlen sich folgende Handlungsweisen, um die Intention des Arztes nach außen sichtbar und transparent zu machen. Eine Objektivierung der Schmerzen sollte durch den Einsatz von Schmerzskalen, bspw. VAS (visuelle Analogskala), erfolgen. Die verab-

---

[474] Harris J (1995), S.62.
[475] „Ich bin darüber hinaus der Meinung, dass es keinen moralischen Unterschied macht, ob unsere Verantwortung für ein Ereignis, das einer Katastrophe gleich kommt, positiv oder negativ ist." (Harris J (1995), S.64).
[476] Zimmermann-Acklin M (2002), S.310.
[477] Chan D (2000), S.418.
[478] Boyle J (2004), S.52.

reichten Analgetika sollten zu Beginn der Schmerztherapie in engem Bezug zu den, vom Patienten angegebenen, Schmerzen auftitriert werden. Darüber hinaus sollte ein festes Basis-Analgesie-Schema festgelegt werden, dass jedoch auch die Möglichkeit gibt, bei Durchbruchschmerzen variable Dosierungen zu verabreichen. Auch muss eine genaue Dokumentation der verordneten sowie der abgegebenen Dosen stattfinden sowie eine regelmäßige Bestandskontrolle der noch vorhandenen Medikamente, so dass etwaige Inkongruenzen sofort registriert werden können. Des Weiteren sollten therapeutische Entscheidungen immer im Gespräch mit mehreren Kollegen getroffen werden, zumindest aber gemeinsam mit einem weiteren Kollegen.

Die Erfüllung dieser Vorgaben ist ein Imperativ in der Palliativmedizin. Eine adäquate Palliativtherapie zielt nicht auf Lebensverkürzung, sondern auf Symptomlinderung und Verbesserung der Lebensqualität ab. Die ärztliche Intention bei einer Schmerztherapie am Lebensende muss diesen Prinzipien gerecht werden. Das Befolgen der aufgeführten Vorgaben ist äußerst bedeutend, da nur so die Intention des Handelnden objektivierbar ist. Die Trennlinie zwischen intendierten und vorhergesehenen, bzw. in Kauf genommenen Folgen kann nur so gezogen werden.

6.7.4 Die 3. Bedingung des PDE

Die 3. Kondition[479] des PDE betrachtet die Art auf die das positive Ergebnis herbeigeführt wird. Das Verursachen oder Auftreten eines negativen Effektes ist nur dann zulässig, wenn dieser nicht als Mittel zum Erreichen des positiven Ergebnisses dient. Bspw. wird im Fall von aktiver Sterbehilfe bei einem Patienten, der aufgrund unerträglicher Schmerzen um eine Tötung bittet, die Schmerzfreiheit durch die direkt (!) aktive Tötung des Kranken erreicht. Die Tötung (der Todeseintritt als negativer Nebeneffekt) ist das Mittel, um die Schmerzfreiheit (Ziel) herbeizuführen (s. Abb. 6). Gemäß dem PDE darf der negative Effekt jedoch nur als Nebeneffekt oder als Nebenwirkung der Handlung auftreten.

---

[479] 3. Kondition des PDE: Der positive Effekt darf nicht durch den negativen Effekt herbeigeführt werden. Die schlechte Wirkung darf also nicht das Mittel zur Herbeiführung des positiven Effektes sein.

| Aktive Sterbe-
hilfe | ⟶ | TÖTUNG
(Mittel) | ⟶ | Schmerzfreiheit
(Ziel) |
| Indirekte Ster-
behilfe | ⟶ | SCHMERZTHERAPIE
(Mittel) | ⟶ | Schmerzfreiheit
(Ziel) |

Abb. 6: Verhältnis von Mitteln und Zielen bei direkt aktiver und indirekt aktiver Sterbehilfe

Für die Kausalitätsbeziehung von Handlung und Folgen gilt, dass sowohl gute als auch schlechte Folgen ursächlich auf die vorhergegangene Handlung zu beziehen sind, seien sie beabsichtigt oder vorausgesehen, bzw. in Kauf genommen: „Mit oder ohne Intention verursacht man schließlich die Folgen seiner Handlung; hinsichtlich der Kausalität gibt es keinen Unterschied zwischen direktem und indirektem Handeln."[480] Ob das Ergebnis direkt oder indirekt durch die Handlung herbeigeführt wird ist dabei nicht ausschlaggebend. Bedeutsam ist, dass ohne die stattgehabte Handlung positive und negative Folgen nicht eingetreten wären. So kann bspw. bei indirekter Sterbehilfe durch die Schmerztherapie einerseits Schmerzfreiheit erreicht werden, andererseits können die Medikamente auch diverse Nebenwirkungen hervorrufen. Die verschiedenen Wirkungen einer Handlung können gemeinsam auftreten, voneinander unabhängig sein, und müssen sich nicht notwendigerweise gegenseitig beeinflussen. Genau dieses wird von der dritten Bedingung des PDE gefordert: die schlechte Folge der Handlung darf nicht als Mittel dienen, um die gute Folge herbeizuführen. Die gute Folge der Handlung darf nicht kausal durch die schlechte Wirkung verursacht werden. Die zeitliche Abfolge der Ergebnisse als Indiz verwendbar. Tritt die schlechte Folge nach der guten ein, so kann Letztere schwerlich durch die schlechte Wirkung verursacht worden sein, da diese später stattfindet.[481]

In Fällen indirekter Sterbehilfe kann ein theoretisch möglicher Nebeneffekt, nämlich ein verfrühter Todeseintritt, bei Erfüllung der ersten drei Konditionen des PDE, bedingt zulässig sein. Die Handlung in sich ist nicht schlecht, die dahinter stehende Intention zielt auf Schmerzlinderung ab, nicht auf eine Lebensverkürzung, und das Ziel (Schmerzfreiheit) wird nicht durch eine Lebensverkürzung (nicht Mittel, sondern Nebeneffekt) erreicht, sondern durch die schmerzstillende Wirkung der Medikamente. Nun gilt es

---

[480] Scholz R (2002), S.302.
[481] Scholz R (2002), S.311.

zu klären ob das Leisten von indirekter Sterbehilfe auch die vierte Bedingung des PDE erfüllt und somit durch das PDE vollends moralisch gerechtfertigt ist.

6.7.5 Die 4. Bedingung des PDE

Die 4. Kondition[482] des PDE wird auch als principle of proportionality (Proportionalitätsprinzip) bezeichnet. Diese Bedingung legt fest, welchen Wert
das beabsichtigte Ergebnis haben muss, damit ein negativer Effekt zulässig
sein kann. Darüber hinaus bewertet diese Bedingung einerseits die Wichtigkeit und die Dringlichkeit mit der es die positive Wirkung zu erreichen gilt,
und andererseits den negativen Effekt, bzw. den Schaden, der durch die
Handlung entsteht.[483] Um die negativen Folgen aufzuwiegen, muss ein
entsprechendes (proportionales) positives Ziel verwirklicht werden; es muss
ein den Folgen angemessenes Ziel verfolgt werden. Daher kann nicht jede
Handlung, die ein positives Ziel anstrebt, aber einen unbeabsichtigten negativen Nebeneffekt hat, durch das PDE gerechtfertigt werden.[484]

Das Proportionalitätsprinzip wurde schon von Thomas von Aquin erwähnt (proportionatus fini): die Selbstverteidigung der angegriffenen Person müsse in Relation zu dem erfolgten Angriff stehen. Das Handeln des
Angegriffenen müsse angemessen sein.[485] Es wäre mithin nicht zulässig,
einen Angriff, der nicht auf den Tod der angegriffenen Person abzielt, durch
die Tötung des Angreifers abzuwehren. Nicht nur das intendierte Ergebnis
sondern auch die Mittel, die eingesetzt werden, um ein Ziel zu erreichen,
müssen angemessen sein. Wenn ein Angreifer ein Messer in der Hand hält
und mit diesem auf den Anzugreifenden einstechen möchte, wäre es bspw.
ausreichend, diesem das Messer mit einem Stock aus der Hand zu schlagen. Es wäre nicht nötig, den Angreifer zu erschießen, um den Angriff abzuwehren.

Cavanaugh beschreibt das Verhältnis von positiven und negativen Ergebnissen und die Anforderungen, welche die 4. Bedingung des PDE stellt,
wie folgt: „First, the good must be greater. Second, the harm must not be

---

[482] 4. Kondition des PDE: Der Grund, weswegen die Handlung ausgeführt wird, muss gewichtig sein und muss den negativen Effekt aufwiegen.
[483] McIntyre A (2004), S.67.
[484] Scholz R (2002), S.313.
[485] Cavanaugh T (2006), S.33.

gratuitous. That is, it must be the least harm necessary."[486] Die Folgen der Handlung (gute und schlechte Effekte) müssen mindestens gleich stark ausgeprägt sein. Im Idealfall sollte die jedoch gute Folge die schlechte überwiegen. Der positive Effekt der Handlung muss objektiv Wert besitzen, d.h. die gute Folge muss moralisch erstrebenswert sein. Die möglicherweise eintretende negative Folge muss vor Aufnahme der Handlung bewertet werden, darf nicht grundlos herbeigeführt werden, und muss so gering wie möglich ausfallen. Sollte ein negativer Nebeneffekt zu umgehen sein, so ist er unter allen Umständen zu vermeiden. Darüber hinaus wird angenommen, dass der Handelnde die negative Folge nur dann in Kauf nimmt, wenn es keine Alternativen gibt, um den positiven Effekt auf einem anderen Weg zu erreichen.[487]

Bei indirekter Sterbehilfe muss demnach eine Güterabwägung vorgenommen werden: das erwünschte Ergebnis, Schmerzfreiheit, muss einerseits gegen die möglichen Nebenwirkungen der Therapie, und andererseits gegen einen unter Umständen früher eintretenden Tod abgewogen werden. Zunächst stellt sich die Frage nach der Angemessenheit einer Schmerztherapie. Wenn diese aufgrund der Schmerzen des Patienten medizinisch indiziert ist, und die verabreichten Dosen dem Bedarf des Patienten entsprechen, so ist sie angemessen. Der Beginn einer Schmerztherapie bei einem leidenden Patienten sollte also aufgrund der Wichtigkeit und Dringlichkeit der Schmerzlinderung umgehend erfolgen. Die Nebenwirkungen einer Schmerztherapie (bspw. opioid-typische Nebenwirkungen wie Emesis, Obstipation, Hypothermie; vgl. medizinischer Teil) sind, obwohl sie ebenfalls die Lebensqualität des Patienten vermindern können, eine geringfügigere Belastung als das Erleiden von immensen Schmerzen. Insofern können diese Nebenwirkungen, sofern der Patient eine Schmerztherapie wünscht und ihrem Beginn zustimmt, vom Arzt in Kauf genommen werden, da die positiven Effekte der Schmerzlinderung die negativen medikamentösen Nebeneffekte überwiegen. Auch wird die Schmerzlinderung nicht durch die Nebenwirkungen der Medikamente herbeigeführt.

Des Weiteren muss die erwünschte Schmerzfreiheit gegen eine mögliche Lebensverkürzung abgewogen werden. Rechtfertigt die Linderung der Schmerzen des Patienten einen früheren Todeseintritt, bzw. kann Schmerzfreiheit einen Verlust von Lebenszeit, so gering dieser auch sein mag, auf-

---

[486] Cavanaugh T (2006), S.34.
[487] McIntyre A (2004), S.67.

wiegen? Die Schwierigkeit der Abwägung ergibt sich daraus, dass menschliches Leben ein inkommensurables Gut ist; eigentlich ist es keiner Abwägung zugänglich. Im Fall indirekter Sterbehilfe muss beachtet werden, dass es sich um eine Ausnahmesituation handelt. Eine Lebensverkürzung findet im Zuge einer Schmerztherapie im Regelfall nicht statt (vgl. medizinischer Teil). Daher betrifft die Möglichkeit eines früheren Todeseintritts, wenn überhaupt, nur einen Bruchteil der Schmerzpatienten am Lebensende. Es wird also keine generelle Abwägung getroffen. Die Entscheidung, sofern überhaupt nötig, wird auf Einzelfälle begrenzt.

Vielmehr erfolgt also eine Abwägung von Schmerzfreiheit und der höchst unwahrscheinlichen *Möglichkeit* einer Lebensverkürzung. Demnach wird ein faktisches Geschehen (Schmerzlinderung) gegen die *Möglichkeit* eines bestimmten Folgeneintrittes abgewogen und nicht gegen ein manifestes, schlechtes Ergebnis (Tod). Aufgrund der höchst unwahrscheinlichen Lebensverkürzung im Rahmen einer Schmerztherapie, erscheint es daher im Sinne des PDE eher geboten die Vorteile der Schmerztherapie, gegen die Nachteile der häufig auftretenden medikamentösen Nebenwirkungen, und nicht gegen eine *mögliche* Lebensverkürzung abzuwägen.

Der Grund für den Beginn einer Schmerztherapie ist gewichtig und der negative Effekt (entweder opioid-typische Nebenwirkungen oder die *Möglichkeit* einer Lebensverkürzung) wird durch die Schmerzlinderung aufgewogen. Somit erfüllt das Leisten indirekter Sterbehilfe das principle of proportionality.

6.7.6 Abschließende Bewertung des PDE in Bezug auf indirekte Sterbehilfe

Nach Darstellung der vier Bedingungen des PDE, kann dieses, um als Begründung für die ethische Zulässigkeit indirekter Sterbehilfe zu dienen, wie folgt formuliert werden:

1. Einem an starken Schmerzen leidenden Patienten eine indizierte Schmerztherapie zu verabreichen ist eine gute, bzw. mindestens eine indifferente Handlung; diese wird auch durch die Hilfeleistungspflicht des Arztes gefordert.

2. Durch das Verabreichen einer Schmerztherapie intendiert der Arzt eine Schmerzlinderung, bzw. er beabsichtigt Schmerzfreiheit zu erreichen. Der Arzt intendiert *nicht* das Eintreten von opioid-typischen Nebenwirkungen und in keinem Fall eine Lebensverkürzung.
3. Die Schmerzlinderung (positiver Effekt) wird *nicht* mittels eines verfrühten Todeseintritts (negativen Effekt) herbeigeführt, sondern durch die schmerzlindernde Wirkung der Medikamente.
4. Die Schmerztherapie muss einerseits indiziert sein, andererseits müssen die erwarteten positiven Folgen, d.h. die Schmerzlinderung, größer sein, als die zu erwartenden opioid-typischen Nebenwirkungen und die *Möglichkeit* einer Lebensverkürzung. Im Rahmen einer Güterabwägung müssen die positiven Folgen die negativen überwiegen.

Zimmermann-Acklin begründet die Anwendung des PDE wie folgt: „Hier wird die Notwendigkeit des PDW's zur Bewältigung von Grenzfällen in der medizinischen Ethik deutlich: es dient zur Legitimation moralisch intuitiv plausibler Handlungen, die aufgrund der schlechten Handlungen verboten scheinen."[488] Indirekte Sterbehilfe ist solch ein Grenzfall, auf den das PDE angewendet werden kann, und dessen Zulässigkeit dadurch geprüft werden kann.

Das PDE kann ebenfalls herangezogen werden um die moralische Differenz zwischen aktiver und indirekter Sterbehilfe zu verdeutlichen. Diese beiden Formen der Sterbehilfe beinhalten gegensätzliche Intentionen, jedoch können sowohl direkt aktive als auch indirekt aktive Sterbehilfe geleistet werden, um Schmerzen zu lindern. Im ersten Fall wird der Tod des Patienten intendiert; im Zweiten wird eine Schmerzlinderung beabsichtigt. Bei aktiver Sterbehilfe wird einerseits der Tod intendiert, um den Patienten von seinen Schmerzen zu befreien, andererseits wird die Schmerzfreiheit mittels der Tötung des Patienten herbeigeführt. Die vom PDE verlangte Proportionalität von Mitteln und Zielen wird von aktiver Sterbehilfe nicht erfüllt, da eine Tötung kein angemessenes Mittel ist, um die Schmerzfreiheit des Patienten zu erreichen; auch dann nicht, wenn das Leisten aktiver Sterbehilfe auf Verlangen des Patienten hin erfolgt. Beim Leisten von indirekter Sterbehilfe ist die Proportionalität der eingesetzten Mittel zu den angestrebten Zielen gegeben. Durch das PDE lässt sich demnach auf der Hand-

---

[488] Zimmermann-Acklin M (2002), S.292.

lungsebene ein moralischer Unterschied zwischen aktiver und indirekter Sterbehilfe feststellen: aktive Sterbehilfe kann nicht durch das PDE gerechtfertigt werden, indirekte Sterbehilfe kann jedoch, da diese die Vorgaben des PDE erfüllt, nach diesem als ethisch zulässig bewertet werden.

6.8 Indirekte Sterbehilfe und Schiefe-Bahn-Argumente

6.8.1 Einführung

„Schiefe-Bahn-Argumente sind offenbar von verführerischer Missbrauchbarkeit. Hingegen ist es ausgesprochen schwierig, ein gutes Schiefe-Bahn-Argument auszuarbeiten. Zugleich aber sind Schiefe-Bahn-Argumente eine sehr bedeutende Argumentationsweise, und zwar einfach deshalb, weil es – wie es mir scheint – in vielen Bereichen für die Beurteilung der Wünsch- und Vertretbarkeit bestimmter Dinge eben entscheidend darauf ankommt, indirekte Effekte, Weiterungen, unintendierte Konsequenzen, und Irreversibilitäten, kurz, Schiefe-Bahn-Gefahren abzuschätzen."[489]

In der Diskussion um Sterbehilfe und insbesondere wenn Überlegungen zu der Legalisierung ihrer verschiedenen Formen angestellt werden, werden häufig sogenannte Dammbruch- oder Schiefe-Bahn-Argumente verwendet, um auf die möglichen Folgen einer Gesetzesänderung hinzuweisen. Schiefe-Bahn- (slippery-slope) Argumente werden in einer Diskussion eingesetzt, um dem Gegenüber die negativen Folgen seines Vorschlags und dessen Umsetzung, bspw. eines neuen Gesetzes darzustellen, und, um ihn zu überzeugen, seine Meinung aufzugeben. Formal gesehen, besagt ein slippery-slope-Argument, dass ein Vorschlag A, selbst wenn dieser moralisch unbedenklich ist, nicht übernommen werden sollte, da dieser zum Vorschlag und zur Umsetzung des moralisch bedenklichen Vorschlags B führen würde (s. Abb. 7).[490] Um das Eintreten von B zu verhindern, darf folglich die Umsetzung von Vorschlag A nicht erlaubt werden.

---

[489] Hegselmann R (1991), S.208.
[490] Keown J (2002), S.71.

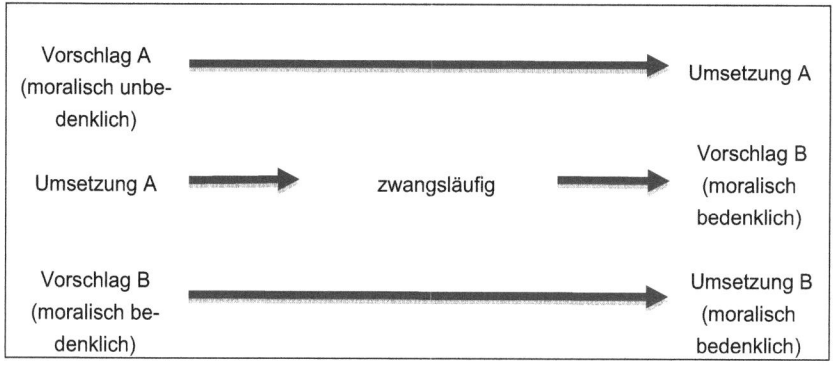

Abb. 7: Entstehung einer schiefen Ebene

Slippery-slope-Argumente werden vorgebracht, um eine Warnung auszusprechen. Unerwünschte oder katastrophale Konsequenzen einer Handlung sollen verhindert werden.[491] Diese Art von Argument besagt, dass die möglichen Folgen einer Neuerung ein Grund seien, den ersten Schritt in diese Richtung zu vermeiden bzw. diesen abschüssigen Weg nicht zu beschreiten.[492] In der Diskussion soll das Gegenüber überzeugt werden, den ersten Schritt in die falsche Richtung, aufgrund der darauf möglicherweise folgenden gefährlichen Entwicklungen, nicht zu tun.[493]

Nach Walton können slippery-slope-Argumente wie folgt charakterisiert werden:

1. „uses of practical reasoning;
2. used in a context of dialogue, meaning that they are bilateral, involving a *proponent* and *respondent*;
3. negative arguments from consequences;
4. defeasible;
5. of varying degrees of strength or weakness, but rarely outright fallacious;
6. often effective in shifting the burden of proof." [494]

---

[491] Walton D (1992), S.1, Zimmermann-Acklin M (2002), S.346.
[492] Walton D (1992), S.1.
[493] Walton D (1992), S.1.
[494] Walton D (1992), S.13.

Diese Argumentationsstrategie wird meist im Rahmen eines Dialoges oder einer Diskussion angewendet, d.h. es gibt einen Proponenten, bzw. eine Gruppe von Personen, die für ihren Vorschlag wirbt, sowie einen Respondenten oder Opponenten, der auf die Gefahr der Entstehung einer schiefen Ebene hinweist.[495] Slippery-slope-Argumente sind eher pragmatischer bzw. anwendungsorientierter, als deduktiver Natur[496]; durch die Diskussion soll ermittelt werden, welche Vorgehensweise oder Verhaltensweise ratsam erscheint. Die Argumente beziehen sich ausschließlich auf die negativen Konsequenzen, die der Umsetzung von gewissen Vorschlägen folgen könnten. Prinzipiell gilt, dass slippery-slope-Argumente widerlegbar oder revidierbar sind.[497] Dies ist abhängig von dem Kontext, in dem sie angewendet werden, und den Vermutungen oder empirischen Daten, die ihrer Formulierung zu Grunde liegen. Oft wird auf darauf verwiesen, dass diese Art der Argumentation von Fehl- bzw. Trugschlüssen geprägt sei. Die Möglichkeit eines Fehlschlusses besteht bei slippery-slope-Argumenten, wie bei anderen Argumenten auch, in der Tat. Jedoch ist es falsch davon auszugehen, dass slippery-slope-Argumente grundsätzlich Fehlschlüsse beinhalten: „Slippery slope arguments will be evaluated as successful or unsuccessful, correct or incorrect, in relation to the use to which they have been put in the given context of dialogue in a particular case of their use."[498] Es muss eine genaue Analyse einzelner slippery-slope-Argumente stattfinden, um deren Wert oder Unwert, bzw. deren Stärke oder Schwäche zu ermitteln. Ferner dienen slippery-slope-Argumente dazu eine Umkehr der Beweislast herbeizuführen. Der Proponent wird aufgefordert darzulegen, warum unerwünschte Folgen seiner Ansicht nach nicht eintreten werden, bzw. welche Sicherheitsvorkehrungen getroffen werden können und müssen, damit es zu keiner schiefen Ebene kommt.

Slippery-slope-Argumente werden oft als fehlschlüssig bezeichnet und aufgrund der vermeintlichen Missbrauchsgefahr (Verzerrung von Fakten) von der Diskussion ausgenommen. Ein Beispiel für die Missbrauchsgefahr von Schiefe-Bahn-Argumenten wäre die von einem Respondenten vertretene Meinung, dass es keine Möglichkeit mehr gäbe, die Konsequenzen

---

[495] Walton D (1992), S.14.
[496] Zimmermann-Acklin M (2002), S.346.
[497] „In der Regel basieren Dammbruchargumente nämlich auf Vermutungen, Erfahrungen, manchmal auch auf empirisch zu erhebenden Daten und sind deshalb grundsätzlich revidierbar." (Zimmermann-Acklin M (2002), S.356).
[498] Walton D (1992), S.14.

bzw. die Abwärtsspirale aufzuhalten, sobald ein erster Schritt in die falsche Richtung getan sei.[499] Diese Art der Darstellung ist fehlerhaft, da *ein* Schritt in die falsche Richtung nicht zu einer Situation führen wird, in der bestimmte Entwicklungen nie mehr aufgehalten oder zu ihrem Ausgangspunkt zurückgeführt werden könnten: „[...] most arguments [...] are more like staircases than slippery slopes – at each step we can decide whether we want to go further down or not."[500] Unbenommen ist jedoch, dass in einer slippery-slope-Situation die Rückkehr zur Ausgangslage ungleich schwieriger ist, als den Dammbruch im Vorfeld zu verhindern.

Walton identifiziert in seiner Monographie vier verschiedene Arten von Schiefe-Ebene-Argumenten: Präzedenzfall-, begrifflich-logische, kausal-empirische sowie vollständige slippery-slope-Argumente.[501] Andere Autoren, bspw. Zimmermann-Acklin oder Schardien, differenzieren lediglich zwischen logisch-begrifflichen und empirischen bzw. psychologischen slippery-slope-Argumenten.[502]

Das Präzedenzfall-Argument[503] besagt einerseits, dass durch das Schaffen eines Präzedenzfalls ähnlich gelagerte Vorgehensweisen oder Sachlagen gerechtfertigt, und somit autorisiert würden, und andererseits, dass der Radius der davon erfassten Problemfälle sich dadurch weiter ausdehnen würde. Auf einen Präzedenzfall würde ein weiterer, und darauf unzählige andere folgen. Die Konsequenzen dieser Ausdehnung werden zumindest als unerwünscht, meistens aber als gefährlich angesehen.

Begrifflich-logische[504] slippery-slope-Argumente[505] zeigen Präzisionsmängel in den Argumenten des Proponenten auf. Das Argument des Respondenten lautet somit, dass unklare Begrifflichkeiten und fehlende Trennschärfe keine klare Unterscheidung zwischen Vorschlag A und B zulassen.[506] Eine klare Trennung von A und B ist nicht gegeben (fehlender cut-

---

[499] Walton D (1992), S.29.
[500] Ibidem.
[501] Walton D (1992), S.2, Ach J/Gaidt A (2000), S.429.
[502] Zimmermann-Acklin M (2002), S.359, Schardien S (2004), S.297.
[503] auch: wedge argument, the camel's nose in the tent argument, foot in the door argument, vgl. Walton D (1992), S.2, Ach J/Gaidt A (2000), S.429.
[504] „Die logische oder theoretische Version besagt, dass eine bestimmte gesellschaftliche Praxis dann zur Toleranz gegenüber einer anderen, unter Umständen, umstrittenen Praxis zwingt, wenn man aufgrund logischer Überlegungen ein Selbstwiderspruch umgangen oder eine inkonsistente Argumentation vermieden werden soll." (Zimmermann-Acklin M (2002), S.360).
[505] auch: Sorites (Haufen)- Argument, bald man argument (falakros) oder continuum argument, vgl. Walton D (1992), S.2.
[506] Zimmermann-Acklin M (2002), S.360.

off-Punkt). Das Festlegen des cut-off-Punktes wäre somit der gesellschaftlichen und zeit-abhängigen Willkür unterworfen. Begrifflich-logische slippery-slope-Argumente gehen auf das, in der klassischen Philosophie verwendete, Beispiel eines Haufen Sands zurück.[507] Wenn man von einem Sandhaufen immer ein Sandkorn mehr wegnähme, solange bis der Sand verschwunden wäre, wird sich die Frage stellen wo und wie die Trennlinie zwischen einem Haufen Sand und einigen Sandkörnern zu ziehen ist. Ähnliches gilt für die Beschreibung dieses Argumentes als bald man argument. Wenn eine Person keine Haare besitzt, so hat sie eine Glatze. Wenn sie ein Haar oder zwei Haare hat, wird man sie immer noch als glatzköpfig bezeichnen. Jedoch bleibt unklar, ab welcher Anzahl von Haaren die Person keine Glatze mehr hat. In der Regel wird dieses Argument in Situationen angewendet, in denen unpräzise Begrifflichkeiten verwendet werden, die keine klare Grenzziehung mehr ermöglichen, bzw. in denen durch die Schaffung von Unklarheit zu einer Auflösung der bestehenden Grenzen beigetragen werden würde.

Einem kausalen oder empirischen Argument[508] liegt die Annahme zugrunde, dass ein Schritt in eine bestimmte Richtung bereits den nächsten Schritt in dieselbe Richtung verursachen würde. Ähnlich wie bei fallenden Dominosteinen entsteht eine Ereigniskette, bei der jedes weitere Ereignis kausal auf das Vorangegangene zu beziehen ist. Diese Form des slippery-slope-Argumentes birgt gewisse Schwierigkeiten, da ein kausaler Zusammenhang verschiedener Entwicklungen oder Ereignisse nicht immer eindeutig nachweisbar ist.[509] Hilfestellung kann durch das Hinzuziehen von empirischen Daten geleistet werden, welche belegen, dass aus einer ähnlichen Situation, wie die zu bewertende, eine schiefe Bahn entstanden ist. Zur Beweisführung können unter anderem soziologische, ökonomische, historische oder medizinische Daten herangezogen werden.

Ein vollständiges slippery-slope-Argument[510] (auch: full-scale slippery slope argument)[511] ist eine Kombination der drei bereits erläuterten Argumente. Präzedenzfall-, logisch-begriffliche- und kausal-empirische Argumente werden als Subargumente kombiniert, um aufzuzeigen, dass ein

---

[507] Walton D (1992), S.5.
[508] auch: Domino-Argument, snowball effect argument oder genie in the bottle argument, vgl. Walton D (1992), S.2.
[509] Zimmermann-Acklin M (2002), S.363.
[510] Ach J/Gaidt A (2000), S.429.
[511] Walton D (1992), S.2.

Schritt in die falsche Richtung auf eine schiefe Ebene und schließlich zu einer „parade of horrors"[512] führen würde.

Im Bereich der Sterbehilfe wird in der internationalen Debatte eine slippery-slope-Situation hauptsächlich bzgl. einer Legalisierung freiwillig direkt aktiver Sterbehilfe[513] postuliert. Die Befürchtung ist, dass die durch eine Legalisierung aktiver Sterbehilfe möglicherweise entstehende slippery-slope zu einer Praxis von unfreiwilliger (involuntary)[514] bzw. nicht-freiwilliger Sterbehilfe (non-voluntary)[515] führen würde. Als Hauptargument gegen die Freigabe aktiver Sterbehilfe wird zumeist die Euthanasie-Praxis in Deutschland zur Zeit des NS-Regimes herangezogen. Die sogenannte Nazi-Analogie[516] kann nach Caplan und Zimmermann-Acklin in zwei Typen unterteilt werden: eine spezifische und eine globale Analogie.[517] Eine globale Analogie zieht einen pauschalen Vergleich zwischen den menschenverachtenden Vorkommnissen im Dritten Reich und den unerwünschten Folgen, die aus der Freigabe der aktiven Sterbehilfe erwachsen könnten. Demgegenüber stellt eine spezifische Analogie ausgewählte Entscheidungen oder Ereignisse unter dem NS-Regime der aktuellen Situation gegenüber. Beide Analogie-Typen sollen dazu dienen in der gegenwärtigen Debatte Elemente aufzudecken, die auf das Entstehen einer schiefen Ebene hinweisen könnten. Zwei Fragen werden durch das Hinzuziehen der Nazi-Analogie aufgeworfen: einerseits, ob von der Existenz einer slippery-slope zur Zeit des Nationalsozialismus ausgegangen werden kann, und andererseits, ob in der gegenwärtigen Debatte um Sterbehilfe die Entwicklung einer schiefen Ebene belegt werden kann, und ob ein Vergleich mit den Euthanasiehandlungen während dem Nationalsozialismus gerechtfertigt ist.[518] Da die Nazi-Analogie hauptsächlich zur Warnung vor der Freigabe aktiver Sterbehilfe verwendet wird, und in der Debatte um indirekte Sterbehilfe zweitran-

---

[512] Ibidem.
[513] Freiwillige Sterbehilfe: Freiwillige Sterbehilfe ist jede Form von Sterbehilfe, die auf ausdrückliches, freiwilliges Verlangen und nach informed consent des Patienten stattfindet.
[514] Unfreiwillige Sterbehilfe: Unfreiwillige Sterbehilfe liegt vor, wenn der einwilligungsfähige Patient entweder nicht nach seinem Willen gefragt wird oder aber Sterbehilfe ablehnt, und diese trotzdem geleistet wird. Siehe auch: Finnis J (1997), S.23, Oduncu F (2007a), S.950.
[515] Nicht-freiwillige Sterbehilfe: Nicht-freiwillige Sterbehilfe liegt vor, wenn der Patient nicht einwilligungsfähig ist, aber ein Betreuer auf der Basis des mutmaßlichen Willens des Patienten, bzw. auf der Grundlage einer Patientenverfügung, die Entscheidung für Sterbehilfe trifft. Siehe auch: Finnis J (1997), S.23, Oduncu F (2007a), S.950.
[516] Zimmermann-Acklin M (2002), S.369.
[517] Zimmermann-Acklin M (2002), S.369.
[518] Zimmermann-Acklin M (2002), S.370.

gig ist, soll diese in vorliegender Arbeit nicht weiter ausgeführt werden; es werden Argumente für die Gefahr der Entstehung einer slippery-slope im Rahmen von indirekter Sterbehilfe präsentiert werden.

Spezifisch auf Deutschland bezogen stellt sich demnach die Frage, ob durch eine gesetzliche Regelung von indirekter Sterbehilfe eine Schiefe-Ebene-Situation herbeigeführt werden würde. Eine denkbare slippery-slope wäre die, durch eine Legalisierung indirekter Sterbehilfe verursachte, Freigabe direkt aktiver Sterbehilfe. Die moralische Differenz zwischen dem Leisten von direkt aktiver und indirekt aktiver Sterbehilfe wurde bereits im vorangegangenen Teil aufgezeigt. Es ist zu klären ob eine gesetzliche Regelung indirekt aktiver Sterbehilfe (formal: Vorschlag A), welche durch das PDE gerechtfertigt werden kann und welche als moralisch unbedenklich gilt, dazu führen könnte, dass freiwillige direkt aktive Sterbehilfe (Vorschlag B), welche als moralisch bedenklich gilt, in Deutschland legalisiert werden würde. Die Legalisierung einer Tötung auf Verlagen könnte wiederum zur Freigabe von unfreiwilliger bzw. nicht-freiwilliger Sterbehilfe führen.

Im Folgenden sollen einige Argumente dargelegt werden, welche die Entstehung einer schiefen Ebene im Zuge einer gesetzlichen Regelung von indirekter Sterbehilfe begründen können. Die Erlaubnis einer ethisch zulässigen bzw. unter Umständen sogar erwünschten Handlungsweise könnte zu der Rechtfertigung ethisch bedenklicher Handlungsweisen führen. Eine gesetzliche Regelung des Leistens von indirekter Sterbehilfe, welches weithin als ethisch zulässig und als rechtlich rechtfertigbar angesehen wird, solange eine medizinische Indikation dafür besteht und die dahinterstehende ärztliche Intention nicht auf Tötung ausgerichtet ist, wird von verschiedenen Interessengruppen der Bevölkerung, nicht zuletzt von Ärzten und Rechtswissenschaftlern, als erstrebenswert angesehen. Der BGH hat die Straflosigkeit des Leistens von indirekter Sterbehilfe mehrfach bestätigt; vgl. juristischer Teil. Eine weitergehende Regelung ist daher nicht zwingend nötig. Dennoch wird der Ruf nach einer gesetzlichen Regelung immer lauter. Fraglich ist, wohin eine gesetzliche Regelung indirekter Sterbehilfe führen soll und führen würde.

6.8.2 Das Präzedenzfall-Argument

Das Präzedenzfall-Argument greift in Bezug auf indirekte Sterbehilfe insofern, als durch eine gesetzliche Regelung indirekter Sterbehilfe erstmalig
ein Gesetz geschaffen würde, dass eine Form der Sterbehilfe legalisiert; es
würde also mit der gesetzlichen Regelung eines sehr umstrittenen Themenkomplexes (Sterbehilfe in ihren verschiedenen Formen) begonnen
werden. Bisher ist die Straflosigkeit indirekter Sterbehilfe nur durch Grund-
satzurteile des BGH belegt. Die Regelung einer Fallgruppe der Sterbehilfe-
Thematik würde durch das Schaffen von Präzedenzfällen den Boden für
die Regelung der anderen Fallgruppen bereiten. Die Folge wäre eine gesetzliche Regelung von passiver und aktiver Sterbehilfe. Eine Freigabe insbesondere der aktiven Sterbehilfe ist zwar nicht zwingend, jedoch höchstwahrscheinlich, da durch die gesetzliche Billigung einer möglichen Lebensverkürzung, die im Falle indirekter Sterbehilfe zwar nicht intendiert ist und
auch nicht intendiert sein darf, der Weg zu einer ärztlich beabsichtigten und
vom Patienten erwünschten Lebensverkürzung, einer Tötung auf Verlangen, nicht weit ist. Eine gesetzliche Regelung, die eine geringfügige, wenn
auch rechtfertigbare, Verminderung des Lebensschutzes zur Folge hat und
in einem Themenkomplex vorgenommen wird, in dem vermeintlich weiterer
Regelungsbedarf besteht, würde einen Präzedenzfall für eine Aufweichung
des Lebensschutzes, bis hin zur Aufhebung des strafrechtlichen Verbotes
der Tötung auf Verlangen schaffen.

Aus medizinischer Sicht kommt dem Präzedenzfall-Argument ebenfalls
eine wichtige Rolle zu: wenn das *Konzept* indirekter Sterbehilfe (der Rechtfertigung eines durch eine Schmerztherapie verursachten verfrühten Todeseintritts), und nicht mehr die Schmerztherapie als solche, in der medizinischen Versorgung wichtiger wird, als es aktuell der Fall ist, so gewinnt die
Möglichkeit, sich auf eine durch die Schmerztherapie verursachte Lebensverkürzung zu berufen, an Bedeutung. Ein verfrühter Todeseintritt, der nicht
durch eine adäquate Schmerztherapie verursacht wurde, sondern eher
durch eine fragliche Intention (Teil der Intention wäre in diesem Fall eine
Schmerzlinderung durch einen verfrühten Tod zu erreichen) und der darob
eingesetzten Mittel, kann einen Präzedenzfall bieten, um die de facto
höchst unwahrscheinliche Möglichkeit einer Lebensverkürzung zur Realität
werden zu lassen. Dieses könnte und sollte jedoch vermieden werden.
Wenn Lebensverkürzungen in der Therapie häufiger aufträten und das Bewusstsein für ihre Vermeidbarkeit, welche durch eine adäquate Schmerz-

therapie, der *ausschließlich* die Intention die Schmerzen zu lindern zugrunde liegt, gegeben wäre, getrübt würde, so hätte dies weitreichende Folgen.
Die hinter einer Schmerztherapie stehende Intention würde nicht mehr nur
auf Schmerzlinderung, sondern auch auf Schmerzlinderung durch einen
verfrühten Todeseintritt gerichtet sein - somit würde de facto aktive Sterbehilfe stattfinden. Der Tod würde durch ärztliches Handeln herbeigeführt
werden, und es würde versucht werden eine Schmerzlinderung durch einen
verfrühten Todeseintritt erreichen.

6.8.3 Das begrifflich-logische Argument

Eine begriffliche-logische schiefe Ebene in Bezug auf indirekte Sterbehilfe
ergibt sich aus der mangelnden Präzision, der in der Debatte verwendeten
Begriffe. Der Terminus Lebensverkürzung ist unpräzise, da die davon erfasste Zeitspanne schwer bzw. kaum quantifizierbar ist.[519] Das zulässige
Ausmaß einer Lebensverkürzung wird dadurch nicht kenntlich gemacht.
Unklar bleibt in der Definition indirekter Sterbehilfe auch, welcher Abstand
zwischen Schmerzmittelgabe und einem möglicherweise dadurch verursachten, verfrühten Todeseintritt liegen darf bzw. muss. Ein weiteres Problem ergibt sich aus dem Intentionskonzept, das dem Begriff indirekte Sterbehilfe zugrunde liegt. Die Trennschärfe der Begriffe Intention und Voraussicht, welche in der theoretischen Diskussion indirekter Sterbehilfe zwar
gegeben ist, lässt sich nicht ohne weiteres auf den alltäglichen Sprachgebrauch und die medizinische Praxis übertragen. Zwar sind Parameter
vorhanden, um die Intention zu erfassen, jedoch sind Formulierungen wie
„lediglich in Kauf genommen" oder „lediglich vorhergesehen, aber nicht beabsichtigt" nicht präzise genug, um in der Praxis eine klare Trennlinie zwischen intendierten und vorhergesehenen Folgen zu ziehen. Allein der Zusatz „lediglich" hat einen abschwächenden Charakter und verwässert den
Unterschied zwischen Voraussicht und Intention.

---

[519] „Keine Ärztin kann zuverlässig voraussagen, wie lange ein Mensch noch zu leben hat,
welche Krankheit auch immer im Spiel ist. Sicher ist es von Fall zu Fall möglich, medizinische Wahrscheinlichkeiten anzugeben; die Tatsache, dass diese Prognosen auch in den
Gesprächen mit Betroffenen mit großer Vorsicht eingesetzt werden, beweist jedoch, das
sie mit großem Vorbehalt zu beurteilen sind." (Zimmermann-Acklin M (2002), S.403).

Ein weiteres begriffliches Problem ergibt sich aus den Begriffen Schmerzen und Leiden, die oftmals synonym verwendet werden.[520] Klassischerweise wird eine Schmerztherapie eingesetzt um physische Schmerzen zu lindern. Leiden hingegen bezieht sich eher auf die psychische Komponente des Schmerzes, bzw. auf Probleme, die durch psychiatrische Krankheiten hervorgerufen werden. Die Legitimität einer Schmerztherapie um somatische Schmerzen zu beseitigen ist unumstritten, anders ist es um die Linderung von psychischem Leid bestellt. Es ist fraglich, ob bspw. eine terminale Sedierung vertretbar wäre, um einem Patienten, der an Tumorschmerzen leidet und schwere Depressionen hat, Linderung zu verschaffen. Vielmehr sollte in diesem Fall eine Schmerztherapie (ohne Sedierung) zur Linderung der Schmerzen durchgeführt, und eine antidepressive Therapie eingeleitet werden. Die mangelnde Differenzierung von Schmerzen und Leiden könnte zu der Überlegung führen, dass eine Schmerztherapie sowohl für die Linderung von physischen Schmerzen als auch für die Verminderung von psychischem Leiden eingesetzt werden könnte und sollte. Darauf könnte folgen, dass die Indikation einer Schmerztherapie, in Form einer terminalen Sedierung, auf psychisches Leid ausgeweitet würde, mit der Intention, das Leiden des Patienten durch eine Bewusstseinsausschaltung zu lindern. Es wurde bereits erwähnt, dass aus Sicht des Patienten eine tiefe terminale Sedierung gleichbedeutend mit dem Todeseintritt ist, da die Sedierung bis zu dem Versterben des Patienten fortgeführt wird. Wenn eine terminale Sedierung aus Patientensicht de facto einer Tötung auf Verlangen gleich kommt, und somit der Unterschied zwischen einer Schmerztherapie und Tötung auf Verlangen nicht mehr aufrecht zu erhalten ist, so wäre eine Legalisierung der Tötung auf Verlagen nur der darauf folgende logische Schritt.

6.8.4 Das kausal-empirische Argument

Aus der Praxis der indirekten Sterbehilfe ist auch ein kausal-empirisches slippery-slope-Argument ableitbar. Inwiefern kann das Leisten indirekter Sterbehilfe, bzw. eine Gesetzesänderung, welche die Zulässigkeit indirekter Sterbehilfe in Gesetzesform festschreibt, kausal eine Häufung von Fäl-

---

[520] Zimmermann-Acklin M (2002), S.404.

len passiver oder aktiver Sterbehilfe, bzw. eine Freigabe aktiver Sterbehilfe verursachen und welche empirischen Belege gibt es dafür? Eine Gesetzesänderung, bspw. ein Zusatz zu § 216 StGB, welcher explizit auf indirekte Sterbehilfe bezogen ist, und das in Kauf Nehmen oder die Voraussicht eines früheren Todeseintritts[521] um der Schmerzlinderung Willen erlaubt, würde dazu führen, dass eine Lebensverkürzung als Nebenwirkung einer Schmerztherapie anerkannt würde. Wenn die Möglichkeit eines früheren Todeseintritts, welche von medizinischer Seite als kaum bzw. nicht zutreffend beschrieben wird, als Fakt dargestellt wird, so hat dies weitreichende Folgen. Fälle, in denen der Tod tatsächlich verfrüht eintritt, aber als Folge einer inadäquaten Schmerztherapie oder einer Überdosierung, würden als indirekte Sterbehilfe klassifiziert, und somit nicht geahndet werden. Daraus folgt wiederum, dass nicht nur Fälle von inadäquater Schmerztherapie, die den Tod eines Patienten verursacht haben, unter indirekter Sterbehilfe subsumiert werden würden, sondern unter Umständen auch Fälle, in denen die Herbeiführung des Todes als Primärziel intendiert wurde (aktive Sterbehilfe). Indirekte Sterbehilfe, so sie durch eine Gesetzesänderung im StGB normiert würde, könnte ermöglichen, dass schließlich aktive Sterbehilfe unter dem Deckmantel der indirekten Sterbehilfe durchgeführt würde.

Empirisch wurde nachgewiesen, dass die Durchführung von freiwilliger aktiver Sterbehilfe (legaler oder illegaler Weise) ebenfalls die Vornahme von unfreiwilliger, bzw. nicht-freiwilliger aktiver Sterbehilfe nach sich ziehen kann. In den Niederlanden, wo freiwillige aktive Sterbehilfe unter bestimmten Voraussetzungen straffrei ist (am 12. April 2001 wurde das niederländische Sterbehilfegesetz verabschiedet)[522], wurde aktive Sterbehilfe without an explicit request[523] (nicht-freiwillig) im Jahr 1990 in 0.8% und in den Jahren 1995 sowie 2001 in 0.7% aller Todesfälle geleistet (freiwillige aktive Sterbehilfe fand im Jahr 2001 bei 2.6% aller Todesfälle statt).[524] In absoluten Zahlen ist somit im Jahr 1990 bei 1000 Patienten ohne ihren ausdrücklichen Wunsch aktive Sterbehilfe geleistet worden, und in den Jahren 1995

---

[521] Dieses würde einen verfrühten Todeseintritt, welcher bei einer Schmerztherapie nicht gegeben ist, als faktisch existent und als legitime Nebenwirkung einer Schmerztherapie festschreiben.
[522] Im Jahr 1984 erging bereits ein höchstrichterliches Urteil, demzufolge ein Arzt aktive Sterbehilfe bei Patienten leisten dürfe, sofern diese unter unerträglichen Schmerzen litten und ihre Krankheit eine infauste Prognose habe, vgl. Kreß H (2003), S.178.
[523] Rietjens J et al. (2007), S.207.
[524] Ibidem; die Studie von van der Heide A et al. (2003) erfasste 2,59% der Todesfälle in den Niederlanden, welche durch aktive Sterbehilfe verursacht wurden.

und 2001 bei jeweils 900 Patienten.[525] Die Legalisierung und Regelung des Leistens von freiwilliger aktiver Sterbehilfe in den Niederlanden unter Vorgabe von Sorgfaltskriterien, darunter die Maßgabe, dass aktive Sterbehilfe nur auf den expliziten und wiederholten Wunsch des Patienten hin stattfinden darf, hat nicht vermocht, die Durchführung nicht-freiwilliger aktiver Sterbehilfe einzudämmen. Die Situation in den Niederlanden sowie in Belgien[526] (im Jahr 1998 wurden in Belgien 3.2% und im Jahr 2001 1.5% der Todesfälle durch nicht-freiwillige aktive Sterbehilfe herbeigeführt)[527] zeigt, dass selbst Vorsichtsmaßnahmen und explizite Vorgaben, einen Missbrauch nicht verhindern können. In Ländern, wo das Leisten freiwilliger aktiver Sterbehilfe verboten ist, sind die Raten nicht-freiwilliger aktiver Sterbehilfe geringer: im Jahr 2001 waren dies in der Schweiz 0.4%, in Schweden 0.2% sowie in Italien 0.1% aller Todesfälle.[528] Aus den vorgestellten Daten können Parallelen zur Problematik der Fallgruppe der indirekten Sterbehilfe gezogen werden. Selbst wenn Vorsichtmaßnahmen getroffen werden, können diese meist das Eintreten von unerwünschten Folgen nicht verhindern. Demnach steht zu vermuten, dass die Schaffung einer Gesetzesgrundlage für das Leisten indirekter Sterbehilfe, selbst wenn jene restriktive Vorgaben enthielte, nicht davor schützen könnte, dass, statt einer Schmerztherapie ohne die Intention den Tod herbeizuführen, eine Schmerztherapie mit der Intention den Tod des Patienten zu verursachen durchgeführt würde.

6.8.5 Das vollständige Argument

Ein vollständiges slippery-slope-Argument ergibt sich aus der Kombination der drei vorgestellten Argumente. Die durch das Präzedenzfall-, das begrifflich-logische sowle das kausal-empirische Argument dargestellten, möglichen Folgen einer Gesetzesänderung bezüglich indirekter Sterbehilfe sind konstituierend für eine schiefe Ebene. Diese führt, beginnend bei indirekter Sterbehilfe zu der Freigabe von freiwilliger aktiver Sterbehilfe. Eine Legalisierung der Tötung auf Verlangen würde in Deutschland vermutlich ähnliche Folgen haben wie in Holland und in Belgien. Trotz Vorsichtsmaßnah-

---

[525] Oduncu F (2007a), S.948, Oduncu F (2005), S.522.
[526] In Belgien wurde am 28. Mai 2002 ebenfalls ein Sterbehilfegesetz beschlossen, dass sich weitgehend am niederländischen Gesetz orientiert, vgl. Kreß H (2003), S.179.
[527] Rietjens J (2007), S.207.
[528] Rietjens J (2007), S.208.

men könnten das Leisten von nicht-freiwilliger sowie unfreiwilliger aktiver Sterbehilfe nicht verhindert werden. Darüber hinaus könnte es zur Freigabe der freiwilligen aktiven Sterbehilfe von Minderjährigen (in den Niederlanden und Belgien ist die freiwillige aktive Sterbehilfe bei Minderjährigen ab 12 Jahren bereits erlaubt)[529], psychisch Kranken sowie dementen Patienten kommen.

Die Entstehung einer von indirekter Sterbehilfe ausgehenden schiefen Ebene könnte durch das Ergreifen einiger Vorsichtsmaßnahmen verhindert werden. Eine gesetzliche Regelung indirekter Sterbehilfe sollte vermieden werden, da dadurch das Fortbestehen des falschen *Konzeptes* indirekter Sterbehilfe zementiert würde: eine Lebensverkürzung ist bei einer adäquaten Schmerztherapie im Regelfall nicht anzunehmen; vermutlich findet sogar eine Lebensverlängerung statt. Im rechtswissenschaftlichen Bereich liegt die Schärfe der bestehenden Vorgaben in ihrer Unschärfe. Durch die vorhandene höchstrichterliche Rechtsprechung ist die Straflosigkeit indirekter Sterbehilfe bereits gegeben. Eine weitere (gesetzliche) Regelung ist deswegen nicht vonnöten. Darüber hinaus sollte der Begriff indirekte Sterbehilfe durch einen Neuen ersetzt werden. Die dadurch beschriebene Sachlage existiert nicht. Vielmehr kann der bestehende Terminus fälschlicherweise gebraucht werden, um Fälle direkt aktiver Sterbehilfe zu maskieren. Der derzeit verwendete Begriff indirekte Sterbehilfe und weitergehende Regelungen dieser könnten einerseits zu fehlender Distanz zu direkt aktiver Sterbehilfe führen, und andererseits eine Grenzverschiebung der Zulässigkeit von indirekt aktiver zu direkt aktiver Sterbehilfe verursachen. Um eine schiefe Ebene zu vermeiden, müssten die bestehenden Richtlinien beachtet, und der Terminus indirekte Sterbehilfe aufgegeben werden. Es sollte eine adäquate sowie ausreichende Schmerztherapie am Lebensende erfolgen, welche ohne die Intention das Leben des Patienten zu verkürzen durchgeführt wird.

---

[529] Oduncu F (2005), S.523.

6.9 Abschließende Beurteilung der indirekten Sterbehilfe aus ethischer Sicht

Verschiedene moralische Vorgaben und Prinzipien wurden im Hinblick auf eine mögliche Rechtfertigung des Leistens indirekter Sterbehilfe untersucht. Es sollte aufgezeigt werden, welche Regeln und Prinzipien Ärzte anwenden können, um die Zulässigkeit ihres Handelns ethisch zu begründen. Um die Zulässigkeit des Leistens indirekter Sterbehilfe zu begründen, kann als früheste medizinethische Vorgabe der hippokratische Eid angeführt werden. Weiterhin können sowohl das medizinethische principle of beneficence als auch das principle of nonmaleficence herangezogen werden, um das Leisten indirekter Sterbehilfe moralisch zu legitimieren. Darüber hinaus wurde eine Bewertung indirekter Sterbehilfe aus Sicht der Patienten sowie deren Angehörigen vorgenommen.

Des Weiteren wurde die Anwendbarkeit des PDE auf die Kasuistik von indirekter Sterbehilfe untersucht sowie die ethische Zulässigkeit des Leistens von indirekter Sterbehilfe anhand dieses Prinzips beurteilt. Das PDE ist bei der Bewertung von indirekter Sterbehilfe sehr hilfreich, da die vier Bedingungen eine graduelle Interpretation der vom Arzt vorgenommenen Handlungen ermöglichen. Jede Bedingung des PDE kann einzeln evaluiert werden. Hauptaugenmerk galt dabei der zweiten Kondition, da die hinter der ärztlichen Handlung stehende Intention ausschlaggebend ist für die ethische Beurteilung von indirekter Sterbehilfe. Es wurde gezeigt, dass eine Differenzierung zwischen intendierten und vorhergesehenen, bzw. in Kauf genommenen Folgen einer Schmerztherapie, wenngleich schwierig, so doch objektiv möglich ist. Da die beim Leisten von indirekter Sterbehilfe vorgenommenen Handlungen jede Bedingung des PDE erfüllen, kann diese Form der Sterbehilfe als ethisch erlaubt gelten.

Weiterhin wurde die Frage nach der Gefahr der Entstehung einer slippery-slope-Situation durch das Leisten von indirekter Sterbehilfe aufgeworfen und die Möglichkeit der Entstehung einer solchen aufgrund einer Gesetzesänderung untersucht. Die vier von Walton identifizierten slippery-slope-Argumente wurden analysiert, und ihre Anwendbarkeit auf indirekte Sterbehilfe geprüft. Sowohl Präzedenzfall-Argumente als auch begrifflich-logische und kausal-empirische slippery-slope-Argumente sowie das vollständige Schiefe-Ebene-Argument können verwendet werden, um von einer gesetzlichen Regelung der indirekten Sterbehilfe abzuraten, und deren negative Folgen darzustellen. Beispielhaft wurde auf die Konsequenzen der Freigabe freiwilliger aktiver Sterbehilfe in den Niederlanden und in Belgien verwiesen. Es wurde aufgezeigt, dass in Deutschland eine slippery-slope-Situation durch die Schaffung einer Gesetzesgrundlage für das Leisten indirekter Sterbehilfe entstehen könnte. Weiterhin wurden mögliche Sicherheitsvorkehrungen dargestellt, die das Auftreten einer solchen verhindern könnten.

7. Diskussion

„There will be times when treatment given for relief of symptoms hastens or pre-
cipitates a terminally ill patient's death and the Principle [principle of double ef-
fect] may be called into play just as it is from time to time in other areas of clinical practice, perhaps particularly in acute surgery. However, if a doctor finds it
necessary to call upon the Principle frequently in order to excuse his practice of
palliation there is something wrong. Properly conducted palliative care is not euthanasia by another name. It does not kill patients."[530]

In der vorliegenden Arbeit ist indirekte Sterbehilfe aus drei Perspektiven beleuchtet worden. Eine Gesamtbetrachtung zeigt, dass die medizinischen,
juristischen und ethischen Sichtweisen große Diskrepanzen aufweisen.
Darüber hinaus ist die Rezeption der jeweiligen Sichtweise in den anderen
Disziplinen oftmals spärlich oder gar nicht vorhanden. In der abschließen-
den Diskussion soll versucht werden, die Erkenntnisse der verschiedenen
Disziplinen miteinander zu verknüpfen und so eine mögliche Vorgehensweise für die weitere Entwicklung des Diskurses um indirekte Sterbehilfe
vorzuschlagen.

Der historische Abriss hat gezeigt, dass Euthanasie von der Antike bis
zu Gegenwart Gegenstand des gesellschaftlichen Diskurses gewesen ist,
wenngleich die Intensität der Debatte über die Jahrhunderte fluktuierte. Je
nach Epoche standen unterschiedliche Aspekte der Euthanasie im Vordergrund. Auch die Konnotationen des Begriffes variierten im Laufe der Geschichte. In Hinblick auf Deutschland konnte gezeigt werden, dass die Beg-
riffsgeschichte der Euthanasie nach Ende des Dritten Reichs einen Wandel
vollzogen hat. Aufgrund des Missbrauchs des Terminus Euthanasie während der nationalsozialistischen Diktatur, der unter anderem dazu dienen
sollte, Morde an Behinderten zu legitimieren, wurde er durch den Begriff
Sterbehilfe ersetzt.

In der medizinischen Praxis wirft indirekte Sterbehilfe verschiedene Probleme auf. Zum einen ist bereits vielen Ärzten die korrekte Abgrenzung der
unterschiedlichen Formen der Sterbehilfe unklar. Darüber hinaus herrscht
verbreitet die Sorge, dass die Verwendung von Opioiden in der Schmerztherapie zu einer Lebensverkürzung durch bspw. eine Atemdepression führen könnte (Opioidphobie). Verschiedene Studien belegen jedoch, dass der
Tod des Patienten, bei korrekter Durchführung einer Schmerztherapie in

---

[530] Sykes N (2008), S.1161.

der Terminalphase, im Regelfall nicht früher eintreten wird. Teilweise konnte sogar gezeigt werden, dass opioidtherapierte Schmerzpatienten eine signifikant längere Überlebenszeit hatten. Lediglich im Falle der Anlage eines Morphinperfusors bei einem niereninsuffizienten Patienten in der Terminalphase kann es zu einer Morphinkumulierung und einer dadurch induzierten Atemdepression kommen. Diese Konstellation berührt die Grauzone zwischen indirekter und aktiver Sterbehilfe und wäre durch eine Anpassung der Morphindosis zu vermeiden. Diese Situation ist nicht zweifelsfrei als indirekte Sterbehilfe zu werten.

Weiterhin wurde terminale Sedierung als Therapie am Lebensende untersucht. Diese könnte als Unterform indirekter Sterbehilfe (nach der gegenwärtigen Definition) gewertet werden, wenn dadurch eine Lebensverkürzung herbeigeführt würde. Studien belegen jedoch, dass bei terminaler Sedierung ebenso wenig eine Lebensverkürzung stattfindet. Lediglich in Fällen einer längeren terminalen Sedierung, bei der Flüssigkeitszufuhr und Ernährung abgebrochen werden, kann der Tod früher eintreten. Diese Fälle sind allerdings in den Bereich der passiven Sterbehilfe zu verorten, da der Tod kausal durch die zugrundeliegende Krankheit, und eventuell durch den Ernährungsabbruch, verursacht wird, und nicht durch die vorgenommene Sedierung.

Im Gegensatz zu der überholten Annahme, durch eine opioidbasierte Schmerztherapie könne eine Lebensverkürzung herbeigeführt werden, ist von verschiedenen Wissenschaftlern eine mögliche Lebensverlängerung aufgrund eben dieser Schmerztherapie postuliert worden. Als Grundlage dieser Hypothese wird angeführt, dass sich eine Schmerztherapie durch Reduktion des Schmerzstresses positiv auf die verbleibende Lebensdauer der Patienten auswirken könnte.

Die medizinische Evidenz zeigt demnach deutlich, dass indirekte Sterbehilfe – gemäß der heutigen Definition – in der Praxis nicht stattfindet. Die adäquate Schmerztherapie eines Patienten in der Terminalphase verursacht im Regelfall weder eine Lebensverkürzung noch ist ihr kausal der Todeseintritt anzulasten.

Von rechtswissenschaftlicher Seite wird das Konzept indirekter Sterbehilfe weitgehend anerkannt und kaum hinterfragt. Gegenstand des fachlichen Diskurses ist zumeist die Begründung der Straflosigkeit indirekter Sterbehilfe und eine entsprechende, mögliche Gesetzesänderung. Die Straflosigkeit indirekter Sterbehilfe wird allgemein angenommen. Die Verpflichtung des Arztes zu indirekter Sterbehilfe lässt sich einerseits aus standesrechtlichen Hilfeleistungspflichten und andererseits aus strafrechtlichen Hilfeleistungspflichten ableiten.

Auf verfassungsrechtlicher Ebene ist die Zulässigkeit indirekter Sterbehilfe nicht zu begründen. Daher muss eine strafrechtliche Lösung angestrebt werden. Teilweise wird in der Literatur vertreten, dass beim Leisten indirekter Sterbehilfe die Tatbestandsmäßigkeit einer Tötung – hierfür gibt es verschiedene Begründungen - zu verneinen ist. Die herrschende Meinung geht jedoch davon aus, dass, wenn durch eine Schmerztherapie am Lebensende der Todeseintritt (verfrüht) herbeigeführt wird, diese den Tatbestand einer Tötungshandlung erfüllt. Der Schutzbereich der §§ 211 StGB ff. ist somit grundsätzlich als eröffnet anzusehen. Vorherrschend wird eine Lösung auf der Rechtswidrigkeitsebene über den rechtfertigenden Notstand (§ 34 StGB) gesucht. Da eine Kollision zwischen einer Handlungspflicht und einer Unterlassenspflicht vorliegt, kann § 34 StGB in diesem Fall angewendet werden. Es gilt jedoch, zwischen dem Schmerzlinderungsgebot und dem Tötungsverbot abzuwägen. Da die hinter dem Tötungsverbot stehenden Interessen im Falle indirekter Sterbehilfe nicht einschlägig sind, kann eine Abwägung zu Gunsten der Schmerztherapie erfolgen.

Mit der bestehenden Gesetzeslage kann also die Straflosigkeit des Leistens von indirekter Sterbehilfe erreicht werden. Dies wäre jedoch nur in Fällen notwendig, in denen de facto eine Lebensverkürzung durch indirekte Sterbehilfe stattgefunden hätte. Medizinische Evidenz belegt allerdings, dass es im Regelfall weder zu einer Lebensverkürzung noch zu einer Herbeiführung des Todes durch eine Schmerztherapie kommt.

Mögliche Gründe für den Ruf nach einer gesetzlichen Regelung indirekter Sterbehilfe könnten einerseits der Wunsch nach einer Grenzverschiebung des Erlaubten, im Sinne einer Aufweichung der Grenzen zwischen den unterschiedlichen Formen der Sterbehilfe sein. Andererseits könnte durch die Erlaubnis einer Lebensverkürzung im Rahmen indirekter Sterbehilfe bezweckt werden, eine Möglichkeit zu schaffen, aktive Sterbehilfe (d.h. sichere Lebensverkürzung) unter dem Deckmantel indirekter Sterbehilfe stattfinden zu lassen.

Aus ethischer Sicht wurde gezeigt, dass ein Arzt durch allgemeine ethische Prinzipien (principle of beneficence and principle of nonmaleficence) zu einer Schmerztherapie eines Patienten in der Terminalphase verpflichtet ist. Patienten sowie Angehörige nehmen indirekte Sterbehilfe in der Regel nicht als solche wahr. Vielmehr steht der Wunsch des Patienten nach Schmerzfreiheit im Vordergrund, und die möglichen Folgen der

Schmerztherapie werden nur bedingt wahrgenommen. Auch wurde die Anwendbarkeit des PDE auf indirekte Sterbehilfe überprüft. Es wurde untersucht, ob indirekte Sterbehilfe die einzelnen Bedingungen des PDE erfüllt. Indirekte Sterbehilfe ist keine in sich schlechte Handlung (Bedingung 1). Die Intention des Arztes ist eine adäquate Schmerzlinderung; die Herbeiführung eines früheren Todes ist dabei nicht beabsichtigt (Bedingung 2). Weiterhin wird die theoretisch mögliche Nebenwirkung (der verfrühte Todeseintritt) nicht als Mittel verwendet, um die Schmerzfreiheit des Patienten zu erreichen (Bedingung 3). Schließlich muss Schmerzfreiheit gegen die möglichen Nebenwirkungen der Schmerztherapie abgewogen werden (Bedingung 4). Da indirekte Sterbehilfe jede Bedingung des PDE erfüllt, ist das Leisten indirekter Sterbehilfe, trotz möglicher Nebenwirkungen (laut Definition), nach diesem Prinzip ethisch zulässig.

Abschließend wurde die Möglichkeit des Entstehens einer Dammbruch-Problematik hinsichtlich indirekter Sterbehilfe untersucht. Hierzu wurden die vier von Walton definierten slippery-slope-Argumente verwendet. Sowohl das Präzedenzfall-Argument, als auch das logisch-begriffliche sowie das kausal-empirische slippery-slope-Argument und die Verbindung der drei vorangegangenen zu einem vollständigen slippery-slope-Argument können angewendet werden, um auf unerwünschte Entwicklungen, die aus einer gesetzlichen Regelung indirekter Sterbehilfe erwachsen können, hinzuweisen. Neben dem medizinischen Argument, das eine Regelung indirekter Sterbehilfe aufgrund der Tatsache, dass diese in der Praxis nicht stattfindet, obsolet ist, könnten die slippery-slope-Argumente ebenfalls herangezogen werden, um für eine Beibehaltung des Status quo zu werben.

Das begriffliche Konzept indirekter Sterbehilfe ist fehlerhaftet und bildet die medizinische Realität nur mangelhaft ab. Daher sollte dieses Konzept in seiner Gesamtheit verworfen werden. Indirekte Sterbehilfe - gemäß ihrer heutigen Definition -, findet in der medizinischen Praxis nicht statt. Es empfiehlt sich, die von den verschiedenen Disziplinen geführte Debatte um indirekte Sterbehilfe in eine andere Richtung zu lenken. Zunächst sollte auf eine neue Terminologie hingearbeitet werden, die medizinische Handlungen am Lebensende und insbesondere eine Schmerztherapie treffender beschreibt. Aus Gründen der Vereinheitlichung wäre es zu begrüßen, wenn diese Begrifflichkeiten auch von den nicht-medizinischen Disziplinen in deren interne Diskussion aufgenommen werden würden. So wäre auch sichergestellt, dass die Tatsache, dass eine Schmerztherapie nicht zu einer

Lebensverkürzung bzw. zu einer Todesverursachung führt, ebenfalls in die Debatte einfließen würde. Ferner sollte ein Abbau der verbreiteten Opioidphobie und eine Optimierung des undertreatment angestrebt werden. So könnten die schmerztherapeutische Versorgung von Patienten in der Terminalphase und deren positive Ergebnisse gesteigert werden. Eine Verbesserung der verfügbaren Schmerztherapien und weitergehende palliativmedizinische Forschung ist ebenfalls vonnöten. Schließlich sollte besonders in Deutschland ein Ausbau der palliativmedizinischen Versorgung erfolgen.

8. Zusammenfassung

In der vorliegenden Arbeit werden die medizinische, juristische und ethische Sicht indirekter Sterbehilfe dargestellt. Durch die Beleuchtung der Thematik von verschiedenen Warten konnten starke Diskrepanzen in der Wahrnehmung derselben aufgedeckt werden. Verschiedene Studien belegen, dass indirekte Sterbehilfe nach heutiger Definition in der medizinischen Praxis nicht stattfindet. Eine Schmerztherapie am Lebensende führt nicht zu einem früheren Todeseintritt. Ebenso wenig führt eine terminale Sedierung, die begonnen wurde, um therapierefraktäre Symptome zu kontrollieren, zu einer Lebensverkürzung. Weitere Studien sind nötig, um die von einigen Wissenschaftlern postulierte Annahme zu belegen, dass eine adäquate Schmerztherapie am Lebensende vielmehr eine lebensverlängernde Wirkung in sich birgt.

Eine gesetzliche Regelung indirekter Sterbehilfe ist derzeit nicht vorhanden. Die Straflosigkeit des Leistens indirekter Sterbehilfe wird jedoch allgemein angenommen. Sie wurde durch verschiedene höchstrichterliche Rechtsprechungen bestätigt. Die Begründung der Straflosigkeit indirekter Sterbehilfe ist jedoch sehr umstritten. In dieser Arbeit wurde der herrschenden Meinung gefolgt, welche eine Lösung auf der Rechtswidrigkeitsebene durch den rechtfertigenden Notstand (§ 34 StGB) postuliert. In der juristischen Debatte um indirekte Sterbehilfe wird der Ruf nach einer gesetzlichen Regelung indirekter Sterbehilfe immer lauter. Da indirekte Sterbehilfe in der Praxis jedoch nicht stattfindet, ist jeder Vorstoß in diese Richtung als obsolet anzusehen.

Von ethischer Warte wurde die Verpflichtung eines Arztes zum Leisten indirekter Sterbehilfe durch allgemeine ethische Prinzipien (principle of beneficence und principle of nonmaleficence) begründet. Weiterhin bietet das Prinzip des doppelten Effektes (PDE) eine Begründung für die Zulässigkeit von indirekter Sterbehilfe, sofern alle vier Bedingungen erfüllt werden. Schließlich wurde untersucht, ob das Leisten von indirekter Sterbehilfe bzw. eine gesetzliche Regelung derselben zur Entstehung eines Dammbruchs führen könnten. Die vier von Walton definierten slippery-slope-Argumente können auf die Problematik indirekter Sterbehilfe angewendet werden. Diese können verwendet werden, um eine schlüssige Argumentation gegen eine gesetzliche Regelung indirekter Sterbehilfe zu präsentieren.

Indirekte Sterbehilfe findet im Regelfall in der medizinischen Praxis nicht statt. Daher sollten die Begrifflichkeiten der Sterbehilfe diesem Sachverhalt angepasst werden. Dadurch könnte zu einer Vereinheitlichung der interdisziplinären Diskussion beigetragen werden. Mutmaßlich würde dadurch auch das allgemeine Bewusstsein für die Problematik geschärft werden. Die Tatsache, dass eine Schmerztherapie am Lebensende keine Lebensverkürzung nach sich zieht, würde durch eine terminologische Klarstellung weitere Verbreitung finden.

9. Quellen und Literatur

9.1 Ausgewertete Rechtsurteile

9.1.1 Deutsche Rechtsurteile

BGH, Urteil vom 04. Juli 1984, 3 StR 96/84, BGHSt 32, 367 – NJW 1984, 2639

BGH, Urteil vom 13. September 1994, 1 StR 357/94, BGHSt 40, 257 - NJW 1995, 204

BGH, Urteil vom 15. November 1996, 3 StR 79/96, BGHSt 42, 301 - NJW 1997, 807

BGH, Urteil vom 25. Juni 2010, 2 StR 454/09 - NJW 2010, 2963

BGH, Urteil vom 07. Februar 2001, 5 StR 474/00, BGHSt 46, 279 - NJW 2001, 1802

BVerfGE, Urteil vom 16. Januar 1957, 1 BvR 253/56, BVerfGE 6, 32 – NJW 1957, 297

BVerfGE, Urteil vom 16. Oktober 1977, 1 BvQ 5/77, BVerfGE 46, 160 - NJW 1977, 2255

BVerfGE, Beschluss vom 01. August 1978, 2 BvR 1013/77; 2 BvR 1019/77; 2 BvR 1034/77, BVerfGE 49, 24 – NJW 1978, 2235

OLG München, Beschluss vom 31. Juli 1987, 1 Ws 23/87 - NJW 1987, 2940

9.1.1 Internationale Rechtsurteile

Loi n° 99-477 du 9 juin 1999 visant à garantir le droit à l'accès aux soins palliatifs.

Loi n° 2005-370 du 22 avril 2005 relative aux droits des malades et à la fin de vie.

Urteil des Bezirksgerichts Leeuwarden vom 21. Januar 1973, NJ 1973,183

9.2 Zitierte und benutzte Literatur

Ach J/Gaidt A (2000), Wehret den Anfängen? Anmerkungen zum Argument der „schiefen Ebene" in der gegenwärtigen Euthanasie-Debatte, In: Frewer A/Eickhoff C (Hg.): „Euthanasie" und die aktuelle Sterbehilfe-Debatte. Die historischen Hintergründe medizinischer Ethik, 424-447, Campus Verlag, Frankfurt, New York

Aktories K (Hg.) (2009), Allgemeine und spezielle Pharmakologie und Toxikologie, Elsevier, Urban&Fischer, München

Antoine J (2004), Aktive Sterbehilfe in der Grundrechtsordnung, Duncker&Humblot, Berlin

Arbeitsgruppe „Patientenautonomie am Lebensende" (Hg.) (2004), Bericht der Arbeitsgruppe „Patientenautonomie am Lebensende" vom 10. Juni 2004, http://www.bmj.bund.de/enid/ox.html (Stand: 9.11.2010, 14:28)

Arndt A (1947), Vortrag von Ministerialrat Arndt. Das Verbrechen der Euthanasie. (Probleme der Frankfurter Euthanasie-Prozesse), In: Konstanzer Juristentag (Hg.): Der Konstanzer Juristentag (2.-5. Juni 1947): Ansprachen, Vorträge, Diskussionsreden, 184-200 , Mohr, Tübingen

Aulbert E (Hg.) (2007), Lehrbuch der Palliativmedizin, Schattauer, Stuttgart

Aulisio M (2005), Le double effet: sophisme scholastique ou guide moral?, Le courrier de l'éthique médicale 5:25-27

Beauchamp T/Childress J (2009), Principles of biomedical ethics, Oxford University Press, Oxford

Beck S et al. (2008), A „little bit illegal"? Withholding and withdrawing of mechanical ventilation in the eyes of German intensive care physicians, Medical Health Care and Philosophy 11:7-16

Beckmann R (2009), Patientenverfügungen: Entscheidungswege nach der gesetzlichen Regelung, Medizinrecht 27:582-586

Beer M (1914), Ein schöner Tod. Ein Wort zur Euthanasiefrage, E. Müller, Barmen

Benzenhöfer U (1999), Der gute Tod? Euthanasie und Sterbehilfe in Geschichte und Gegenwart, C.H. Beck, München

Benzenhöfer U (2006), Bemerkungen zur Planung der NS-Euthanasie, In: Forsbach R (Hg.): Medizin im „Dritten Reich". Humanexperimente, „Euthanasie" und die Debatten der Gegenwart, 135-172, Lit Verlag, Hamburg

Benzenhöfer U (2009), Der gute Tod? Geschichte der Euthanasie und Sterbehilfe, Vandenhoeck&Ruprecht, Göttingen

Bercovitch M/Adunsky A (2004), Patterns of high-dose morphine use in a home-care hospice service. Should we be afraid of it?, Cancer 101:1473-1477

Bergdolt K (2004), Das Gewissen der Medizin. Ärztliche Moral von der Antike bis heute, C.H. Beck, München

Bilsen J et al. (2006), Drugs used to alleviate symptoms with life shortening as a possible side effect: End-of-life care in six European countries, Journal of Pain and Symptom Management 31:111-121

Binding K/Hoche A (1920), Die Freigabe der Vernichtung lebensunwerten Lebens. Ihr Maß und ihre Form, Meiner, Leipzig

Bioethik-Kommission des Landes Rheinland-Pfalz (Hg.) (2004), Bericht zu „Sterbehilfe und Sterbebegleitung. Ethische, rechtliche, und medizinische Bewertung des Spannungsverhältnisses zwischen ärztlicher Lebenserhaltungspflicht und Selbstbestimmung des Patienten." Bericht der Bioethik-Kommission des Landes Rheinland-Pfalz vom 23. April 2004, http://www.justiz.rlp.de/Ministerium/Bioethik/ (Stand: 9.11.2010, 14:45)

Birnbacher D (1995), Tun und Unterlassen, Reclam, Stuttgart

Bockelmann P (1968), Strafrecht des Arztes, Georg Thieme Verlag, Stuttgart

Boloz W (2002), Über die Notwendigkeit einer Auseinandersetzung mit dem Utilitarismus in der Bioethik, In: Boloz W/Höver G (Hg.): Utilitarismus in der Bioethik. Seine Voraussetzungen und Folgen am Beispiel der Anschauungen von Peter Singer, 9-23, Reihe: Symposion - Anstöße zur interdisziplinären Verständigung, Band 2, Lit Verlag, Berlin

Borasio G et al. (2009), Patientenverfügungsgesetz – Umsetzung in der klinischen Praxis, Deutsches Ärzteblatt 106(40):A 1952-7

Bosshard G et al. (2006), Eine gesetzliche Regulierung des Umgangs mit Opiaten und Sedativa bei medizinischen Entscheidungen am Lebensende?, Ethik in der Medizin 18:120-132

Bosshard G (2007), Die Tücken der „indirekten Sterbehilfe", Geriatrie-Praxis: Fortschritte der Medizin 18:21-24

Boyle J (2004), Medical ethics and double effect: the case of terminal sedation, Theoretical Medicine and Bioethics 25:51-60

Bundesärztekammer (Hg.) (2004), Grundsätze der Bundesärztekammer zur ärztlichen Sterbebegleitung, Deutsches Ärzteblatt 101(19):A 1298-1299

Bundesärztekammer (Hg.) (2004), Grundsätze der Bundesärztekammer zur ärztlichen Sterbebegleitung, http://www.bundesaerztekammer.de/page.asp?his=0.6.5048.5049 (Stand: 9.11.2010, 14:58)

Bundesärztekammer (Hg.) (2006), (Muster-)Berufsordnung für die deutschen Ärztinnen und Ärzte, http://www.bundesaerztekammer.de/page.asp?his=1.100.1143 (Stand: 9.11.2010, 15:03)

Cavanaugh T (2006), Double-Effect Reasoning. Doing good and avoiding evil, Oxford University Press, Oxford

Chan D (2000), Intention and responsability in double effect cases, Ethical Theory and Moral Practice 3:405-434

Chiu TY et al. (2001), Sedation for refractory symptoms of terminal cancer patients in Taiwan, Journal of Pain and Symptom Management 21:467-472

Claessens P et al. (2008), Palliative sedation: a review of the research literature, Journal of Pain and Symptom Management 36:310-333

Conradi M (2002), Der Arzt an den Grenzen seines Behandlungsauftrages. Eine Untersuchung zu Fragen der Sterbehilfe im Zeitalter der Intensivmedizin, Peter Lang, Frankfurt a. M.

Cowan JD/Walsh D (2001), Terminal sedation in palliative medicine – definition and review of the literature, Supportive Care in Cancer 9:403-407

Cuttini M et al. (2000), End-of-life decisions in neonatal intensive care: physicians' self-reported practices in seven European countries, The Lancet 355:2112-2118

Dearing A/Schwarz O (1991), Österreich, In: Eser A/Koch HG (Hg.): Materialien zur Sterbehilfe. Eine internationale Dokumentation, 557-579, Eigenverlag Max-Planck-Institut, Freiburg i. B.

Von Dellingshausen U (1981), Sterbehilfe und Grenzen der Lebenserhaltungspflicht des Arztes, Verlag Dr. Peter Mannhold, Düsseldorf

Deutsch E (1999), Medizinrecht. Arztrecht, Arzneimittelrecht und Medizinprodukterecht, Springer Verlag, Heidelberg, Berlin

Deutscher Juristentag (Hg.) (2006), Beschlüsse, http://www.djt.de/de/beschlusse-fruherer-juristentage (Stand: 9.11.2010, 15:05)

Dreher E/Tröndle H (1995), Strafgesetzbuch und Nebengesetze, C.H. Beck, München

Dölling D et al. (Hg.) (2008), Gesamtes Strafrecht. Handkommentar, Nomos Verlagsgesellschaft, Baden-Baden

Downie J (2000), Country Report Canada, In: Taupitz J (Hg.): Zivilrechtliche Regelungen zur Absicherung der Patientenautonomie am Ende des Lebens, 173-228, Springer Verlag, Heidelberg, Berlin

Dürig G (1976), Kommentar zum Grundgesetz Art. 1, In: Maunz T/Dürig G/Herzog R (Hg.): Grundgesetz. Kommentar Bd. 1, C.H. Beck, München

Düwell M (2008), Bioethik. Methoden, Theorien und Bereiche, Verlag J. B. Metzler, Stuttgart, Weimar

Duttge G (2006a), Der Alternativ-Entwurf Sterbebegleitung (AE-StB) 2005: Ziel erreicht oder bloße Etappe auf dem langen Weg zu einer Gesamtregelung?, Goltdammer's Archiv für Strafrecht 153:573-585

Duttge G (2006b), Rechtliche Typenbildung: Aktive und passive, direkte und indirekte Sterbehilfe, In: Kettler D/Simon A/Anselm R/Lipp V/Duttge G (Hg.): Selbstbestimmung am Lebensende, 36-68, Universitätsverlag Göttingen, Göttingen

EAPC Ethics Task Force (2003), Euthanasia and physician-assisted suicide: a view from an EAPC Ethics Task Force, Palliative Medicine 17:97-101

Eckart W (2009), Geschichte der Medizin. Fakten, Konzepte, Haltungen, Springer Verlag, Heidelberg, Berlin

Eibach U (1998), Sterbehilfe – Tötung aus Mitleid? Euthanasie und „lebensunwertes" Leben, Brockhaus, Wuppertal

Von Engelhardt D (2007), Entscheidungen am Lebensende. Euthanasie zwischen Lebensverkürzung und Sterbebeistand, Schleswig-Holsteinisches Ärzteblatt 9:55-59

Engisch K (1948), Euthanasie und Vernichtung lebensunwerten Lebens in strafrechtlicher Beleuchtung, Kreuz-Verlag, Stuttgart

Eser A (1977), Lebenserhaltungspflicht und Behandlungsabbruch aus rechtlicher Sicht, In: Auer A/Menzel H/Eser A: Zwischen Heilauftrag und Sterbehilfe. Zum Behandlungsabbruch aus ethischer, medizinischer und rechtlicher Sicht, 75-147, Carl Heymanns, Köln

Eser A/Koch HG (Hg.) (1991), Materialien zur Sterbehilfe. Eine internationale Dokumentation, Eigenverlag Max-Planck-Institut, Freiburg i. B.

Estler CJ/Schmidt H (Hg.) (2007), Pharmakologie und Toxikologie, Schattauer, Stuttgart

Finnis J (1997), A philosophical case against euthanasia, In: Keown J (Hg.): Euthanasia examined. Ethical, clinical and legal perspectives, 23-35, Cambridge University Press, Cambridge

Fischer G/Lilie H (1999), Ärztliche Verantwortung im europäischen Rechtsvergleich, Carl Heymanns, Köln

Fohr S (1998), The double effect of pain medication: Separating myth from reality, Journal of Palliative Medicine 1:315-328

Frewer A (2002), Geschichte und Ethik der Euthanasie: Der „gute Tod" und die Aufgaben der Medizin, Schleswig-Holsteinisches Ärzteblatt 7:58-64

Frewer A/Kaplan B (2002), Medizinethische und moralphilosophische Kontroversen zu Sterbehilfe und Euthanasie, In: Frewer A/Winau R (Hg.): Ethische Kontroversen am Ende des menschlichen Lebens, 132-152, Verlag Palm&Enke, Erlangen, Jena

Frey R (2008), The doctrine of double effect, In: Frey R/Wellmann C (Hg.): A companion to applied ethics, Blackwell, Malden

Freye E (2008), Opioide in der Medizin, Springer Verlag, Heidelberg, Berlin

Frieß M (2008), „Komm süßer Tod" - Europa auf dem Weg zur Euthanasie? Zur theologischen Akzeptanz von assistiertem Suizid und aktiver Sterbehilfe, Verlag W. Kohlhammer, Stuttgart

Grauer T (2006), Strafrechtliche Grenzen der Palliativmedizin, Peter Lang, Frankfurt a. M.

Gruchmann L (2001), Justiz im Dritten Reich 1933-1940, Oldenbourg, München

Habicht A (2009), Sterbehilfe - Wandel in der Terminologie. Eine integrative Betrachtung aus der Sicht von Medizin, Ethik und Recht, Peter Lang, Frankfurt a. M.

Haeckel E (1870), Natürliche Schöpfungsgeschichte: gemeinverständliche wissenschaftliche Vorträge über die Entwicklungslehre im Allgemeinen und diejenige von Darwin, Goethe und Lamarck im Besonderen, über die Anwendung derselben auf den Ursprung des Menschen und andere damit zusammenhängende Grundfragen der Naturwissenschaft, G. Reimer, Berlin

den Hartogh GA (2004), Zur Unterscheidung von terminaler Sedierung und Sterbehilfe, Ethik in der Medizin 16:378-391

Hegselmann R/Merkel R (Hg.) (1991), Zur Debatte über Euthanasie. Beiträge und Stellungnahmen, Suhrkamp, Frankfurt a. M.

Van der Heide A et al. (1997), Medical end-of-life decisions made for neonates and infants in the Netherlands, The Lancet 350:251-55

Van der Heide A et al. (2003), End-of-life decision-making in six European countries: descriptive study, The Lancet 361:345-350

Heine G (1991), Schweiz, In: Eser A/Koch HG (Hg.): Materialien zur Sterbehilfe. Eine internationale Dokumentation, 591-668, Eigenverlag Max-Planck-Institut, Freiburg i. B.

Hillgruber C (2006), Die Würde des Menschen am Ende seines Lebens – verfassungsrechtliche Anmerkungen, Zeitschrift für Lebensrecht 15:70-81

Höfling W (2008), Das Recht der sogenannten Sterbehilfe, In: Junginger T/Perneczky A/Vahl C (Hg.): Grenzsituationen in der Intensivmedizin, 251-266, Springer Verlag, Heidelberg, Berlin

Holderegger A (2000), Zur Euthanasie-Diskussion in den USA. Erster Teil, In: Holderegger A (Hg.): Das medizinisch assistierte Sterben. Zur Sterbehilfe aus medizinischer, ethischer, juristischer und theologischer Sicht, 121-135, Universitätsverlag Freiburg, Schweiz

Huber B (1991), Großbritannien, In: Eser A/Koch HG (Hg.): Materialien zur Sterbehilfe. Eine internationale Dokumentation, 339-389, Eigenverlag Max-Planck-Institut, Freiburg i. B.

Hufeland C (1836), Enchiridion medicum oder Anleitung zur medizinischen Praxis. Vermächtnis einer funfzigjährigen Erfahrung., Jonas Verlagsbuchhandlung, Berlin

Husebø S/Klaschik E (2006), Palliativmedizin. Grundlagen und Praxis Springer Verlag, Heidelberg, Berlin, Imhof AE (2001), Ars moriendi, http://userpage.fu-berlin.de/~history1/ks/arsmor.htm#vor   (Stand: 10.11.2010, 12:59)

Ingelfinger R (2004), Grundlagen und Grenzbereich des Tötungsverbots: das Menschenleben als Schutzobjekt des Strafrechts, Carl Heymanns, Köln

Joecks W (2007), Studienkommentar Strafgesetzbuch, C.H. Beck, München

Jost A (1895), Das Recht auf den Tod. Sociale Studie, Dieterich, Göttingen

Kantianis A (2005), Palliativmedizin als Sterbebegleitung nach deutschem und griechischem Recht, Peter Lang, Frankfurt a. M.

Keenan J F (2000), Fallstudien, Rhetorik und die amerikanische Debatte, In: Holderegger A (Hg.): Das medizinisch assistierte Sterben. Zur Sterbehilfe aus medizinischer, ethischer, juristischer und theologischer Sicht, Universitätsverlag Freiburg, Schweiz

Keown J (1997), Euthanasia examined: ethical, clinical and legal perspectives, Cambridge University Press, Cambridge

Keown J (2002), Euthanasia, ethics and public policy. An argument against legalisation, Cambridge University Press, Cambridge

Klee E (1983), Euthanasie im NS-Staat. Die „Vernichtung lebensunwerten Lebens", S. Fischer, Frankfurt a. M.

Kloke M (Hg.) (2009), Grundwissen Palliativmedizin: Begleitbuch zum Grundkurs Palliativmedizin, Deutscher Ärzte-Verlag, Köln

Kopfensteiner T (2000), „Sanctity of Life" vs. „Quality of Life", Holderegger A (Hg.): Das medizinisch assistierte Sterben. Zur Sterbehilfe aus medizinischer, ethischer, juristischer und theologischer Sicht, 189-204, Universitätsverlag Freiburg, Schweiz

Kongregation für die Glaubenslehre (1980), Erklärung der Kongregation für die Glaubenslehre zur Euthanasie. Iura et Bona, http://www.vatican.va/roman_curia/congregations/cfaith/documents/rc

_con_cfaith_doc_19800505_euthanasia_ge.html (Stand: 9.11.2010, 15:35)

Kreß H (2003), Medizinische Ethik. Kulturelle Grundlagen und ethische Wertekonflikte heutiger Medizin, Verlag W. Kohlhammer, Stuttgart

Kreß H (2009), Menschenwürde und das Grundrecht auf Selbstbestimmung im Umgang mit dem Lebensende – mit Blick auf Anschlussfragen nach der Verabschiedung des Patientenverfügungsgesetzes und auf die Problematik des medizinisch assistierten Suizids, Referat am 2. Oktober 2009 auf der Tagung „Selbstbestimmt bis zuletzt? Patientenverfügung – Assistierter Suizid – Sterbehilfe" der Evang. Akademie Baden in Verbindung mit der Landesärztekammer Baden-Württemberg, der Bezirksärztekammer Nordbaden und der Ärzteschaft Karlsruhe, http://www.sozialethik.uni-bonn.de/kress/vortraege/kress_selbstbestimmung_lebensende_2._okt._2009.pdf (*Stand: 21. 11.2010, 21:11*)

Krey V (2003), Deutsches Strafrecht. Allgemeiner Teil. Lehrbuch in Deutsch und Englisch, Verlag W. Kohlhammer, Stuttgart

Krey V (2008), Strafrecht. Besonderer Teil/1, Verlag W. Kohlhammer, Stuttgart

Locher-Linn M/Oudijk J (1991), Belgien, In: Eser A/Koch HG (Hg.): Materialien zur Sterbehilfe. Eine internationale Dokumentation, 249-280, Eigenverlag Max-Planck-Institut, Freiburg i. B.

Lüllmann H/Mohr K/Wehling M (2006), Pharmakologie und Toxikologie, Georg Thieme Verlag, Stuttgart

Lunshof J E/Simon A (2000), Die Diskussion um Sterbehilfe und Euthanasie in Deutschland von 1945 bis in die Gegenwart, In: Frewer A/Eickhoff C (Hg.): „Euthanasie" und die aktuelle Sterbehilfe-Debatte. Die historischen Hintergründe medizinischer Ethik, 237-249, Campus Verlag, Frankfurt, New York

Van der Maas P et al. (1991), Euthanasia and other medical decisions concerning the end of life, The Lancet 338:669-674

McIntyre A (2004), The double life of double effect, Theoretical Medicine 25:61-74

Mercadante S et al. (2009), Controlled sedation for refractory symptoms in dying patients, Journal of Pain and Symptom Management 37:771-779

Miccinesi G et al. (2006), Continuous deep sedation: physicians' experiences in six European countries, Journal of Pain and Symptom Management 31:122-129

Möllering J (1977), Schutz des Lebens – Recht auf Sterben. Zur rechtlichen Problematik der Euthanasie, Ferdinand Enke Verlag, Stuttgart

Morita T et al. (2001), Effects of high dose opioids and sedatives on survival in terminally ill cancer patients, Journal of Pain and Symptom Management 21:282-289

Morita T et al. (2004), Family experience with palliative sedation therapy for terminally ill cancer patients, Journal of Pain and Symptom Management 28:557-565

Morita T et al. (2005), Efficacy and safety of palliative sedation therapy: a multicenter, prospective observational study conducted on specialised palliative care units in Japan, Journal of Pain and Symptom Management 30:320-328

Müller-Busch HC (2001), Freiheit zum Tod und Grenzen ärztlicher Hilfe beim Sterben, Humanitas Verlag, Dortmund

Müller-Busch HC et al. (2003), „Sedation in Palliative Care – A Critical Analysis of 7 years Experience", http://www.biomedcentral.com/1472-684X/2/2 (Stand: 9.11.2010, 15:41)

Müller-Busch HC (2004a), „Terminale Sedierung" Ausweg im Einzelfall, Mittelweg oder schiefe Ebene?, Ethik in der Medizin 16:369-377

Müller-Busch HC et al. (2004b), Attitudes on euthanasia, physician-assisted suicide and terminal sedation – A survey of the members of the German Association for Palliative Medicine, Medicine, Health Care and Philosophy 7:333-339

Müller-Busch HC (2004c), Sterbende sedieren? Sedation in end-of-life care – ethical aspects, Deutsche Medizinische Wochenschrift 129:701-704

Nationaler Ethikrat (Hg.) (2006), Stellungnahme. Selbstbestimmung und Fürsorge am Lebensende, Druckhaus Berlin-Mitte, Berlin

Neitzke G/Frewer A (2004), Sedierung als Sterbehilfe? Zur medizinischen Kultur am Lebensende, Ethik in der Medizin 16:323-333

Nussbaum A (2000), The Right to Die. Die rechtliche Problematik der Sterbehilfe in den USA und ihre Bedeutung für die Reformdiskussion in Deutschland, Duncker&Humblot, Berlin

Oduncu F (2005), Ärztliche Sterbehilfe im Spannungsfeld von Medizin, Ethik und Recht. Teil 2: Palliativmedizinische und medizinethische Aspekte, Medizinrecht 23:437-445

Oduncu F (2007a), Sterbebegleitung und Sterbehilfe. Medizinethische Aspekte, Der Gynäkologe 40:947-953

Oduncu F (2007b), In Würde sterben. Medizinische, ethische und rechtliche Aspekte der Sterbehilfe, Sterbebegleitung und Patientenverfügung, Vandenhoeck&Ruprecht, Göttingen

Van Oorschot B/Simon A (2008), Aktive, passive oder indirekte Sterbehilfe?, Psychologie und Gesellschaftskritik 32:39-53

Otto H (2002), Sterbehilfe und Patientenautonomie, Zeitschrift für Lebensrecht 11:42-49

Pargeon K/Hailey B (1999), Barriers to effective cancer pain management: a review of the literature, Journal of Pain and Symptom Management 18:358-368

Platon (2000), Der Staat (Politeia), Reclam, Stuttgart

Portenoy R et al. (2006), Opioid use and survival at the end of life: a survey of a hospice population, Journal of Pain and Symptom Management 32:532-540

Provoost V al. (2005), Medical end-of-life decisions in neonates and infants in Flanders, The Lancet 365:1315-20

Quante M (1998), Passive, indirekt und direkt aktive Sterbehilfe – deskriptiv und ethisch tragfähige Unterscheidungen?, Ethik in der Medizin 10:206-226

Quinn W (1994), Morality and action, Cambridge University Press, Cambridge

Reil JC (1816), Entwurf einer allgemeinen Therapie, Curtsche Buchhandlung, Halle

Reiter-Theil S et al. (2008), Ethik-Charta der Deutschen Gesellschaft zum Studium des Schmerzes (DGSS), Der Schmerz 22:191-206

Rietjens J et al. (2004), Physician reports of terminal sedation without hydration or nutrition for patients nearing death in the Netherlands, Annals of Internal Medicine 141:178-185

Rietjens J et al. (2007), Using drugs to end life without an explicit request of the patient, Death Studies 31:205-221

Roxin C/Schroth U (2007), Handbuch des Medizinstrafrechts, Richard Boorberg Verlag, Stuttgart

Rurup M et al. (2009), Trends in the use of opioids at the end of life and the expected effects on hastening death, Journal of Pain and Symptom Management 37:144-155

Ruß HG (2002), Aktive Sterbehilfe: Ungereimtheiten in der Euthanasie-Debatte, Ethik in der Medizin 14:11-19

Sahm S (2006), Sterbebegleitung und Patientenverfügung. Ärztliches Handeln an den Grenzen von Ethik und Recht, Campus Verlag, New York, Frankfurt

Schardien S (2004), Menschenwürde und Sterbehilfe – wider einfache Vorgaben, In: Dabrock P/Klinnert L/Schardien S (Hg.): Menschenwürde und Lebensschutz. Herausforderungen theologischer Bioethik, 289-316, Gütersloher Verlagshaus GmbH, Gütersloh

Schell W (2002), Sterbebegleitung und Sterbehilfe. Gesetze, Rechtsprechung, Deklarationen, Richtlinien, Stellungnahmen, Brigitte Kunz Verlag, Hagen

Schmiedebach HP/Woellert K (2006), Sterbehilfe, Patientenautonomie und Palliativmedizin, Bundesgesundheitsblatt – Gesundheitsforschung – Gesundheitsschutz 49:1132-1141

Schockenhoff E (2007), Grundlegung der Ethik. Ein theologischer Entwurf, Herder Verlag, Freiburg, Wien

Schöch H (1997), Die erste Entscheidung des BGH zur sog. indirekten Sterbehilfe: zum Urteil des BGH vom 15.11.1996 , Neue Zeitschrift für Strafrecht 9:409-412

Schöch H/Verrel T (2005), Alternativ-Entwurf Sterbebegleitung (AE-StB), Goltdammer's Archiv für Strafrecht 152:553-586

Schöne-Seifert B (2000), Ist Assistenz zum Sterben unärztlich?, In: Holderegger A (Hg.): Das medizinisch assistierte Sterben. Zur Sterbehilfe aus medizinischer, ethischer, juristischer und theologischer Sicht, 98-120, Universitätsverlag Freiburg, Schweiz

Scholz R (2002), Die Diskussion um die Euthanasie. Zu den anthropologischen Hintergründen einer ethischen Fragestellung, Lit Verlag, Münster

Schumann E (2006), Dignitas - Voluntas - Vita. Überlegungen zur Sterbehilfe aus rechtshistorischer, interdisziplinärer und rechtsvergleichender Sicht, Universitätsverlag Göttingen, Göttingen

Seibert M (2003), Rechtliche Würdigung der aktiven indirekten Sterbehilfe, Hartung–Gorre Verlag, Konstanz

Seneca (2008), Von der Kürze des Lebens. Das Leben ist lang, wenn du es zu gebrauchen verstehst, C.H. Beck, München

Siep L/Quante M (2000), Ist die aktive Herbeiführung des Todes im Bereich des medizinischen Handelns philosophisch zu rechtfertigen?, In: Holderegger A (Hg.): Das medizinisch assistierte Sterben. Zur Sterbehilfe aus medizinischer, ethischer, juristischer und theologischer Sicht, 39-56, Universitätsverlag Freiburg, Schweiz

Sonnenberg R (2006), Von der Sterbepflege zur Vernichtung des Lebens. Zum Wandel des „Euthanasie"-Begriffs im 20. Jahrhundert – ein Rückblick, Die Drei 11:27-31

Spaemann R/Fuchs T (1997), Töten oder Sterben lassen? Worum es in der Euthanasiedebatte geht, Verlag Herder, Freiburg, Wien

Spaniol M (1991), Frankreich, In: Eser A/Koch HG (Hg.): Materialien zur Sterbehilfe. Eine internationale Dokumentation, 281-319, Eigenverlag Max-Planck-Institut, Freiburg i. B.

Stolberg M (2009), Aktive Sterbehilfe um 1800. „Seine unbeschreiblichen Leiden gemildert und sein Ende befördert", Deutsches Ärzteblatt 106(38):A 1836-8

Stone P et al. (1997), A comparison of the use of sedatives in a hospital support team and a hospice, Journal of Palliative Medicine 11:140-144

Surtz E/Hexter JH (1965), The complete works of St. Thomas More, Volume 4, Yale University Press, New Haven, London

Sykes N (2007), Morphine kills the pain, not the patient, The Lancet 369:1325-1326

Sykes N (2008), End of life issues, European Journal of Cancer 44:1157-1162

Sykes N/Thorns A (2003a), Sedative use in the last week of life and the implications in end-of-life decision-making, Archives of Internal Medicine 163:341-344

Sykes N/Thorns A (2003b), The use of opioids and sedatives at the end of life, The Lancet 4:312-318

Thorns A/Sykes N (2000), Opioid use in the last week of life and implications for the end-of-life decision-making, The Lancet 356:398-399

Tille A (1893), Volksdienst: von einem Sozialaristokraten, Wiener'sche Verlagsbuchhandlung, Berlin

Uffelmann M (1975), Euthanasie und Erlösung Schwerkranker. Eine kriminalpolitische Studie unter Berücksichtigung ausländischen Rechts, Dissertation, Johann Wolfgang Goethe-Universität, Frankfurt a. M.

Uniacke S (1996), Permissible killing. The self-defence justification of homicide, Cambridge University Press, Cambridge

Verrel T (2008), Konsequenzen aus den Ergebnissen des deutschen Juristentages, In: Duttge G (Hg.): Ärztliche Behandlung am Lebensende, 9-22, Göttinger Schriften zum Medizinstrafrecht, Band 2, Universitätsverlag Göttingen

Walton D (1992), Slippery slope arguments, Clarendon Press, Oxford

Welzel H (1969), Das deutsche Strafrecht, De Gruyter, Berlin

Welzel H (1975), Abhandlungen zum Strafrecht und zur Rechtsphilosophie, De Gruyter, Berlin

Wessels J (1997), Strafrecht. Besonderer Teil/1., C.F. Müller Verlag, Heidelberg

Wessels J/Beulke W (2006), Strafrecht. Allgemeiner Teil, C.F. Müller Verlag, Heidelberg

Wessels J/Beulke W (2007), Strafrecht. Allgemeiner Teil, C.F. Müller Verlag, Heidelberg

Wessels/Hettinger (2004), Strafrecht. Besonderer Teil/1, C.F. Müller Verlag, Heidelberg

Wöbker G/Bock W (2000), Apallisches Syndrom – vegetativer Zustand, In: Holderegger A (Hg.) (2000): Das medizinisch assistierte Sterben. Zur Sterbehilfe aus medizinischer, ethischer, juristischer und theologischer Sicht, 267-290, Universitätsverlag Freiburg, Schweiz

World Health Organization (WHO), WHO's Pain Relief Ladder, http://www.who.int/cancer/palliative/painladder/en/ (Stand: 10.11.2011, 9:35)

Zimmermann-Acklin M (2002), Euthanasie. Eine theologisch-ethische Untersuchung, Universitätsverlag Freiburg, Schweiz

Zimmermann-Acklin M (2010), Bioethik in theologischer Perspektive. Grundlagen, Methoden, Bereiche, Verlag Herder, Freiburg, Wien

Zülicke F (2005), Sterbehilfe in der Diskussion. Eine vergleichende Analyse der Debatten in den USA und Deutschland, Lit Verlag, Münster

UNSER BUCHTIPP !

Wolfgang U. Eckart
Philipp Osten (Hg.)

Schlachtschrecken – Konventionen

Das Rote Kreuz und die Erfindung der
Menschlichkeit im Kriege

Neuere Medizin- und Wissenschaftsgeschichte,
Band 20, 2011,
254 S., mit 17 Farb- und vielen s/w-Abbildungen,
ISBN 978-3-86226-045-4, € 21,80

In elf Beiträgen befasst sich dieser Band mit der Entstehung der
»Humanität« im Kriege in der Gründungs und Etablierungsphase
des Roten Kreuzes. Die Autoren nehmen die ambitionierten Bestre-
bungen in den Blick, eine staatenübergreifende Organisation zur
Linderung des Leids der kämpfenden und kriegsgefangenen Solda-
ten zu schaffen.
Ein weiterer Focus gilt den vaterländischen Frauenvereinen. Der dritte Teil des Bandes befasst sich mit der Kriegsberichterstattung in
Wort und Bild. Den Abschluss des Bandes bildet der Blick auf eine
Öffentlichkeit in Gefangenschaft: Patientinnen und Patienten psychi-
atrischer Anstalten der Kaiserzeit und ihre künstlerische Auseinandersetzung mit militärischen Insignien und Codices.

☞ **Besuchen Sie
unsere Internetseite!**

■ Daniel Körner
Die Wunderheiler der Weimarer Republik (1918-1933)
Protagonisten, Heilmethoden und Stellung innerhalb des Gesundheitsbetriebs
Neuere Medizin- und Wissenschaftsgeschichte, Bd. 29, 2011, ca. 160 S.,
ISBN 978-3-86226-097-3, € 23,80

■ Kathrin Sander
Organismus als Zellenstaat
Rudolf Virchows Körper-Staat-Metapher zwischen Medizin und Politik
Neuere Medizin- und Wissenschaftsgeschichte, Bd. 28, 2011, ca. 150 S.,
ISBN 978-3-86226-098-0, € 23,80

■ Hans-Georg Hofer, Cay-Rüdiger Prüll, Wolfgang U. Eckart (Hg.)
War, Trauma and Medicine in Germany and Central Europe (1914-1939)
Neuere Medizin- und Wissenschaftsgeschichte, Bd. 26, 2011, 180 S.,
ISBN 978-3-86226-076-8, € 24,80

■ Claudia Kotter
Entdeckungsgeschichte der frühkindlichen Reflexe
Unter Betrachtung der historischen Entwicklung der Reflexlehre
Neuere Medizin- und Wissenschaftsgeschichte, Bd. 25, 2011, 265 S.,
ISBN 978-3-86226-073-7, € 24,80

■ Claudia Bignion
Der Papst und der menschliche Körper
Vatikanische Verlautbarungen des 19. und 20. Jahrhunderts
Neuere Medizin- und Wissenschaftsgeschichte, Bd. 24, 2011, 306 S.,
ISBN 978-3-86226-064-5, € 24,80

■ Natalie Bachour
Oswaldus Crollius und Daniel Sennert im frühneuzeitlichen Istanbul
Studien zur Rezeption des Paracelsismus im Werk des osmanischen Arztes
Ṣāliḥ b. Naṣrullāh Ibn Sallūm al-Halabī
Neuere Medizin- und Wissenschaftsgeschichte, Bd. 23, 2011, 320 S.,
ISBN 978-3-86226-052-2, € 27,80

■ Gabriele Moser, Sigrid Stöckel, Joseph Kuhn (Hg.)
Die statistische Transformation der Erfahrung
Beiträge zur Geschichte des Evidenzdenkens in der Medizin
Neuere Medizin- und Wissenschaftsgeschichte, Bd. 22, 2011, ca. 200 S.,
ISBN 978-3-86226-041-6, € 22,80

■ Gabriele Moser
Ärzte, Gesundheitswesen und Wohlfahrtsstaat
Zur Sozialgeschichte des ärztlichen Berufsstandes in Kaiserreich und Weimarer
Republik
Neuere Medizin- und Wissenschaftsgeschichte, Bd. 21, 2011, 110 S.,
ISBN 978-3-86226-042-3, € 22,80